［補訂新版］
社会心理学研究入門

安藤清志・村田光二・沼崎 誠──［編］

東京大学出版会

Introduction to Research Methods in Social Psychology, Revised New Edition

Kiyoshi ANDO, Koji MURATA, and Makoto NUMAZAKI, Editors
University of Tokyo Press, 2017
ISBN 978-4-13-012112-5

はしがき

　本書の「旧版」にあたる『社会心理学研究入門』（末永俊郎（編），東京大学出版会）は，社会行動研究会のメンバーによって30年前（1987年）に出版された。当時は類書が少なかったこともあり，予想していたよりずっと多くの方々に使っていただいた。この間，社会心理学の研究に関心をもつ人の数は大幅に増加し，日本社会心理学会の年次大会における発表数をとってみても，1987年の28回大会（日本大学）では97件であったのが2017年の58回大会（広島大学）では373件（予定）と4倍近くなった。研究環境も大きく変化し，新しい研究法や統計解析の方法も続々と登場し，それらを解説する書籍も多々出版されている。

　このような変化に伴って「旧版」には正確さに欠ける部分や最新事情から取り残された部分が出てきて，改訂の必要性が高まってきた。そこで，二人の編者の協力を得て改訂内容について議論を繰り返し，「新版」としての出版を企画することになった。改訂版の場合には同じ執筆者が必要に応じて加筆や修正を施すのが普通であるが，新版（2009年）では，新しい先生方に，自らの経験に基づいて担当章の執筆に取り組んでいただいた。また，内容については，研究法全般にわたって基本的な事柄をじっくりと説明するスタイルをとることにした。この点は「旧版」のスタイルを踏襲したことになる。それからまた8年が経過した。この間，ICTの進展が著しく，特にデータベースの利用法（第2章）やウェブ調査（第10章）に関して加筆・修正すべき点が出てきたため，今回，全般的な字句の修正も含めて「補訂新版」として出版することになった。

　これまで，何かと腰が重い私を常に引っ張ってくれた二人の編者の先生方，そして，新版の最初の執筆者会議にご出席いただき温かい応援の言葉を述べていただいた故・末永俊郎先生に感謝の意を表したい。

2017年10月

編者を代表して
安藤清志

目　次

はしがき　i

1　実証研究の論理と方法（安藤清志・村田光二）……………………………… 1

1-1　社会心理学の研究対象　1

1-2　社会心理学における心と行動の研究　2

1-3　実証的研究の重要性　4

1-4　研究の過程　8

コラム 1　社会的排斥・拒絶がもたらすもの（安藤清志）　12

2　問題の設定と仮説の構成（安藤清志）…………………………………………… 15

2-1　問題の設定　15

2-2　文献のレビュー　19

2-3　仮説の構成　20

コラム 2　展望論文とメタ分析（村田光二）　24

3　さまざまな研究方法とその選択（村田光二）………………………………… 27

3-1　記述的研究──社会的行動を観察する　28

3-2　相関的研究──社会的行動の比較と測定と予測　33

3-3　実験研究──社会的行動の因果を検証する　38

3-4　研究の倫理と方法の選択　41

コラム 3　シミュレーションを用いた社会心理学研究（村田光二）　44

4　測定の基礎（村上史朗）………………………………………………………… 47

4-1　心理測定における数量化　47

4-2　測定値の性質──尺度の水準　48

4-3　測定の信頼性と妥当性　50

4-4　何を測定するか──さまざまな測定法　53

iv 目 次

4-5 データの記述・まとめ方の基礎 61

コラム4 比較文化研究における等価性の確保（村上史朗） 68

コラム5 統計パッケージの利用（村上史朗） 70

5 尺度構成と相関（村井潤一郎） 71

5-1 尺度構成 71
5-2 相関関係 72
5-3 項目作成 79
5-4 尺度構成の実際 84

コラム6 推測統計と検定（村井潤一郎） 92

コラム7 因子分析（村井潤一郎） 94

6 実験法の基礎（伊藤忠弘） 97

6-1 因果関係の理解 97
6-2 剰余変数のコントロール 98
6-3 社会心理学における実験の実際 101
6-4 実験の妥当性の問題 105

コラム8 誕生60年を迎えた認知的不協和理論（安藤清志） 108

コラム9 t検定と分散分析（伊藤忠弘） 110

コラム10 実験計画における個人差変数の扱い（伊藤忠弘） 112

7 実験法の発展（工藤恵理子） 115

7-1 要因計画 115
7-2 調 整 126
7-3 媒 介 128

コラム11 二つの要因の効果の検討と要因計画（工藤恵理子） 131

コラム12 媒介分析（工藤恵理子） 132

目　次　　　　　　　　　　v

8　実験研究の企画と実施（沼崎　誠） 135

8-1　実験の実施計画を立てるための準備　136

8-2　実験状況に入り込むバイアス　139

8-3　実験実施案の作成　143

8-4　本実験の実施　151

8-5　倫理的配慮　154

コラム 13　場面想定法実験と質問紙実験（工藤恵理子）　157

コラム 14　準 実 験（沼崎　誠）　160

9　観 察 法（釘原直樹） 163

9-1　行動のサンプリング方法　163

9-2　観察方法　165

9-3　記録方法　176

9-4　観察機器と分析のための道具の利用　181

9-5　観察の歪みを防ぐ方法と観察者の訓練　183

コラム 15　内容分析（釘原直樹）　186

10　社会調査法（安野智子） 189

10-1　社会心理学における社会調査　189

10-2　さまざまな社会調査法　191

10-3　標本抽出法　195

10-4　質問紙の設計　200

10-5　調査の実施における注意点　205

10-6　調査データの解析にあたって　206

11　論文の作成（安藤清志） 209

11-1　文章のスタイル　209

11-2　引　用　210

11-3　論文の構成　212

12 社会心理学の研究動向（村田光二・安藤清志・沼崎　誠）……………………… 223

12-1 生物的存在としての人という視点　223

12-2 社会的存在としての人と適応的人間観　225

12-3 社会問題の解決を目指す社会心理学　227

12-4 クロスロードの社会心理学　228

読書案内　231

引用文献　237

索　引　251

1 実証研究の論理と方法

安藤清志・村田光二

1-1 社会心理学の研究対象

心理学は人間の心と行動を研究する学問であり，さまざまな研究分野がある。その一つである社会心理学は，名前が示す通り，社会の中に存在し，お互いに影響を与え合いながら生活する人間の心と行動を科学的に明らかにすることを目指している。

何かを「食べる」という行動を考えてみよう。私たちは，長時間にわたり食物を摂取しないと，空腹になって何かを食べたくなる。こうした食行動は人間に備わった自動的な反応として理解されている。食べ物を口にしない時間が長くなると血糖値が低下し，これを視床下部が感知して個体に「空腹感」を感じさせる。これが生理的欲求となって，人に摂食行動を促すのである。しかし，何をどれくらい食べるかは，他者の存在と関わる部分が大きい (Herman, Roth, & Polivy, 2003)。たとえば，一人で食べるよりも他者と一緒のほうが食べる量が多くなるとすると，これは社会的促進 (social facilitation) の一例と考えられる。また，女性が男性を前にすると食べる量が少なくなるのは，女性らしさを強調する自己呈示戦術と理解することもできる (Pliner & Chaiken, 1990)。スリムな女性が頻繁にコマーシャルに登場すると，これに接する女性の食行動に強い影響を及ぼす場合があることも指摘されている (Grabe, Ward, & Hyde, 2008)。このように，他のさまざまな行動と同様に，「食べる」という行動も周囲の他者の存在や社会と大きく関わっており，社会心理学の研究対象の一つとなっている。

人間が社会との関わりの中で生きていることから考えれば，当然のことながら「社会の中の人間」を扱う社会心理学の研究対象は多岐にわたることになる。それらは，以下のようにまとめられることが多い（社会心理学の研究動向については 12 章で扱われる）。

① **社会的認知**：人が社会的環境をどのように理解し，評価するのかについて，その心理過程を対象にして情報処理的な視点からアプローチする。さまざまな形態の社会的行動を理解するための，最も基礎的な側面である。印象形成，対人認知，帰属過程，社会的推論，態度，自己過程などが含まれる。

② **対人行動・対人関係**：二者間のコミュニケーションや，他者に向けられた行動，他者との関わり合いに関する領域。援助，攻撃，自己呈示，対人魅力，恋愛，説得，対人葛藤，ソーシャル・サポートなどが含まれる。

③ **集団・組織**：集団や社会組織における個人の行動や成員間の関係，集団と集団の関係が扱われる領域。社会的促進，社会的手抜き，社会的排除，リーダーシップ，集団の生産性，集団葛藤，集団意思決定，偏見・差別，社会的ジレンマなどが含まれる。

④ **社会・文化**：広く社会の中における人間行動を心理学的，社会学的に分析する領域。世論，マス・コミュニケーション，消費者行動，流行，宣伝，ソーシャル・ネットワーク流言，群衆行動，犯罪，異文化間コミュニケーションなどが含まれる。

また，社会心理学の理論や研究方法はさまざまな領域に応用されており，教育，環境，裁判，臨床，健康などに関わる問題が扱われている。

1-2　社会心理学における心と行動の研究

冒頭で，心理学は人間の心と行動を研究する学問であると述べたが，そもそも「心」をどのように研究したらよいのだろうか。誰でも，自分に心が存在すること，そしてそのありようや変化を確かに感じとることができる。しかし，たとえ心と行動を研究する心理学者であっても，他人の心の中を覗くことはできない。他人の心の中身は，哲学者が「他者問題」として議論するように，直接知ることは原理的に不可能なのである。これに対して，たとえば「子どもの気持ちは手に取るようにわかります」と言う母親がいるかもしれない。相手の気持ちを巧みに察しながら交渉を成功に導くプロもいるだろう。また，現代では脳科学，神経科学の進歩によって，人間の脳の生理的活動を写し取る優れた

技術が開発されている。こうした技術の助けを借りて感情の変化や情報処理容量の変化を測定し，これをもって人の「心を測定した」と主張する人もいるかもしれない。しかし，残念ながらいずれの場合も，「心」を直接的に観察しているのではなく，その反映である行動や行動の変化を読み取っているにすぎない。

　心理学で「行動」という語は，ある環境条件において人や動物が示す運動や反応を指す。その中には，他者との会話や挨拶，自転車に乗ったりキーボードを叩くこと，さらには意図せずに起こるあくびや瞬きまで，さまざまなものが含まれる。手で何かを摑むことも行動であるし，その時の筋肉の動きも行動である。そう考えると，大脳の中で神経系統が活動して，血流が集中することや電気的信号が流れることも行動に含まれることになる。

　心理学の歴史の中では，20世紀初頭に行動主義という革命的な運動が起こり，それまでの意識に焦点を当てる心理学から，前述のような行動を研究の対象とする流れができた。この運動の重要なポイントは，直接観察できない心そのものではなく，観察可能な行動を測定することによって，心の研究を進めようとしたことである。各自が内観するしかない心は主観的な存在であり，内観したデータから科学的な心理学を構築することは困難である。これに対して，誰にとっても観察可能なはずの行動からデータを得て心理学を組み立てれば，より客観的な科学的心理学が発展すると考えられたのである。

　その後，心理学はいわゆる認知革命の洗礼を受けて，認知主義の心理学へと大きく方向転換を遂げた。意識だけでなく心までもブラックボックスの中に閉じこめて，環境の条件と行動との関数関係を見出すことを考える行動主義心理学から，心の働きを研究対象とする方向に流れが大きく変わったのである。それに伴って，内観による言語報告データやインタビュー・データなど，質的なデータも研究にしばしば採用されるようになった。心の働きを明らかにするためには，そうしたデータも必要であることが研究者の間で広く認識されるようになったからである。心は物理的な実在ではなく，物理的あるいは生理的に変換された行動から想定される構成概念である。現在の社会心理学では，社会的行動の背後にある，このような心の動きや働き（「社会的認知」と呼ばれる）を探求することが強調されているのである。

1-3　実証的研究の重要性

　社会心理学では，前述のように，社会的行動とその背後にある「心」を科学的に研究する。したがって，ある現象を理解するためには，確かな証拠に基づいてその現象を記述し，さらにその原因を明らかにしていく作業が必要となる。本書では，「確かな証拠」を得るための研究法について解説することを目的としている。書名は「社会心理学研究入門」となっているが，ここで紹介する研究法は必ずしも社会心理学固有のものではない。心理学のいずれの領域であっても，研究者は自らが扱う領域の特性や対象者の状況を総合的に検討して，実験法や調査法，観察法など，実施が可能な研究法の中から最適なものを選択して研究を実施するのである（3章）。

　実証的研究の重要性について，一つ例をあげて考えてみよう。現代社会には，人々の生活を脅かす問題が多々存在する。暴力犯罪もその一つであり，安全であるはずの学校において悲惨な事件が起こることも少なくない。とくに，銃規制が日本ほど厳しくない米国においては，学校内での銃撃事件がしばしば発生している。ニュースでこのような事件を知ると，しばしば私たちは，その原因について推測する。日常の会話の中でも，メディアに溢れる暴力映像，テレビゲーム，核家族化など，事件の背後にある原因についてそれぞれが自分の意見をもって議論することがある。しかし，そこで述べられた要因が本当に暴力事件の原因となっているのか，議論にとどまる限りは確定することができない。

　一方，社会心理学の領域でも，こうした問題の解明と解決のために，多くの研究者が研究を進めている。その際，社会心理学の研究は，可能な原因について専門的な立場から考えたり，犯罪発生率の推移や地域による違いなどを記述することに加え，何が原因となってその現象が生じているのか，言い換えれば，因果的に説明することを目指している。そのときに，「確かな証拠」を得るために採用されるのが実証研究である。仮説や推論の正しさを，事実に基づいて明らかにする作業が必要となってくるのである。

　暴力の問題を例にして，もう少し実証的研究について考えてみよう。ある研究者が，最近の暴力事件の背景をいろいろ調べ，友人から仲間はずれにされる

など社会的排斥（social exclusion）や拒絶（rejection）という経験が原因ではないかと考えた。そして，先行研究のレビュー（2章，8章参照）などから「他者からの排斥は攻撃性を高める」という仮説を導き出したとする。これは，概念の水準における二つの変数（排斥と攻撃性）の関係を述べたものである。この仮説が正しいかどうかを確かめるためには，具体的な操作の水準で仮説を設定して，研究を実施する必要がある。3章で説明されるように実証的な研究を行う方法はいくつかあり，その中から研究者が適切なものを選択することになる。前述の仮説は，社会的排斥の結果として攻撃性が高まるという因果関係に関するものであるので，実験法によって検証を行うことになったとしよう。

　この問題に関しては，すでに Twenge, Baumeister, Tice, & Stucke（2001）が一連の研究を行っている。その中の一つ（実験4）では，数名がグループになり15分程度会話をした後，各人が「一緒に課題をやりたいと思う人」を2名選ぶように求められた。その後，個別に，実験者からその結果について知らされた。排斥条件の実験参加者は，「グループの誰からも一緒にやりたい人として選ばれなかった」と告げられた。一方，受容条件の参加者は，「グループの全員から一緒にやりたい人として選ばれた」と告げられた。次に参加者は，グループとは関係のない他者とコンピュータゲームを行う機会が与えられた。このゲームでは，対戦相手よりも早く反応できた時に，その相手にヘッドホンからノイズを聞かせることになっており，その強さと時間を自由に決めることができた。そして，ノイズの強さ（0～10）と長さが攻撃性を表すものとされた。この実験の結果は，予想通り，排斥条件の参加者のほうが受容条件の参加者より強いノイズをより長く与えていた。

　この研究は，「論理の世界」と「経験の世界」という二つの世界の対比で考えることができる（図1-1）。「排斥が攻撃性を高める」というのは，論理の世界において排斥と攻撃性の関係を述べたものである。この場合，排斥や攻撃性を心理的構成概念という。社会心理学に限らず，心理学では構成概念を用いて現象を説明することが多い。本書で取り上げられている自己効力感（5章），認知的不協和（6章），不安（7章）などは，社会心理学でよく用いられる構成概念の例である。前述の研究例では，「社会的排斥」が独立変数，「攻撃性」が従属変数となる。なお，構成概念の水準で因果関係が述べられる場合，とくに概念的独

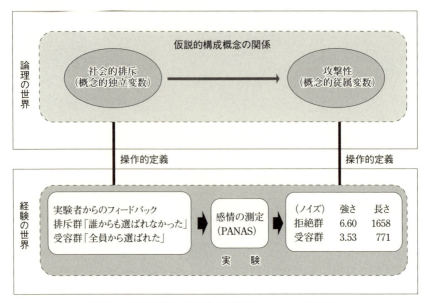

図1-1 社会的排斥と攻撃性の関係（Twenge *et al.*, 2001）
この研究では、社会的排斥が攻撃性を高める原因として否定的感情が媒介している可能性を考慮して、PANASによる感情の測定を実施している。しかし、否定的感情が両者を媒介しているという証拠は得られていない。その後の研究では、社会的排斥と攻撃行動の媒介過程に関して、さまざまな観点から理論的検討が行われている（コラム1）。

立変数、概念的従属変数と呼ばれることがある。

　実証研究では、「論理の世界」における仮説や理論の正しさを、「経験の世界」の中での現象と対応づけることによって確認する作業を行う。その際、心理的構成概念である社会的排斥を直接操作することはできないため、排斥に対応する事象を生み出す実験操作をあらかじめ決めておかなければならない。Twenge *et al.*（2001）の研究で言えば、「グループの誰からも一緒にやりたい人として選ばれなかったと告げること」がこれにあたる。従属変数の「攻撃性」についても同様であり、先の研究では、「競争相手に与えるノイズの強さや時間」が攻撃性を示すものとされた。

　この実験で行われたように、独立変数や従属変数にあたる構成概念と、実験手続きにおける具体的な操作や測定の仕方を対応づけることを操作的定義という。一般的には、ある概念が扱う事象（この場合は排斥される経験）を生起させる

1-3 実証的研究の重要性 7

条件を作り出す手続き，および，概念が扱う事象（この場合は攻撃性）を測定によって定義することをいう。操作的に定義するやり方は，一通りではない。社会的排斥や拒絶に関しても，一緒に課題をやりたい人として選ばれないという手続き（Nezlek, Kowalski, Leary, Blevins, & Holgate, 1997）の他，「将来，孤独な人生を送る可能性が強い」という内容のフィードバックを与える（Twenge *et al.*, 2007, 実験 2），他者から拒絶・排斥された経験について作文する（Maner, DeWall, Baumeister, & Schaller, 2007），複数人でボール回しをしていて途中から無視される（Williams, 1997），同様の手続きをコンピュータゲーム上で行う（Williams, Cheung, & Choi, 2000），などの手続きが用いられている（Williams, 2007a）。異なる方法で条件を作り出して同様の結果が得られれば，構成概念の妥当性は高まることになる（6章）。

　従属変数についても同様である。「攻撃性」を測定するために，Twenge *et al.* (2001) は相手に与えるノイズの強さや時間を用いたが，攻撃性に関する従来の研究では，これ以外にもさまざまな測定法が工夫されている（Anderson & Bushman, 1997）。

　Twenge *et al.* (2001) の研究は，「社会的排斥が攻撃性を高める」という法則性を明らかにしたことになる。しかし，科学としての社会心理学はこれにとどまらず，何が法則性を生み出しているかを説明する理論を構築することを大きな目標としている（水原，1984）。ここで言う理論は，複数の概念の関係に関する言明であり，直接観察することはできないがその関係を説明するために必要な構成概念を含んでいる。たとえば，認知的不協和理論では，認知要素間の不一致が「認知的不協和」を生起させることが仮定されている。認知的不協和を直接観察することはできないが，この理論では認知的不協和という不快な状態を低減する過程として，多くの現象を説明しようとしている（コラム 10 参照）。社会的排斥と攻撃性の関係についても，これを理論的に説明しようとする試みが活発になされている（Leary, Twenge, & Quinlivan, 2006；コラム 1 参照）。

　以上，実験法を例にあげて説明をしたが，本書で扱う他の研究法についても同様である。心理尺度を使用して相関的研究を行う場合でも，研究者が定義した心理的構成概念を測定するための尺度（たとえば，「拒絶された経験の程度」と「攻撃性」）を作成し，両者の関係を調べる。この時にも，尺度で測定されたもの

が心理的構成概念を適切に反映しているかどうかを確認する作業が行われる（5章）。

1-4　研究の過程

では次に，実証研究がどのように行われるのか，その過程を概観してみよう。社会心理学に限らず，一般に心理学の研究は以下の流れに沿って行われるのが普通である。それぞれのステップと本書の各章を対応づけながら，この流れを簡単に見ていくことにする。

① **問題の設定**：どのような問題を研究対象とするかは，経済的，倫理的側面などの制約はあるものの，研究を行う人の自由である。しかし，その「自由」のためにかえって何をテーマにしたらよいのか迷ってしまうことも多い。2章では，書籍やインターネットを通じて必要な情報を探索したり積極的に他者と交流したりして研究すべき問題を見出し，それをどのように研究可能な形にするかが説明される。

② **文献のレビュー**：研究する領域が決まったら，関連する文献を収集して，これまでに何が明らかにされているのかを把握する。それに基づいて，自分が行う研究によってどのような知識を加えることができるのかを考える（2章，8章）。

③ **仮説の設定**：次に，研究によってどのような点を明らかにするのかを仮説（hypothesis）の形で述べる。多くの場合，これは二つ（あるいは，それ以上）の変数の関係についての「見込み」，あるいは「暫定的な説明」として言語的に表現される。必ず仮説を生み出すことができる確実な方法があるわけではないが，その可能性を高める方法（ヒューリスティックス）がまとめられているので，いろいろな方法を試してみることができる（2章）。

④ **研究法の選択**：データの収集法には，それぞれ長所と短所がある。そこで，これらを比較考量して，仮説を検証するためにはどの方法が適切か決める。最適の方法を採用できる場合もあるし，経済的コストや研究スペース，研究参加者や倫理的問題から，次善の方法を選択せざるを得ない場合や，複数の方法が併用されることもある。研究目的と，自分が置かれた研

究環境の制約・利点を十分に考慮して「最適解」を求める姿勢が必要とされる（3章）。

⑤ **資料収集の企画**：研究の方法が決まったら，実験デザイン，教示など，具体的な手続きを検討する。これを怠ると，せっかくデータを収集しても分析が困難となることもある。どのような測定法を用いるかも重要な問題である（4章）。また，研究機関によっては，この時点で研究倫理委員会に企画書を提出して承認を受けることが求められる。

⑥ **予備実験（調査）**：予備実験（調査）は，本調査・本実験をスムーズに進行させるための重要なステップである。調査の場合，これによっておよその回答時間がわかるし，用語や回答形式をさらに適切なものにする手がかりが得られる（10章）。実験の場合には，少数の人を対象にして手続き通りに実験場面を展開し，実験場面において感じたことや考えたことを尋ねてみる。研究する側は自分の立場から実験場面を理解しがちであるが，実験参加者の目からは教示が不自然だったり，理解に苦しむ部分があったりするものである（8章）。なお，本書では，実験や調査の全体ではなく，その一部の過程（たとえば，独立変数の操作や従属変数の測定）について事前にテストすることをパイロット・テスト，全体について試験的に行う場合を，パイロット実験（調査）あるいは予備実験（調査）と呼ぶことにする。

⑦ **資料の収集**：研究参加者の募集準備が整ったら，いよいよデータの収集にとりかかる。本書では，とくに実験法に重点を置いているが（6〜8章），観察法（9章），社会調査法（10章）に関しても，それぞれの具体的方法や，実施に際しての注意点について記述されている。測定（4章）や尺度構成（5章）に関しても，基本的な注意事項がまとめられている。

⑧ **資料の整理・分析**：データを収集したら，それらをチェックし，必要であればさらに分析に適した形に変換して，あらかじめ決められた方針に従って手際よく分析する。とくに，どのような分析を行えば仮説の検討を適切に行えるかを第一に考える。本書では，具体的な統計的手法を解説する章を設けてはいないが，優れた書籍が多数出版されているので，これらを参考にするとよい。また，SPSSなど統計パッケージは強力な助けとなるので，使用法に精通しておくことも重要である（4章）。

⑨ **結果の解釈**：資料の分析が終わったら，その結果を仮説と対比させ，仮説が妥当なものであるか否かを検討する。さらに，研究を実施する過程で明らかになった手続きの不備や解釈のあいまいさなどがあればそれを考察する。本書では実験法に関する6〜8章および論文作成を解説する11章の一部でこの問題が扱われる。卒論研究の場合には1回の研究で終了することが多いが，専門的な研究者が行う場合には，ここで検討された事柄に基づいて不備な点を修正して研究を繰り返したり，得られた結果から新しい仮説を生み出し，それを検証するための研究を展開していくのが普通である。

⑩ **論文（レポート）の作成**：研究によって得られた知識を広く公表することは，研究のステップとして極めて重要な位置を占める。論文を読んだ他の研究者が，その内容に触発されて関連研究を始めることもあるし，さまざまな形で行われる建設的な批判は問題点を明確にさせる。現実の問題の解決に役立つ研究が報告されれば，その知識を実際に応用する研究が行われ，その結果はもとの研究の妥当性を評価する材料となる。心理学関係の論文では，手続きや結果の提示の仕方などに関して慣例的なスタイルがあるので，これに従って記述するのがよい（11章）。

⑪ **学会発表・専門誌への投稿**：研究の成果は，学会発表や専門誌へ投稿することによって学界全体の知識体系の一部となる。投稿にあたっては，必ず指導教員や先輩，友人に目を通してもらい，その完成度を高めておく。編集や審査にあたる会員は，あくまでも日常の研究・教育の他にボランティアとしてこれらの業務を行っていることを忘れるべきではない。本書では扱わないが，審査がどのような過程で行われるかを十分に知った上で，審査結果に対応することが必要である（Kazdin, 2003; Tesser, Martin, & Sternberg, 2006）。

⑫ **事後的な作業**：研究が終了したら，研究参加者や関係者に対して謝意を表すと同時に，報告書あるいはその要約を渡して十分な説明を行う。また，データの再分析が必要になることもあるので，回答済みの調査用紙と統計的分析に用いたデータを一定期間保持している必要がある。学会によっては，採択された論文のデータを保持すべき期間を定めている場合もある。

その際，プライバシーの保護について十分に配慮する。

　この章では，実証的研究の基本的な考え方と，実際の研究の流れについて述べた。以下の各章では，この流れに沿って各種の研究法や論文の書き方について具体的に説明を加える。読者の方々は，これら各論を読み進める中で，必要があれば本章に戻って研究の全体像を確認していただきたい。

コラム 1　社会的排斥・拒絶がもたらすもの

安藤清志

　学校や職場あるいはインターネット上など，日常生活の中で仲間から無視されたり拒絶されたりした（あるいは，そう感じた）経験をもつ人は少なくないだろう。いわゆる「いじめ」も，特定の他者を完全に無視するという形態をとることがある。また，片思いの恋や，親密関係における裏切り行為も，相手から拒絶されたという気持ちを生じさせる。

　このような社会的排斥や拒絶は，それを受けた人に深刻なダメージを与えるだけでなく，場合によってはそうした経験が攻撃性を高める可能性もある。たとえば，米国では学校での銃乱射事件のほとんどのケースで社会的排斥や拒絶の問題が絡んでいたことが指摘されている（Leary, Kowalski, Smith, & Phillips, 2003）。こうした点から見ても，社会的排斥や拒絶は社会心理学が扱うべき重要な問題であることは確かであり，近年，実証的研究が盛んに行われるようになった（Baumeister, Brewer, Tice, & Twenge, 2007; 浦, 2009; Williams, 2007a, 2007b, 2009）。

　冒頭にあるように，「無視された」「拒絶された」という表現を使うと「された」「されない」という二分法で考えがちだが，Leary（2001）; Leary & Springer（2001）は，「知覚された関係価値減損（perceived relational devaluation）」という概念を用いることによって，これを連続量として捉えることを提案している。他者が，自分との関係（友人，恋人，集団成員など）に価値を置いていないと知覚する程度を問題にするのである。したがって，客観的な行為（仲間はずれや無視）や行為者の意図とは独立に，受け手がその行動を前述のように知覚する程度に応じて社会的排斥あるいは拒絶の心理的影響が生じることになる。

　社会的排斥や拒絶を受けた人は，直後に強い悲しみや怒りなど心理的苦痛を報告することが多い。また，こうした苦痛の程度は，状況的要因や個人差要因の影響を受けにくい傾向がある（Williams, 2007a）。一方，身体への強烈な刺激に対して痛みを感じなくなるのと同様に，社会的排斥は麻痺に近い状態を引き起こすと考える研究者もいる。同時に，自己制御過程の働きを悪化させ，認知的分解（cognitive deconstruction: 意味のある，統合された思考を拒否しようとする試み）が生じる可能性も示されている（Baumeister *et al.*, 2007）。

　Williams（1997, 2007a）は，社会的排斥や拒絶を受けることによって4種類の欲求の充足が脅かされると仮定した。最も直接的かつ重要なのは所属への欲求であるが，その他にも自尊への欲求，統制への欲求，意味ある存在でありたいという欲求が脅威

コラム 1 社会的排斥・拒絶がもたらすもの 13

を受ける可能性がある。そして，これらの欲求が阻害された場合，社会的排斥や拒絶を受けた人は，それを回復する方向の行動をとろうとする。所属欲求が阻害された場合には，再び集団に受け入れられるような行動（親和性が高まる，共同作業で頑張る，社会的情報に注目する，同調性が高まる，他者の行動を無意識的に模倣する，など）を取る傾向が強まる。一例として，Maner, DeWall, Baumeister, & Schaller（2007）の研究では，実験参加者はある性格検査を受けた後，検査結果の説明ということにして，①「将来，孤独な生活を送る可能性が強い」②「将来，多くの仲間に囲まれた人生を送る可能性が強い」③「将来，怪我の多い人生を送る可能性が強い」という内容のフィードバックのいずれかを与えられた。その結果，①のフィードバックを受けて社会的拒絶を経験したグループは，他の二つのグループに比べて，与えられた課題を一人でやるよりも，他の人と一緒にやりたいという気持ちが強いことが明らかにされた。

　社会的排斥や拒絶が攻撃性を高めることはいくつかの研究で明らかにされており，その媒介過程についても検討が行われている（Leary, Twenge, & Quinlivan, 2006）。社会的排斥・拒絶がコントロールへの欲求や意味ある存在でありたいという欲求を阻害することも攻撃性を高める原因の一つと考えられている（Williams, 2007b）。攻撃の対人的機能を強調する研究者たちが主張するように，威嚇や攻撃は社会的勢力（すなわち，コントロールする能力）を高める一つの手段であり，また，他者から無視され存在しないかのように扱われた場合，相手を攻撃することはその存在を誇示する手っ取り早い方法となるだろう。この他，自己制御過程の働きの一つは衝動的な行動を抑制することであることから，社会的排斥や拒絶が自己制御を悪化させるとすれば，これも攻撃性を高める原因の一つとなり得る。また，社会的排斥を受けた人は，周囲の社会的環境を敵意あるものとして偏って知覚する傾向があることも明らかにされている（DeWall, Twenge, Gitter, & Baumeister, 2009）。

　集団にとって好ましくないメンバーを排斥することは，集団の目標を達成する上で重要な働きをするが，排斥を行う手続きが不当なものである場合には，その被害者に短期的，長期的に悪影響を及ぼす。また，排斥された者が暴力に訴えるようなことがあれば，大きな社会的問題を生じさせることにもなる。社会心理学における研究は，この重要な問題について少しずつ実証的な知見を積み重ねている。

2 問題の設定と仮説の構成

安藤清志

2-1 問題の設定

　研究は,「何を研究するのか？」を決めることから始まる。もともと特定の問題に関心を持って心理学の勉強を始めた人も多いだろう。ただ, 多くの場合,「援助行動について研究したい」「なぜ簡単に説得されてしまうのか知りたい」などのように関心の幅が広いので, その領域の中で何を研究するのかを決める必要がある。

　追試 (replication) 研究は, 主として専門誌に掲載されている論文と同じ研究を繰り返して行うので, 何を研究するかは既に決定していることになる。ただし, まったく同じ研究を繰り返すことは希であり, 独立変数や従属変数の操作を変更したり, 新しい実験手続を用いて理論の検証を試みることが多い。その場合には, 当然, 自分の考えに基づいて決めていく部分が大きくなる。

　とくに決まった領域がなければ, さまざまな手がかりを利用しながら, 自分が研究する領域を探し出すことになる。大学の講義や演習では社会心理学の理論や過去の主要な研究について学ぶ機会が多い。その際には, 講義内容を単に知識として蓄積するだけでなく, 具体的にどのような研究を計画できるかを自分なりに考える姿勢をもつのがよい。この他にも, 以下のように, 研究すべき問題を発見する手がかりを得る方法がいくつかある (Leong & Muccio, 2006)。

2-1-1 自分の経験から考える

　日常生活の中で, 他者の行動について疑問に思ったり, 自分の行動やこころの動きに興味をもったら, それを出発点にして問題を深めていくことができる。通学に使う電車の中で, 席を譲ることや携帯電話の使用を巡って興味深い観察をすることがあるかもしれない。言われるままに必要もないものを買わされた

り，高額の商品を買う契約をして解約するのに苦労した経験があったとしたら，なぜ自分がそのような行動をとったのかを考えるのも役立つ（Cialdini, 2008）。自分が「発見」した問題について他の人が既に研究を実施していることも多いが，それらを暫定的に研究の対象としていろいろと調べてみる。自分が関心をもった問題は，簡単に諦めずに大切に育てることが大切である。

2-1-2　他者に尋ねる

他人に頼らずに一人で考えるのもよいが，他者の考えに触れることによって自らのアイデアが触発されることも多い。身近なところでは，同じ学科の友人と議論をしたり，指導教員から話を聞く時間を積極的に求めることができる。また，心理学関係の学会の年次大会やシンポジウムに参加して最新の研究に接してみるのがよい。ほとんどの学会は，学会員以外の人が「当日会員」として参加することを認めている。また，心理学関係の大学院が設置されている大学ごと，あるいは，関心領域ごとに，定期的に研究会を開催しているグループがあるので，それらに参加してみるのもよい。インターネットを介しての情報交換も盛んである。身近な教員や大学院生に尋ねてみると，その人がなぜ現在の研究を行っているかも含めて，興味深い話を聞けることもある。研究者が個人で研究用のホームページをもっている場合もあるので，自分の関心に近い研究者のホームページを探すことができれば，さらに絞った内容の情報を得ることができる。

2-1-3　メディアに接する

メディアに関する情報に普段から関心をもって接していれば，心理学に関係する話題を扱うニュースや記事の特集に接することができる。こうした情報から関心のある問題に出会うこともあるだろう（三井・中島，2001, 2002）。たとえば，社会的排斥に関する一連の研究を行った Williams は（コラム 1 参照），陸軍士官学校の一学生に対する仲間からの徹底的な排斥を扱ったテレビ番組を観たことが研究のきっかけになったという（Williams, 2008）。多くの大学図書館は内外の新聞・雑誌記事の検索ができるデータベースを備えているので，これを利用することもできる。

表 2-1　社会心理学関係の学会と機関誌

学　　会	機　関　誌
日本社会心理学会	『社会心理学研究』
日本グループ・ダイナミックス学会	『実験社会心理学研究』
日本パーソナリティ心理学会	『パーソナリティ研究』
産業・組織心理学会	『産業・組織心理学研究』
日本心理学会	『心理学研究』
日本教育心理学会	『教育心理学研究』
日本認知心理学会	『認知心理学研究』
日本感情心理学会	『感情心理学研究』

2-1-4　雑誌論文などを読む

前述のように心理学関係学会の大会に参加して研究者と接することは重要な情報源となるが，参加しなくても大会の「発表論文集」に目を通せば最近の研究動向を知ることができる。ただし，発表論文集では1件に1～2頁しか割りあてられていないので，内容的には「要約」に近い。そこで，研究の詳しい内容まで知るためには学会機関誌の掲載論文を読むことになる。日本心理学会，日本社会心理学会など，いくつかの学会では，大会発表論文集をウェブ上で公開している。社会心理学関連の主要な学会および学会誌（日本語のみ）は表2-1に示されている。なお，ほとんどの雑誌はデータベース化されているので，各学会ホームページをご覧いただきたい（一般社団法人日本心理学諸学会連合のホームページ（https://jupa.jp/）の加盟学会一覧から入るのが便利である）。

英文の雑誌も慣れてくればかなりの部分を読みこなすことができるので，学士課程の頃から臆することなく積極的に目を通すべきである。英文誌の中で社会心理学関係の論文が掲載される代表的なものが表2-2にあげられている。これらの中に図書館で購入しているものがあれば，定期的に最新号の目次やアブストラクトをチェックする習慣をつけるとよい。現時点でどのような話題が研究者の関心を惹きつけているのかがわかる。

また，関心領域が少し狭まってきたら，その領域の研究を扱った最新の展望（レビュー）論文を探してみる。展望論文というのは，ある研究領域でこれまで行われてきた研究について，著者の視点から整理して問題点や研究の方向性などについて検討する論文である。優れた展望論文が見つかれば，その著者の助けを借りて当該領域の全貌を短時間に概観することができる。ただし，展望論

表 2-2　社会心理学関係の主要な英文誌

Journal of Personality and Social Psychology
Journal of Experimental Social Psychology
Personality and Social Psychology Bulletin
European Journal of Social Psychology
Asian Journal of Social Psychology
Journal of Applied Social Psychology
Journal of Personality
Social Cognition
Journal of Social and Clinical Psychology

文はあくまでその著者の「独自の」視点からの概観であることには注意をしておきたい。展望論文は，日本語の場合，各学会の機関誌に不定期に掲載されることがあるので論文タイトルなどから調べる。展望論文を中心とする『心理学評論』や『児童心理学の進歩』（年刊）にも，社会心理学に関係するテーマが扱われることがある。英文誌の場合は，多くの大学図書館に置かれている *"Annual Review of Psychology"* や *"Psychological Bulletin"* の他，*"Review of General Psychology"* や *"Personality and Social Psychology Review"* がある。心理科学学会（Association for Psychological Science: APS）が発行している *"Current Directions in Psychological Science"* や *"Perspectives on Psychological Science"* は，それぞれの領域をリードする研究者が一連の研究成果を比較的平易にまとめた論文が多く掲載されている。また，オンラインジャーナル *"Social and Personality Psychology Compass"* にも最近の話題を短くまとめた論文が数多く含まれている。

　また，特定の領域の主要な論文を集めたリーディングズも，その全体像について把握する際に便利に利用できる。ハンドブックや百科事典（エンサイクロペディア）も，最近出版されたものであれば，特定の研究領域で扱われている問題を総覧するのに便利である。社会心理学全体を扱うものとしては，*"Encyclopedia of social psychology"*（Baumeister & Vohs, 2007），*"The SAGE handbook of social psychology"*（Hogg & Cooper, 2003）などがある。多少古くなるが，『対人社会心理学重要研究集 1〜7』（誠信書房，1987-99）では社会心理学の各領域における重要論文が詳しく紹介されている。

2-1-5　データベースを利用する

　膨大な数の文献も，心理学関係のデータベースを利用することによって効率的に検索することができる。代表的なものとして米国心理学会（American Psychological Association: APA）が提供する PsycINFO（サイコインフォ）があり，

大学図書館に導入されていれば利用することができる。費用はかかるが，個人でも年間利用契約は可能である。PsycINFO には心理学とその関連諸分野の雑誌論文のほか，学位論文，書籍，書籍の各章（編集本の場合）の要約，引用文献と書誌情報等が収録されている。なお，これには日本の主要な心理学関係の雑誌に掲載された論文も含まれる。国立情報学研究所が提供している CiNii（サイニィ）は，学術雑誌，発表論文集，大学の研究紀要などの学術論文情報が検索できるデータベースである。また，独立行政法人科学技術振興機構（JST）が運営する J-STAGE は電子ジャーナルの無料公開システムであり，ここにも心理学関係の多くの雑誌が公開されている。

　検索の方法は，データベースに接続後に利用法（HELP）を読めば理解できる。わからないことがあっても，その時点での理解に基づいていろいろと試してみると，自分に適した使い方が身につくはずである。データベースを含め，インターネットを利用した情報収集についてはシュワーブ・高橋・シュワーブ・シュワーブ（2005）が参考になる。

2-2　文献のレビュー

　何を研究したいか領域がある程度定まってきたら，その領域で行われた過去の研究をレビューする。そのためには，単に論文のアブストラクトを読むのではなく，一つひとつ深く「読み込む」必要がある。そして，これまでに当該領域で何が明らかにされており，何が解決されていないかを調べることになる。なお，論文の質にはばらつきがあるので，とくに追試研究を行う場合には注意が必要である。査読が行われている雑誌であればあまり問題はないが，紀要や報告書に掲載されている論文は十分に注意する必要がある。経験のある大学院生や教員と相談しながら，詳しく読むに値する論文を見極めるのがよい。とくに参考になる論文は，研究のデザインや具体的手続きについて，自分が研究を行う場合をイメージしながら読み進める（8章参照）。また，優れた論文を読むことは，自分が論文を書く際に役立つことも念頭に置いておこう（11章参照）。論文全体の構成，文章表現，論理の運び方など，学ぶべき点を常に意識しながら読むのがよい。

20   2 問題の設定と仮説の構成

表2-3 仮説生成のためのヒューリスティックス (McGuire, 1997)

Ⅰ 日常の興味深い現象への注目
 （A）一見奇妙な現象に注意を向けて説明を試みる
   1）一般的傾向から逸脱している事柄を説明してみる
   2）一般的傾向そのものが逸脱している点を説明してみる
 （B）内観的な自己分析
   3）類似した（複数の）状況における自分の経験を内観してみる
   4）特定の状況における自分の行動を役割演技してみる
 （C）回顧的比較
   5）すでに解決済みの類似した問題から推論してみる
   6）正反対の問題を並置して，相互の解決法を検討してみる
 （D）持続的，慎重な分析
   7）集中的な事例研究
   8）参加観察
   9）命題の目録を集める
Ⅱ 単純な概念分析（直接的な推論）
 （E）平凡な命題の単純な転換
   10）ありふれた仮説の逆を説明してみる
   11）もっともらしい因果の方向を逆転してみる
   12）明白な仮説を不可能に近い極限まで押し進めてみる
   13）ある変数の値をゼロにしたときの効果について想像してみる
   14）ある関係の限定条件となるような交互作用変数を考えてみる
 （F）概念的分割からの洞察の倍加
   15）言語的な探求
   16）独立変数の操作の仕方をいくつか考える
   17）従属変数をいくつかの下位尺度に分割してみる
   18）出力となる下位要素を連続順に並べてみる
 （G）いつもの考え方からの脱却
   19）問題の正反対の極へ注意を向け直してみる
   20）好みの研究スタイルを別のスタイルに変えてみる
   21）自分の仮説をいくつかのモダリティで表現してみる
   22）通常の意識状態を中断してみる
Ⅲ 複雑な概念分析
 （H）演繹的推論
   23）ある関係についてさまざまな説明を試みる

2-3 仮説の構成

　「何を研究するのか？」が決まったら，具体的に研究の目的を定めた上で仮説
を考える。仮説は，多くの場合，二つ以上の変数の間にどのような関係がある

24) 帰納と演繹を入れ替えてみる
25) 明白な関係を弱める要因を探してみる
26) 仮説-演繹による命題を考える
（I）思考を多様化する構造の利用
27) アイデアを刺激するチェックリストを使用してみる
28) アイデアが誘発されるような構造（マトリックスなど）を作ってみる
29) 説明を公式化してみる
（J）刺激的思考のためのメタ理論の使用
30) 進化的な機能主義（適応性）パラダイム
31) 類推による概念化の転用
32) 理論に執着し防衛してみる
Ⅳ 過去の研究の再解釈
（K）過去の一研究の徹底的検討
33) 得られた関係の不規則性を説明してみる
34) 非単調な関係を単純な関係に分解してみる
35) 逸脱事例の分析
36) 偶然得られた交互作用を解釈してみる
（L）過去の複数の研究の統合
37) 矛盾する結果や追試の失敗に対する調和的な説明を考えてみる
38) 相補的な過去の研究を一つにまとめてみる
39) ある領域における現時点の知見をレビューしてまとめてみる
Ⅴ 新たなデータの収集，古いデータの再解釈
（M）質的分析
40) 自由記述の内容分析を試みる
41) 他人に任せず研究の細部（材料作りなど）に積極的に関わってみる
42) 魅力的な研究技法を開発する
43) 研究計画の中にコストの低い交互作用変数を導入してみる
44) 交絡する要因を切り離して双方の影響を検討する
45) 一連の研究プログラムの戦略的企画
（N）数量的分析
46) 多変量解析で「探り」をいれてみる
47) 既知の強力な媒介要因の影響を取り除いてみる
48) コンピュータ・シミュレーション
49) 数理モデル

かについての予想を述べたものである。1章で取り上げた Twenge *et al.* (2001) の研究の目的は，拒絶や排斥と攻撃行動との関係を明確にすることであった。攻撃行動を示すことが原因で他者から拒絶を受けたり排斥される可能性もあるが，逆に，拒絶・排斥されることが原因で攻撃行動が生じることも考えられる。因果関係を明確にするには実験的研究が必要となる。そこで，根拠を示しなが

ら，拒否や排斥は攻撃行動を増加させるだろう，という仮説を立てたのである。ただし，これは概念的な水準の仮説であり，実験に際しては，さらに操作された変数の水準で仮説を述べる必要がある。

あるトピックに関して，「このように考えれば必ず仮説を導くことができる」という確実な方法があるわけではない。しかし，仮説を導く可能性が高くなる方法はある。McGuire (1997) は，こうした方法（ヒューリスティックス）を 49 リストアップし，これらを五つのカテゴリー（I〜V）とサブタイプ（A〜N）に分類している（表2-3）。この表2-3では，順を追って難しい作業が必要とされる項目が並ぶように構成されているが，卒業論文のための研究の場合でも，自分が置かれた状況の資源を最大限に活かしながら可能な項目を試してみるとよいだろう。

研究に値すると思われる仮説を構成したら，研究の実施にはさまざまな制約があることを念頭に置きながら，以下の点について検討しておく必要がある。

① その仮説を検証する適切な方法はあるか。

② いままでの研究で得られた知識から考えて，その仮説は「理に適った」ものか。

③ その仮説は，検証が可能であるように述べられているか。

④ その仮説は，過度に一般的あるいは特殊なものではないか。

仮説を述べるときには，研究の対象となる概念を明確にし，言語化し，その真偽を問う形式になる。また，仮説は以下の例のように，箇条書きにせずに文章の中に組み込むのが普通である。

　「主要な仮説は，実験室内での社会的排除を経験した人は，利用されることへの警戒心と援助の潜在的受け手に対する共感の欠如を反映して，向社会的行動を有意に減少させるだろう，というものであった。」(Twenge *et al.*, 2007, p. 57)

　「個人的に重要な集団の成員の反態度的行動を目撃すると観察者に代理的不協和が生じ，これが観察者の態度変化を動機づけるであろう，という仮説の検証を試みる。」(Norton, Monin, Cooper, & Hogg, 2003, p. 48)

なお，仮説はあくまでデータを得る前に立てるものであり，得られたデータを分析した後で，あたかも事前に立てられていたかのように仮説を論文に記す

のは，研究者としての誠実さの面で問題があると言える（Kerr, 1998）。仮説に反する結果が得られた場合には，その理由について十分に考察を加えた上で新たな仮説を構成し，それを別の研究によって確認することを考える。

コラム2 展望論文とメタ分析

村田光二

　個別の実証研究を論文にするのではなく，ある研究領域で蓄積された個々の研究を展望（レビュー）して，その研究成果や動向をまとめて論文にすることがある。この展望論文は，初学者や他の領域の研究者が当該領域の研究を概観するのに役立つだけでなく，独自の視点からの整理が新領域の開拓や見落とされていた問題の発掘につながることもある。この点で，重要な研究業績の一つとみなされる。日本でも，京都大学の研究者が中心となって発行されている雑誌『心理学評論』には，さまざまな研究分野の展望論文が掲載される。また，何巻かにわたって出版される，いわゆる「講座」本も展望論文から成り立っている。

　2章の本文でも述べたように，実証研究を始める前に，その分野の優れた展望論文を読んで研究動向を把握するとよい。しかし，展望論文は著者独自の視点に基づいた質的な統合であり，研究の解釈や意義についての議論には主観的な側面が含まれやすい。この欠点を補うために，複数の研究結果を量的に統合する「メタ分析」と呼ばれる方法が編み出されている。

　メタ分析は，基本的に同一の仮説のもとで行われた別々の研究を集めて，全体として仮説が成り立っているのかどうかを検討する統計手法である。「メタ」とは「一つ次元が上の」という意味で，「分析（＝個々の研究）の分析」ということから名づけられている。メタ分析では，個々の研究結果の統計量を，研究間で共通の「効果サイズ」に変換して，その分布や平均から結論を導く。言い換えると，多くの研究から得られた結果をデータとして，それらを統計的に分析することによって結論を得る方法である。ここでは，研究例をあげてメタ分析研究を説明する（具体的な手続きについては，Mullen（2000）や山田・井上（2012）などを参照）。

　1章の最初で紹介したGrabe *et al.*（2008）の研究は，「メディアに登場するスリムな女性を見ると，そうでない場合と比較して，女性が自分の体型に不満足になる」という仮説を，メタ分析によって検討したものであった。そのため，いくつかのデータベースを調べたり，過去の展望論文やメタ分析の論文を調べたりして，関連する過去の研究をできるだけ多く収集した。この際に，きちんとした基準を決めて，分析に含める研究の範囲を限定することが大切である。この研究では，参加者が女性である研究に限定し，英語圏の論文だけを対象にして，未公刊の論文は博士論文に限定した。他方で，因果関係を特定できるが短期的効果を扱う実験研究だけでなく，因果関係についてははっきりしないが長期的影響を扱える相関的研究も含めることにした。その結

コラム 2 展望論文とメタ分析 25

果，上述の仮説を支持する一定の大きさの効果サイズ（$d=-.28$）が得られた。その影響は「不満足」という感情反応だけでなく，スリムな体型がよいという信念の内面化（$d=-.39$）や，食行動やそれに対する信念（$d=-.30$）に対しても認められ，スリムな女性がメディアに登場することによって，女性の健康に悪影響を及ぼす可能性が議論された。内面化に及ぼす影響は，実験研究よりも相関的研究で大きいことや，1990 年代の研究よりも 2000 年代に公刊された研究のほうが効果サイズが大きくなるなど，調整変数の効果も検討された。

　近年ではさまざまな分野でメタ分析研究が実施され，これまでの通説を覆す内容の研究もある。たとえば Malle（2006）は，原因帰属の行為者―観察者バイアスについてメタ分析研究を実施した。その結果，「行為者は自分の行動を外的要因に帰属しやすく，観察者は行為者の内的要因に帰属しやすい」というよく知られた仮説は，一般的な意味では成り立たないことが明らかになった。ネガティブな出来事については仮説の通りの結果であったが，ポジティブな出来事についてはむしろ逆で，全体としての効果サイズは 0 に近かったのである。

　メタ分析研究は，分析に含める個別研究の基準と判断が重要であるし，その点についての批判も多々ある。たとえば，公刊されなかった多くの研究は仮説に沿った結果が得られていないもので，それらを十分に収集できないといった問題がある。また，日本では，データベースの発達が遅れていたり，雑誌論文に研究が必ずしも掲載されず，学会大会の論文集や紀要，報告書に載ることがあって，研究の精確な収集がそもそも困難なことがある。しかし，こういった状況も今後改善されて，メタ分析研究も広く普及することが望ましいだろう。

3 さまざまな研究方法とその選択

村田光二

　3章の目的は，主要な研究方法の基本を理解してもらい，読者が研究の企画にあたって適切な方法を選択できるようにすることである。併せて，各方法を詳しく説明する4章以降の理解を助ける役割を果たしたい。

　研究方法は，研究目的に照らして選択する。同時に，研究実施に伴う倫理的配慮や現実的な制約にも従う必要がある。観察や調査をしたくてもできない対象（者）は存在するし，生物や人間の尊厳を無視して実験できるわけではない。研究目的に照らしてどの方法が最良かを考えると同時に，さまざまな制約の範囲内で最適な方法を選択することになる。このとき，研究方法に関する具体的な知識があるほど，より望ましい方法を採用できるだろう。

　また，研究方法をよく理解することによって，その方法に基づいて得られた結果からどのような考察が可能なのか，どのような結論が導けるのかなど，理に適った推論が可能となる。いかに優れた研究でも，個別の研究が示す結果はわずかなことである。用いた方法を的確に理解していれば，その結果を適切に解釈することができる。特定の結果から何らかの一般化を行って，私たちは「論理の世界」で概念的な議論をする（1章参照）。議論の妥当性を保ち，過度の一般化を避けるためにも，それぞれの方法を十分に理解しておくことが大切である。

　方法論に関する学習は，概念レベルで抽象的に学ぶだけでなく，操作レベルで具体的な手続きを知りながら学ぶことが重要である。実証研究の成果を報告する個々の論文は，追試可能なように，方法についても詳しい記述がある。その研究分野で発表された重要な論文をよく読んで，その方法を併せて理解することが望ましい。先行研究をよく調べることは，方法の理解のためにも欠かせないのである。

　1章で述べたように，現代の社会心理学では，社会的行動の背後にモデル化できる，心の働きや性質を探求することが強調されている。心を構成概念とし

でとらえ，それに影響を及ぼす変数や，それから影響を受ける別の変数との関係を検討する。しかし，実証研究を行う場合には，これらの変数を具体的に操作し，測定できる水準で取り扱う必要がある。とくに，心の働きや性質を客観的に測定するためには，観察可能な行動を対象とすることが望ましい。そこで，3章では，心理学の科学的方法の基礎を形作った，行動の科学という視点から社会心理学の研究方法を三つのタイプに分けて説明したい。社会的行動を観察することに基づく記述的研究，数量的に調査することに基づく相関的研究，そして独立変数の操作と従属変数の測定に基づく実験研究の三つである。

3-1　記述的研究——社会的行動を観察する

3-1-1　観 察 法

　社会的行動を研究対象とする時，最も基本的な方法はそれを観察することである。観察して何らかの仕方で内容を記述することが，実証的研究の第一歩である。観察にもさまざまな方法があるが，総称して観察法と呼ぶ。

　観察法では，社会的行動を直接観察することが多いが，場合によっては間接的な観察も行われる（9章参照）。研究対象が残した痕跡（たとえば，落書き，床の摩滅）を調べることや，人間が文書として残したもの（手紙や新聞記事など）を調べる方法も間接的な観察法に含むことができる。直接観察する方法は，観察対象に関与しないように努める自然観察と，観察対象に何らかの仕方で関わる介入観察とに大別できる。観察法の理想の一つは，観察すること自体が対象者の行動に影響を及ぼさないことである。しかし，他者に観察されることは人の意識や行動を変えてしまいかねない状況要因となる。そこで，むしろ意図的に介入して，その条件における対象者の行動を観察することもある。これらを総称して介入観察と呼ぶが，その代表的方法が参加観察である。

　参加観察では，観察者が観察対象者の生活の中に入り込み，ともに行動しながら観察を実施する。たとえば，Festinger, Riecken, & Schachter（1956）は，1950年代のアメリカで，あるカルト集団に参加して観察研究を実施した。その集団では「大洪水による人類の滅亡」が予言されていたが，「宇宙からの使者によって信者だけが救われる」と信じられていた。もちろん，「滅亡の日」に大洪

水は起こらず予言ははずれたのであるが，その前後の布教活動には興味深い現象が観察された。「大洪水」までの準備期間にはほとんど認められなかったのに，予言がはずれた直後からは布教活動が熱心に展開されたのである。

　この現象はどのように解釈されるだろうか。信者たちは非常に強く信仰にコミットしており，予言を疑いもなく信じていた。予言がはずれたことによって，その信仰は当然揺らいだと考えられるが，その信仰を変えようとしたのではなく，信仰を守るために，自分と同じ考えをもつ人を増やそうとしたのだと推測された。Festinger 自身が提唱した認知的不協和理論（Festinger, 1957；コラム 8 参照）に基づけば，予言の失敗と信仰は認知的に不協和の状態にある（6 章参照）。しかし，あまりに強く信じていた信仰は変え難く，大洪水が起きていないという現実を拒否するのも困難である。この場合，不協和を解消するために，信仰を支持する別の認知要素として，同じ信念を抱く仲間を探し求めることになったと説明できる。

　観察研究はこのように，事例研究（case study）としての性格をもっている。事例研究では，一つのケースについて詳しく記述することによって，社会心理学的現象について新しい発見を促すことが可能である。代表的な事例から仮説を導いて，その仮説を他の事例や別の方法を用いて検証していく。したがって，帰納的性質をもつ方法であるとともに，仮説生成的な方法であると言える。もちろん，特定の事例で見出されたことが，どれだけ一般性をもつのかは定かではない。得られた発見の一般化可能性については，事例研究だけでは保証されないのである。

　観察研究は，以上のように現場（フィールド）で行われることが多い。フィールドワークの一つとして参加観察法があるといってもよい。なお，現場の取り組みそのものに参加して，現場で生じている課題の解決に研究者が積極的に取り組む場合がある。研究と実践とが融合したこのような方法は，「アクション・リサーチ」と呼ばれている（9 章参照）。

　さらに，心理学的な観察研究は，社会的行動の記述にとどまらず，その行動の背後に想定される心の働きや状態の解釈や概念化も併せて行われることが多い。Festinger *et al.*（1956）は，信者の行動の背後に，信念と現実との間の「認知的不協和」という心理状態を想定（仮説的に構成）したのである。

3-1-2 フィールドワークと面接法

　フィールドワークは「調べようとする出来事が起きているその『現場（＝フィールド）』に身をおいて調査を行うときの作業（＝ワーク）一般」（佐藤, 1992）である。特定の研究方法というより，参加観察を中心とした多様な方法を含む活動を指す用語である。心理学では，現場としばしば対置される「実験室」を中心として研究が進められてきたが，生態学的により妥当な観察を求めて，フィールドワークも活発に行われるようになってきた。

　その際の特徴は，行動観察だけでなく，面接やインタビューを併せて行うことである。心理学的な観察研究では，心理過程や意識内容が重要な研究対象となる。その際に，当事者から本人の「心」についての言語報告を聞くことができれば，本来の研究対象に迫りやすくなるだろう。実際，フィールドワークでは，研究の対象者のことを「インフォーマント（情報提供者）」と概念化している。

　研究対象者から言語報告を引き出す方法一般を面接（インタビュー）法と呼ぶ。面接法は相談的面接法と調査的面接法とに大別される。相談的面接法はいわゆる「カウンセリング」に相当するもので，臨床的介入のための方法という側面が強い。相談的面接法やカウンセリングについての詳しい内容は，他の紹介を参照されたい（たとえば，保坂・中澤・大野木, 2000）。

　社会心理学でもしばしば用いられる調査的面接法は，面接内容がかなり明確なものから，その場のやり取りで決まってくるものまである。質問内容と回答の枠組みが明確な「構造化面接」は，社会調査の中の面接調査法に相当する（10章参照）。他方，フィールドワークで用いられるものは，インフォーマントと親しい関係（『ラポール』）を作った上で，日常的な会話だけでなく，予定外の質問やインフォーマントからの自発的な話も含めて，さまざまなことを聞き出す技法である。そして，構造化の程度に応じて「半構造化面接」あるいは「非構造化面接」と呼ばれる（詳しくは，保坂他, 2000; 鈴木淳子, 2005 などを参照）。

　面接法では，発話された内容を主たるデータとして分析することによって，実証的研究を行う。その中には，心の働きや状態を示すものも多数含まれるであろう。しかし注意しなければならないことは，この言語報告データは心の働きや状態そのものではない点である。あくまでも行動観察によって得たデータとして，そこから内的状態を推測する必要がある。この推測で重要な点は，心

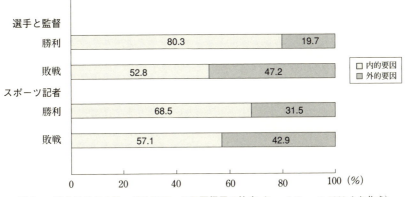

図 3-1 試合結果の内的—外的要因への原因帰属の比率（Lau & Russell, 1980 より作成）

の働きや状態を概念化し，理論化する作業が伴うことである。

なお，フィールドワークや質的研究が近年盛んになっているが，その一つの強みは特定の変数間の関係を扱うのではなく，現象の全体的理解を促すことにある（澤田・南, 2001）。もちろん，全体的理解のためには，現象の全体に及ぶ概念化が必要であるし，その内容を統合的に理解する幅広い知識が研究者に要求されるだろう。

3-1-3 史資料の内容分析

広い意味での観察の記録が文書などの史資料の形で残っていることがある。これを収集して内容分析する方法もある。新聞記事や文学作品などを調べることもこれに含まれる。たとえば，Lau & Russell (1980) はプロ野球とアメリカンフットボールの試合に関する新聞記事を集め，選手と監督，スポーツ記者がコメントした内容を分析した。その結果，勝った試合は自分たちのチーム側の要因に原因を帰属しやすく，負けた試合は相手チームや状況などの外的要因に原因を帰属しやすいことが認められた（図 3-1 参照）。この傾向は，スポーツ記者と比べて選手や監督に顕著であり，当事者が自分たちに都合よく結果を解釈するという，原因帰属の自己奉仕的（self-serving）バイアスをもつからだと考察された。

分析対象となる史資料としては，スポーツの記録や画像・映像なども考えら

れるが（9章の「アーカイブ分析」を参照），最もよく用いられるのは文章，テキスト，メッセージなどの言語データである。とくに，対人間，あるいはマスメディアを通じて行われた言語的コミュニケーションがデータとなる。この点では，面接法で得られた発話データの内容分析と同じことになる。

　質的データである言語データの内容分析の方法は，大きく二つに分けられる。一つは質的レベルで分析を行うもので，その文章や会話の意味内容の理解や洞察を目指すものである。エスノメソドロジー（人々の日常活動の意味構成や解釈の方法を探求する社会学）の会話分析や，談話分析，物語分析と呼ばれる方法は，質的水準のまま分析を行うことが多い（たとえば，好井・山田・西阪，1999）。

　もう一つは，質的な内容を量的に変換して行う分析である。この場合には，言語内容をある分析単位に分割した上で，意味的なまとまりをもついくつかのカテゴリーのどれかに分類し，各カテゴリーの頻度を数え上げることが多い。Lau & Russell（1980）でも，コメント内容に含まれる勝敗の原因帰属を「内的」「外的」の二つのカテゴリーに分類することによって結果を得た。コミュニケーション研究では，もともと「内容分析は，コミュニケーションの明示的内容の客観的，体系的そして数量的記述のための調査技法である」と定義している（Berelson, 1952, p. 8）。

　言語データの内容分析の方法は，言語学，社会学，コミュニケーション研究，認知科学などの立場から，さまざまなものが用いられている。たとえば，認知科学の実験研究からは，課題作業中の思考過程を発話するように実験参加者に要請して得たデータを分析する「プロトコル分析」が提案されている（Ericsson & Simon, 1984）。それぞれの詳しい内容については関係する文献を参考にしていただきたい（プロトコル分析については，海保・原田，1993；質的データ分析に関わることについてはまず，澤田・南，2001；社会心理学の初学者向けには，有馬，2007）。

3-1-4　観察法と内容分析の留意点

　1章で論じたように，社会心理学の目的は，社会的現象の背後に潜む因果関係を説明することにある。観察法は現象を支えているさまざまな変数の全体的理解を促すものであり，こうした研究活動の初期段階に，変数間の関係について探索的に知ることを目的として用いられることが多い。しかし，研究が進ん

で社会的現象の背後にある特定の変数間の因果関係について仮説を立てて検証する段階でも，現実的な文脈の中でその関係を検討するために，もっと活用されてよいと思われる。特定の因果関係だけに着目していたときには見落としていた変数に気がついたり，その関係を調整する他の変数の存在を知ることもあるだろう。

　一方，観察法にはいくつかの限界と問題点もある。まず，観察者や内容分析を行う者の個人的解釈が入り込む余地が大きいことである。観察者を事前に訓練したり，内容分析を行う者を複数にして一致率を調べるなどして，主観的解釈に基づくバイアスを少なくする工夫は可能である（9章参照）。実験であっても，人間が観察して得たデータを解釈している点では，本質的に同じ問題を抱えている（観察法の視点からは，実験法は「実験的観察法」である）。しかし，測定用具が洗練されている調査法や実験法と比べると，主観的解釈に基づくバイアスが混入する可能性は高い。

　それ以上に大きな限界は，観察できる現象や社会的行動が限られていることである。たとえば「パニック」を直接観察できることはめったにない。広い範囲で生じる社会現象の全体を俯瞰して観察することも難しい。もちろん，既に論じたように，心理過程は直接観察することが不可能である。心の状態や働きを言語で報告してもらうことは可能であるが，その報告にはしばしば誤りやバイアスが生じることが知られている（Nisbett & Wilson, 1977）。加えて，私たちの心の中では，意識的過程だけでなく，無意識的過程も働いているが，後者は意識して捉えることが難しい。

3-2　相関的研究——社会的行動の比較と測定と予測

3-2-1　記述対象の関連づけ，比較，数量化

　対象を記述する場合には，一般に「A は X である」という形式をとる。たとえば，学生が行う授業評価では，「A 先生の心理学の授業はおもしろい」といった述べ方をする。この記述には，ある授業とその特徴との関連づけが含まれる。また，他の授業との区別や比較を暗黙に含意していることが多い。たとえば，「B 先生の授業はつまらない」といったことを同時に伝えているかもしれない。

表 3-1 授業と「おもしろさ」との模式的な関連

		おもしろさ	
		あり	なし
授業	A 先生	○	×
	B 先生	×	○

表 3-2 授業と「おもしろさ」との関連（頻度）

		おもしろさ	
		あり	なし
授業	A 先生	15	5
	B 先生	6	12

前節で紹介した観察研究の場合でも，結果として得られた記述は，このような形を取ることが多い。たとえば，Festinger, Riecken, & Schachter（1956）の研究では，「予言がはずれる前は布教活動が行われなかったが，はずれた後では熱心に行われた」というように，「信念が確固たる状況／信念が動揺した状況」と「布教活動の程度」とを関連づけた観察結果を得ていた。Lau & Russell（1980）の研究でも，「試合に勝った場合には内的原因に帰属されやすく，負けた場合には（相対的に）外的原因に帰属されやすい」というように，「試合の勝敗」と「原因帰属の内的─外的所在」とを関連づけて結果を示していた。

　前述の授業の例でも，A 先生の授業と B 先生の授業という二つの対象を，「おもしろさ」という特徴と関連づけて記述して，明示的に比較することが可能である。最も簡明に表現すると，「A 先生の授業はおもしろく，B 先生の授業はおもしろくない」というように，「おもしろさ」という特徴を「あり」「なし」という，順序情報を付加したカテゴリーとの関連で示すことができる（表3-1）。

　このとき，「A 先生の授業一般のおもしろさ」と，「B 先生の授業一般のおもしろさ」との関係を見たいと考えたらどうなるだろうか。過去 3 年間の授業を調べると，A 先生は 20 の授業を担当し，B 先生は 18 の授業を担当していた。すべての授業のおもしろさの判定結果が資料として残されていたとしたら，「おもしろさ」の頻度について，表 3-2 のような表を作成できるかもしれない。このように，「おもしろさ」の「あり」「なし」というカテゴリーに入る観察結果の頻度（個数）を調べることが，質的変数を数量化する第一歩である。これは計数データを用いた数量化と呼ぶことができる。

　「おもしろさ」にも，「すごくおもしろい」場合や「ややおもしろい」場合など，微妙な違いがあると考える人もいるだろう。アンケート調査でも，ある特徴の程度を何段階かで尋ねることがしばしばある。たとえば，学生が自主的に行う授業評価で，単位取得のしやすさを，順に「大仏」「仏」「人並」「鬼」「大鬼」の 5 件法で受講生に評定してもらったとしよう。これに 5 点〜1 点までを

3-2 相関的研究——社会的行動の比較と測定と予測　　　　　　　　35

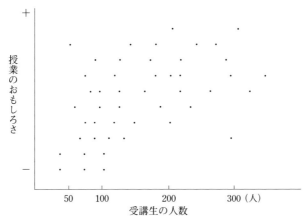

図 3-2　受講生数と授業のおもしろさについての模式図（正の相関の例）

与えて，受講生からの評価を平均値の形で示すことができる。そして，「A先生の単位取得容易度は平均して4.2点で，B先生は2.3点である」といった結果を得ることが可能である。このような形で，心理的性質を量的変数で記述できたら便利だろう。これが計量データによる数量化の第一段階の例である。

　しかし，心の性質（心理量）の測定は，第一段階の先に進む必要がある。4章や5章で述べるように，一定の手続きを経て，信頼できる尺度を作成した上で測定することが望ましい。心理学者は，心の状態を数量的に測定して取り扱うことが可能であると考え，長い年月をかけてその方法を開発してきた。その結果，心理学研究は格段に進歩した。心理量を数量化することによって，ここまで述べてきた質的な関連づけを越えて，より詳しい変数間の関連づけができるようになったのである。

3-2-2　相関関係と予測

　授業のおもしろさを決める要因はいろいろとあるが，たとえば受講生の人数に着目したらどうだろうか。「受講生が多いほど内容がおもしろい」という素朴な考え方である。いろいろな授業を調べて，実際に受講している人数とその授業のおもしろさについて計量データが得られたとしよう。両者の関係は，図3-2のように，片方の軸に人数を，他方の軸におもしろさの程度を取り，授業ご

とに組になった得点を，2次元平面上にプロットしていくことによって示すことができる。

相関とは，狭い意味では，二つの量的な変数間に，片方の大小と他方の大小とが一定の規則的変化を示すことを指す（5章参照）。正の相関は一方が大きくなれば他方も大きくなることであるし，逆に，負の相関は一方が大きくなると他方が小さくなる関係である。図3-2に示したのは「受講生が多いほど，授業の内容がおもしろい」という関係であり，両者に（弱いながら）正の相関関係があることを示している。

特定の相関関係を見出すことによって，私たちは，ある変数から他の変数を予測することが可能になる。ここで議論しているような関係がもし正しいとすると，受講生数がわかれば，その授業のおもしろさを知ることができることになる。おもしろさは他の要因によっても決まってくるので，一つの予測が絶対ではない。また，測定されたおもしろさの程度にも誤差がつきものなので，予測はある範囲で誤差による変動を含む。しかし，それでも数量的な相関関係の発見は，一方の変数から他方の変数の予測を可能にする。

10章で紹介する社会調査法では，多数の変数を同時に，できるだけ量的に測定し，ある対象の特徴をさまざまな側面について記述する。それと同時に，変数間の関係をさまざまな組み合わせについて検討することができる。たとえば，政治に関わる世論調査では，年齢，性別，学歴，年収といった基本属性や，社会問題についての態度や価値観，生活習慣や行動などを尋ね，併せて政治的態度，支持政党，投票の意思などを調べることによって投票行動の予測が可能になる。量的に測定することは，このような予測を正確に行うことに役立つ。

調査研究は，標本（サンプル）である調査対象者から得られた結果を，母集団に関する推測に用いて，母集団の特徴を記述する研究でもある。この点では，前節の記述的研究の一つであると言える。母集団の特徴を正確に推測するためには，母集団をよく代表する標本を得ることが必要である。10章ではこの標本抽出法（サンプリング）の手続きについても説明するが，一般には，無作為抽出（ランダムサンプリング）を実施することが望ましい。

なお，相関関係は，意味を広げれば質的（カテゴリー）変数間の関係にも拡張できる。表3-1，表3-2に示したものはその一つの例で，一般に属性相関とよ

ばれる。

3-2-3　相関的研究の留意点

　どの研究法の本にも強調されていることだが，相関関係は因果関係ではない。前項で例としてあげた「受講生が多いほど授業の内容がおもしろい」という関係は，受講生数が原因となって授業のおもしろさを生み出しているとは考えにくい。むしろ，「おもしろい授業は受講生が多くなる」という逆の因果関係の可能性が高い。また，両方向の因果関係が同時に成り立つ場合もある（6章参照）。

　社会心理学研究では，「テレビの暴力番組を見ると，子どもが攻撃的になる」という現象がしばしば取りあげられる（村田，1987参照）。暴力番組視聴とその視聴者の攻撃性との間には，一般に正の相関関係がある。しかし，暴力番組視聴が攻撃性の原因であるだけでなく，攻撃性の高さが暴力を好むように導き，その結果として暴力番組をよく見るようになるという逆の因果関係の可能性も高い。加えて，第三の変数が両者に関係していて，暴力番組視聴と攻撃性の間には，見かけ上の相関関係しかない場合もある。たとえば，子どもに対する親の無関心が，子どもを暴力番組視聴に向かわせるとともに，攻撃行動も増やしている可能性がある。

　見かけ上の相関の問題は，第三の変数が特定されたときには，その変数を統計的にコントロールした上で，焦点となる二つの変数間の相関を調べる（この場合は「偏相関」と呼ぶ）ことでひとまず解決可能である。近年は，多変量解析の技法が発達して，同時に多数の変数をコントロールしながら，ある特定の因果関係を推測することが可能となった。しかし，二つの変数と関係する変数は，予想できないものも含めて，他にも考えられる。社会調査法でいくら多くの変数を調べたとしても，予想されない見落としの可能性が常につきまとうので，調査データから因果関係を確定することはできない。もちろん，多くの変数を同時に調べることによって，さまざまな因果関係の可能性を発見し，蓋然性を知るためには，社会調査は優れた研究方法である。

　変数間の因果関係を明確な形で検証するためには，次節で紹介する実験法を用いることが望ましい。実験できない場合には，何らかの相関的研究を実施することになるが，得られたデータの性質を考慮して，因果関係を過度に推測す

ることを慎まなければならない。他の因果関係の可能性も視野に入れながら，概念上の分析を進めることになる。

3-3　実験研究——社会的行動の因果を検証する

3-3-1　実験研究の考え方

　前節で議論したように，「暴力番組を見る子どもほど攻撃性が高い」という相関関係を知ることによって，テレビ番組視聴の程度から子どもの攻撃性の程度について予測することが可能である。しかし，子どもの攻撃性を低下させるためには，その原因を知る必要がある。簡単に述べると，次のような実験でこの因果関係を検証できる。子どもたちに暴力番組を視聴させ，後に攻撃行動が生じるか否かを調べる。この結果を，暴力番組以外の中立的な番組を視聴させた子どもたちの攻撃行動と比較する。このとき，暴力番組を視聴した実験群の子どもたちと中立的な番組を視聴した統制群の子どもたちとでは，番組視聴以外では全体として特徴が等しくなるようにすることがポイントである。

　番組視聴以外の点で何か違っていたとしたら，その特徴が結果の違いの原因となる可能性がある。たとえば，実験群には体の大きな子どもが多かったとしたら，体格のよさが攻撃性の原因として想定できてしまう。このような特徴は他にも多数考えられ，多くの個人差をすべて等しくすることは困難である。しかし，それらをまとめて等質に近づける最良の方法として，実験群と統制群への無作為割りあてが行われている（高野，2000）。無作為（ランダム）割りあてという方法は，どの群で実験を受けるのか，偶然によって（くじ引きの形式で）決まるようにする方法である（6章参照）。言い換えると，ある実験参加者がどの条件に割りあてられるかの確率を均等にする方法が無作為割りあてである。

　このように，実験研究では，実験参加者を実験群と統制群とに無作為に割りあて，両者に対して一定の手続きを施した後，ある特徴について両群間の違いを検出しようとする。一定の手続きを施すことを「独立変数を操作する」と呼ぶ。この例では，視聴する番組を「暴力番組」にするか「中立番組」にするかである。また，違いを検出するために，ある特徴を調べることを「従属変数を測定する」と呼ぶ。この測定は数量的に行われて，統計的に分析されることが

ほとんどである。このようにして，「独立変数が従属変数に及ぼす影響を検討する」方法が実験である。実験法は，単に「試してみる」ということ以上の内容を含み，一定の手続きを経て実施されるのである（6〜8章参照）。

3-3-2　理論と仮説

　実験研究では，たとえば「暴力番組を見ると攻撃的になるだろう」というように，独立変数と従属変数との間の因果関係を述べた仮説を検証しようとする。この仮説は，日常生活での経験に由来することもあるが，実験研究の場合，過去の研究で蓄積された実証的な知見や，その知見を統合した理論に基づいてなされることが多い。たとえば，「人は他者の行動を観察して模倣する傾向がある」ことを中心命題にした社会的学習理論から，先の仮説を導くことができる（Bandura, 1971）。テレビで観察した他者の攻撃行動を模倣，あるいは学習して攻撃的にふるまうのだと考えられる。理論を背景にしていると，多くの関連する仮説を導ける。たとえば，「他者との協力を描いた番組を視聴すると援助的になるだろう」という仮説を立てることができる。

　認知的不協和理論（コラム8参照）を打ち立てたFestinger も，そこから数々の仮説を導いて実験を行い，社会的行動を理解するためのさまざまな知見を得た（Festinger, 1957）。たとえば，意思決定後の不協和を解消するために，人は選択したものの評価を高め，選択しなかったものの評価を低くする傾向があることを示した。人は何らかの選択を行った後に，認知的不協和が生じる可能性がある。選択肢Aを選んだとしても，よい点以外に欠点も少しはあるだろう。選ばなかった選択肢Bにも，悪い点だけでなく長所があるだろう。Aのよい点とBの悪い点はAを選択したことと協和する認知要素であるが，Aの悪い点とBのよい点とは不協和を引き起こす要素である。AとBとの差が小さくて微妙な選択の場合には，不協和の量が多くなり，それを低減しようという心理的な圧力が働きやすい。この時，協和する認知要素を増やしたり重視したり，あるいはまた不協和の要素を減らしたり軽視したりすることによって，不協和低減が行われやすいだろう。そうすると，選択したAをもっと好きになりやすく，見捨てたBをより嫌いになりやすいのである。

　現代社会では，商品の購買場面など，多数の選択肢から選ぶ場面が多い。こ

のような場面での選択に私たちは不満を抱きやすいと指摘されている。これに関しては，選択肢が多いほど，選択肢が提供する機会を逃すことによる損失量が多いので不満足感を感じやすいという，「機会コスト」の多さから説明がなされている（Schwartz, 2004）。しかし，逃してしまった多数の選択肢のよい点が不協和の総量を増やしていると解釈することもできるだろう。よい理論は，このように適用範囲の広い知識を生み出す（水原, 1984）。

実験研究では，理論から演繹的に導き出された仮説を検証することが一般的である。しかし，理論が十分構築される前の段階でも実験はしばしば行われるし，理論的背景が不明のまま，直観的に思いついた仮説を実験によって検証することもある（2章参照）。実験研究の成果を積み重ねてから理論を構築するといった，帰納的な研究プロセスも考えられる。それでも重要なことは，その仮説がなぜ成り立つのか，変数間の関係を概念的に十分検討することである。

3-3-3 実験研究の留意点

実験研究は，独立変数と従属変数との因果関係について，内的妥当性の高い知識を得ることを目標としている。他方で，実験研究から外的妥当性の高い知識を得られるとは限らない（6章参照）。外的妥当性とは，得られた因果関係が，さまざまな状況や対象者を通じて成り立つ程度のことで，一般化可能性とも呼ばれる。前述の攻撃行動の例で言えば，「暴力番組を見ると攻撃的になる」という因果関係が，他の年齢や別の地域の子どもたちでも成り立つかどうか，あるいは，別の種類の暴力番組でも同じ結果が得られるかどうかという問題である。

実際，実験研究の参加者が，何十億という人間を代表している一般標本であることは決してない。むしろ，特定の大学の学生の中から恣意的に選び出された者である可能性が高く，標本の偏りには批判が寄せられている（Sears, 1986）。しかし，何らかの母集団を代表する標本を得るためにコストを払うよりも，実験の各条件に無作為に割りあてるなど，剰余変数を統制して内的妥当性を高めることのほうが実験研究にとっては重要問題である。この工夫の中には，個人差変数の取り扱いの問題も含まれる（6〜8章参照）。

他方で，外的妥当性を高めるためには，どういった工夫が必要だろうか。すぐ思いつくことが，さまざまな実験参加者を対象に追試することである。とく

に，ある理論や仮説が発見された国や文化とは異なるところで追試してみることである。しかし，この方法は本質的な解決にはならない。追試をどこまでも繰り返す必要が生じて，実行不可能だからである。追試はむしろ，他の変数が関与している可能性を低めるような手続きを工夫して，内的妥当性を高めるために行われる必要がある。

実験研究の外的妥当性は，仮説を成り立たせている心理学理論の一般性によって推定されるだろう。進化心理学の諸理論では，心理過程は人類共通の普遍的なものだと考えている。他方，文化心理学の諸理論では，「心性普遍性」を疑って，文化固有の心理過程を想定している。しかし，少なくともある文化の中では人々に共通した心理過程を想定することが可能である。実験研究で得た知見は，ひとまず背景となる理論が想定する範囲内では一般性があると推定することになる。その上で仮説が成り立つ条件が制約されていないか概念的な分析を行い，従属変数に関わる他の変数を発見していく。そして，新しい変数を組み込んだ新たな実験を行って，制約条件についての知見を得ていく。その結果をもとに理論が精緻化されるのである。このような精緻化過程で重要なことは，ある変数と他の変数との交互作用の予測と発見である（詳しくは7章参照）。実験研究の醍醐味の一つは，このような精緻化過程を経験していくことにある。

3-4 研究の倫理と方法の選択

3-4-1 研究の倫理と方法

研究の目標は，特定の社会的行動を探索的に記述すること，関係する変数を見出すこと，変数間の因果関係を検証することなど，さまざまである。研究方法の選択は，こうした研究の目標によって変わってくる。しかし，倫理的問題から，最適な方法を用いることができない場合がある。たとえば，子どもに暴力番組を見せる実験を行って，一時的にせよ攻撃性を高めることに問題はないだろうか。この実験がただちに倫理的基準から逸脱しているとは言えないが，倫理的問題をはらんでいることは間違いない。実験参加者はいかなる場合でも人間として十分配慮されるべきであり，研究方法はその制約下で選択される必要がある。

では，攻撃性をもたらす実験は，決して実施してはならないものだろうか。攻撃性を生む要因の検討は，攻撃を抑制する条件の解明につながる。攻撃を抑制する要因を知ることによって，今後多数の人たちが攻撃の被害を受けなくなったとしたら，その恩恵はとても大きいだろう。このように，科学的発見から見込まれる人類の利益が大きい時には，実験参加者が一時的に受ける苦痛や被害の大きさとのバランスを考えて，倫理的に問題をはらむ実験が行われることがあり得る。社会心理学では，Milgram の服従実験（Milgram, 1974）や，Zimbardo の刑務所実験（Haney, Banks, & Zimbardo, 1973）など，反社会的行動を生み出す要因を探索する実験が行われてきた。これらの実験は，得られた科学的成果が，参加者が被った不利益を大きく上回ると考えられて，実施されたのであった。

しかし，どういった場合であれ，研究参加者の権利と福祉が尊重されるよう，最大限の配慮をすべきである。そのためには，観察，調査，実験のどれを選択するかという判断だけでなく，個々の研究のいくつもの手順の中で，参加者の視点に立って具体的方法を選択することが必要となる。実験の場合であれば，とくに独立変数の操作と従属変数の測定を，具体的にどのように行うのか十分に考えるべきである（8章参照）。経験を積んだ研究者からアドバイスを受けることも必要だろう。北米の研究機関の場合には，人間を実験参加者や対象者とする研究計画は，各機関に置かれた研究倫理委員会（Institutional Review Board: IRB）の審査を受ける必要がある。日本においても研究倫理委員会が各機関に制度化されつつあり，審査を受ける必要が広がっている。少なくとも独善的な研究計画にならないように，研究指導者などの助言と承諾を得てから研究を進める必要がある。

研究倫理の遵守については，参加者の権利・福祉の尊重，プライバシーの保護，参加者に対する説明と同意の確認など，基本原則はどの研究方法でも共通している。活動成果の公表の点でも，研究者は倫理を守る必要がある。しかし，これらの基本原則をどのように実現するのかは，方法に応じて異なっている。具体的な問題と留意点は，それぞれの章の中で紹介する。

3-4-2　現実的制約と方法の選択

　最後に，研究方法は，研究者の能力，研究参加者の確保の見込み，実験室・実験機器などの利用可能性，与えられた時間といった現実的制約を考慮して選択する必要が生じる。また，研究計画全体も，これらを考慮して立てられるべきである。経験を積んだ研究者からのアドバイスをどれだけ受けられるのかも重要な資源であり，現実的制約となる。多くの学部生は，卒論研究を行う時に，初めて独力で研究を計画して実施することになるだろう。この時に，自分の能力を過信したり，時間的に楽観的な見込みをもつなど，さまざまなバイアスの影響を受けやすい。これらのバイアスは研究活動を推進する動機づけともなるかもしれない。しかし，周囲の人からの期待や現実の諸条件に応じられる冷静さが，研究の遂行には必要である。

コラム 3　シミュレーションを用いた社会心理学研究

村田光二

　社会心理学的な現象の中には，たとえば集合行動など，生身の人間を使って簡単に実験することができないことも多い。こういった場合には，その現象のモデルを作成して，どのような要因がその現象を生み出すのか，あるいは現象を支える主体のどのような行動指針によってその現象の推移が決まるのか，コンピュータを用いた「実験」によって検討することが可能である。このような方法は，コンピュータ・シミュレーションと呼ばれる。

　たとえば，Nowak & Szamrej（1990）は，社会的インパクト理論（Latané & Wolf, 1981）に基づいて，対立する二つの意見を各々支持する多数派と少数派の影響過程とその帰結についてのシミュレーションを実施した。このシミュレーションでは，40×40 の格子状の各位置に個人が配置され，各々に意見の初期状態を与えた上で，一定のルールに従って周囲の他者に（相互に）影響を与えていくと，どのような意見分布状態に収束するのかが検討された。その結果，多数派意見への斉一化が認められるが，少数派も決してなくならず，一定の領域に集結して残ることも認められた。日本でも，矢守・杉万（1992），Yamori（1998）による歩行群集のシミュレーション研究が知られている。

　コンピュータ・シミュレーションによって，社会現象だけでなく，個人内の心理現象を検討することも可能である。たとえば，ステレオタイプは「集団成員一般」についての認知であるが，個々の集団成員に遭遇しながら，その人たちに共通した特徴を「学習する」ことによって成立する可能性がある。外集団に対して私たちがステレオタイプをもちやすい理由として，外集団を内集団よりも同質的であるとみなすバイアスが指摘されているが，Linville, Fischer, & Salovey（1989）はこれをシミュレーションによっても例証した。また，とくに少数派集団と目立ちやすい特徴とが誤って関連づけられる傾向がステレオタイプの認知的基礎として知られているが，Smith（1991）はこの誤った関連づけのモデルをシミュレーションによって検討した。

　こういったシミュレーション研究は，理論的前提から導かれる帰結について，明確な形で結果を提示することが可能である。とくに，複数の要因が複雑に作用し合って，思考実験（頭の中で概念的に検討）するだけでは結論が得にくい現象や，時間の推移が複雑となる現象についてはその有効性が高いだろう。高木（2004）は，その意義や問題点も含めて，こういったコンピュータ・シミュレーション研究についての行き届いた説明と紹介をしているので，参照していただきたい。

コラム3　シミュレーションを用いた社会心理学研究　　45

　他方，社会心理学におけるシミュレーション研究には，現実をモデル化した状況の中に生身の人間を参加者として迎える，ゲーミング型のものもある。たとえば，模擬社会ゲーム（Gamson, 1990）や仮想世界ゲームと呼ばれるゲームを用いたシミュレーションが知られている。こういった方法は，実証研究の範囲を越えて，参加者にモデル化した状況をよく理解してもらい，その背後に想定される現実社会の問題状況を知ってもらうという教育的な意義をもつと考えられる。この方法について詳しくは，広瀬（1997）や杉浦（2005）などを参照していただきたい。

4 測定の基礎

村上史朗

4-1 心理測定における数量化

　2章で述べられた，人の心理傾向や行動傾向についての仮説を立てる作業は，主に論理的な考察から導かれるものである。その仮説によって人の心理傾向や行動傾向が記述・説明できるかを検討するために，対象とする心理的性質を測定することになる。しかし，「心」を研究対象とするときに問題となるのが，それ自体は観察不可能だという点である（1章参照）。そのため，心の性質についての完璧な測定法は存在しない。また，全ての心理測定法は，目標とする心の性質の特定の面のみをクローズアップして捉えたものである。そこで測定されるのは目標とする心理的性質の一部だが，数値化を伴う測定を行うことによって，限定的ではあるが私たちは心の性質を比較検討できるのである。

　特定の測定法は，対象とする性質の特定の面しか調べていないという点についてもう少し説明しよう。たとえば，人間の大きさを測定したい場合に，高さに注目した測定を行えば，その測定値は身長として表される。しかし，身長の数値は，肩幅の広さなど，別の側面での人間の大きさについては十分な情報を与えていない。長さよりも抽象的な心の性質を測定する際にはなおさら，対象そのものではなく，その数ある属性の一つを測定していることに自覚的である必要がある。心の性質を記述するルールが一つではないのは，社会心理学が対象とする心理的性質も，測定の仕方によって見え方が異なる複数の側面をもっているからである。

　特定の測定法からは目標とする心理的特性について限られた情報しか得られない以上，どのような測定法を選択するかは研究目的に対応している必要がある。心の性質を検討する方法としては，少数の事例から質的な検討を行うものもあるが，ここでは，とくに心の性質を数量化して検討する手法について，そ

の特徴を紹介する。

4-2　測定値の性質——尺度の水準

　数値化された得点の扱い方は，その数値化の方法によって異なる。たとえば，身長について，センチメートルを単位として数値化した場合と，「165 cm 以下なら 1，165 cm を超えていたら 2」というカテゴリ分けのルールで数値化した場合では，その性質は異なる。このような数値化のルールには以下に述べる 4 通りが考えられ，この区分を尺度の水準と呼ぶ。測定値における水準は，それぞれどの程度の数学的処理が可能であるかによって区別される。以下では，測定値の四つの水準について概観する。

4-2-1　名義尺度

　名義尺度とは，対象の弁別を目的とした尺度である。たとえば，ニュースの入手に最もよく用いるメディアを一つ尋ねる際に，テレビを 1，新聞を 2，インターネットを 3，のように対象別に数値を割りあてる場合である。名義尺度では，それぞれの対象が重複して属することがないように，相互排反とする必要がある。相互排反でない場合とは，たとえば上の例で「活字メディア」を 4 とした場合である。新聞も活字メディアに含まれてしまうため，新聞を念頭においている人は 2 と 4 の 2 通りの回答が可能となり，好ましくない。また，名義尺度の数値には，別の値と異なっているという意味しか付与されていない。そのため，それぞれのカテゴリにまったく別の値を与えても，それぞれが異なってさえいれば実質的な違いはないし，その順序関係にも意味はない。アルファベットなどの文字を用いてもその意味は変わらない。

　名義尺度は，値どうしの関係に意味がないために，一切の数学的処理ができない。たとえば上の例で，1，2，3 を選択した人数が同数の場合，平均値を算出すると 2 になる。しかし，この値は「ニュースの入手に最もよく用いるメディアが新聞であるのが平均的」ということを意味しているわけではない。数値が量を表さず，性質の違いのみを指しているため，名義尺度の水準で測定されたデータは質的変数と呼ばれる。分析の際には，名義尺度のデータは，主にそれ

それの値の度数（回答した人数）を検討したい場合に用いられる。

4-2-2 順序尺度

　順序尺度とは，対象のもつある特性について順序づける際に用いられる尺度である。名義尺度では対象の弁別性だけが問題となっていたが，それに加えて順序尺度では対象間の順序関係の情報も含まれる。たとえば，複数の選択肢を好きな順に並べてもらう場合などがそれにあたる。この場合，順位には順序関係は反映されているが，どのくらい強く好きか，などの情報は含まれていない。数値間の差の大きさを問題にすることができないため，順序尺度の値は四則演算による変換を行うことができない。数値間の心理的な意味の間隔が等しいことが前提とされていないからである。例として，複数の果物について好きな順に順位をつけてもらう場合を考えてみよう。ある人がリンゴを1位，ブドウを2位，ミカンを3位とした場合，その人にとってのリンゴとブドウの差が，ブドウとミカンの差に等しいとは限らないのである。そのため，順序尺度のデータの分析には平均値などの演算を必要とする指標を用いることができない。順序尺度を用いた変数のデータ解析については，森・吉田（1990）などの統計テキストを参照されたい。

4-2-3 間隔尺度

　間隔尺度では，対象の弁別性と順序関係についての情報に加えて，その数値間の間隔の意味が等しいという仮定が加わる。間隔尺度では，尺度値で1点と2点の間の差は，2点と3点の間の差と等しいものとして扱われる。上で述べたように，順序尺度にはこのような仮定はない。間隔尺度の例としてよく用いられるのは温度である。摂氏10度と20度の間隔は，摂氏20度と25度の間隔の2倍である。

　心理学における多くの統計的処理は，変数を間隔尺度として扱えることを前提としている。たとえば，平均値の算出や分散分析などは，間隔尺度以上の水準の測定値でなければ適用できない。このように，分析において便利な性質をもつため，量的な研究の多くで，心理的傾向の測定の際には間隔尺度であることを仮定した測定法が用いられる。

4-2-4　比率尺度

　間隔尺度の制約に加えて，原点としての0に意味があるのが比率尺度である。間隔尺度の場合は，その間隔には意味があるが，原点には本質的な意味がない。たとえば，自民党への態度を5段階の指標（5件法）で尋ねる場合，得点範囲を1から5にした場合も，−2から2にした場合も実質的に違いはない。間隔尺度の場合は，その値の範囲に0が含まれていても，それは対象とする性質が「ない」ことを意味するわけではない。たとえば，温度が0度であっても，それは温度がないことを意味するのではなく，特定の温度を0度と割りあてているだけである。

　しかし，比率尺度の場合は0は絶対的な原点としての意味をもつ。そのため，比率尺度で測定された二つの値の比は，測定単位を変えても維持される。たとえば，カップルの親密度の指標として二人の間の物理的な距離を用いた場合，0は距離がない状態（接触している状態）を意味する。そして，この場合の距離の比は，単位としてメートルを用いてもセンチメートルを用いても一定である。一方，間隔尺度の場合はこのような性質はない。温度の場合，20度は10度の2倍を意味するわけではない（同じ温度を摂氏と華氏で別の数値として表現できることからも明らかである）。

　ただし，一般に心理量を測定する場合には，原点（測定される心理的性質がない状態）を特定することが難しいことや，その必要性がある状況も少ないため，比率尺度を適用することはほとんどない。また，ほとんどの統計的解析は間隔尺度以上であれば適用できるため，比率尺度は，距離などの物理量を対象にする場合を除いて，研究遂行上実際に用いることが必要なケースはあまりない。

4-3　測定の信頼性と妥当性

　測定を行う上で重要なのは，言うまでもなく「目的とする変数を，可能な限り正確に測定する」ことである。では，その測定の正確さはどのように評価されるものなのだろうか。ここでは，信頼性と妥当性という二つの評価基準について簡単に説明する。

4-3-1 信 頼 性

　測定の過程には，測定値に影響を与える要因が数多くある。そのため，測定を行う際には，できる限り目的外の要因を統制する必要がある。たとえば，長さを測定する場合に熱膨張率が大きい物質で作られたものさしを使うと，その測定値には気温の影響が反映されてしまう。その場合，温度による影響が少ない物質でできたものさしを使う，測定時の気温を一定に保つ，などの工夫によって，気温の影響を低減することができる。人間の心理に関する測定を行う場合には，さらに多様な誤差を生み出す要因が存在する。もちろん，全ての誤差を排除することは不可能だが，誤差が小さくなるほど測定値はある範囲内に収束することになる。このような測定の一貫性を評価する概念が信頼性である。信頼性の高い測定とは，誤差を小さくし，同様の条件では一貫した測定値が得られると期待できる手法である。

　信頼性の検討は，その目的によっていくつかの側面からなされるが，ここではその一例として再テスト信頼性をあげる。再テスト信頼性とは，時間をおいて複数回同じ測定をした際に，一貫した結果が得られるかという基準である。たとえば，性格特性を測定したい場合に，測定するたびにまったく違う値が得られるようであれば，それはその人の安定した特性を測定できているとは言えない。測定時の気分などによって誤差が生じるとしても，ある程度一貫した値が得られなくてはならないのである。再テスト信頼性は，同一人物に複数回の測定を行い，それらが一貫しているかどうかを得点間の相関係数を用いて評価する規準である。

　また，心理変数を質問紙で測定する場合，一つの概念を一つの質問文のみで表すことは難しいために複数の項目を用いて多面的に測定する尺度を用いることが一般的である。その複数の項目が同一の概念を測定しているかについても，信頼性を検討する必要がある（5章参照）。

4-3-2 妥 当 性

　「長さを測定する際にものさしを用いることが適切か」，という問いは多くの人には無意味に感じられるだろう。しかし，「対人関係の親密さを測定するのに，話している二人の間の距離を用いることが適切か」という問いであれば，

考えてしまうのではないだろうか。測定対象に物理的な実体がないことが多い社会心理学においては,「測定によって目標とする概念が測られていると言えるか」という妥当性の問題には,細心の注意を払わなくてはならない。測定されている内容と測定しようとしている概念とが異なる場合,それは重さをものさしで測定するようなものであり,結果の解釈が意味をもたなくなってしまう。一つの研究で妥当性が完全に保証されることはないが,研究者は自分が用いた測定で「何が確実に言えるのか」について常に自覚的であることが望まれる。

　妥当性については,大きく分けて概念の測定に関する妥当性と実験の操作の妥当性の二つがあるが,本章では前者を取りあげる（実験操作の妥当性については6章を参照）。

4-3-3　予測妥当性と併存的妥当性

　ある測定法の妥当性について,それが外的基準との関連性から有効な説明ができるかという観点から評価するのが予測妥当性と併存的妥当性である。予測妥当性は,測定された概念によって論理的に帰結される外的な基準を予測できるかによって判断される。たとえば,販売員としての適性を測定するテストを入社直後に実施し,その得点と1年間の販売成績が正の相関を示していれば,そのテストの予測妥当性は高いと言える。この場合,測定された販売員としての適性がその後の販売成績を予測できることを示すことによって,適性測定の妥当性を示したことになる。

　また,併存的妥当性は,同じ概念を測定する異なる基準と一貫した結果を示すかによって判断される。たとえば,自尊心の測定の場合,成功した場合にそれを自分の能力によると考える程度と相関していれば,併存的妥当性が高いと言える。この場合にも,「自尊心が高ければ,成功を自分の能力によると考える」ことが仮定されており,この仮定の正しさは妥当性の検討とは別に,概念間の論理的なつながりから検討される必要がある。予測妥当性と併存的妥当性はいずれも他の測定との関連から判断されるが,心理的な変数の測定には絶対的に正しい外的基準は存在しないので,その判断は常に相対的なものである。

4-3-4 構成概念妥当性

　これまで述べてきたように，人間の行動傾向や特性（たとえば，「自尊心」）は，それ自体を観測することはできない。社会心理学で扱う性格特性や行動傾向は理論的に導かれた構成概念（construct）であって，観察可能な事象からその存在が想定されるものである。ある構成概念を質問紙や行動の観察によって測定する場合，その測定法が目的とする構成概念を想定したとおりに測定できている程度を，構成概念妥当性と呼ぶ。ただし，一般に構成概念妥当性をただ一つの研究で明らかにすることはできず，複数の研究によって多面的に検討された結果から評価される。たとえば，自尊心を測定する尺度の構成概念妥当性を評価するには，自尊心が高いと想定される人々と低いと想定される人々の得点を比較する，理論的に自尊心が高い人が取ると考えられる行動との対応を検討する，などの研究が必要となる。多くの実証的・理論的研究から得られた知見が一貫しているほど構成概念妥当性は高いと見なせるし，背反している知見が多ければ構成概念妥当性は低いと言える。

4-3-5 表面的妥当性

　その測定法によって，何を測定しているのかが自明である程度を，表面的妥当性という。同じ測定法であっても，「何を測定したいのか」という目的が異なっていると，その対応関係によって表面的妥当性は変わり得る。たとえば，微分のテストは，「微分の計算能力を測定すること」が目的である場合に，その指標として使用されれば表面的妥当性は高いと言えるが，「数学の能力を測定すること」が目的であれば，前者に比べて表面的妥当性は低いと判断される。

4-4　何を測定するか──さまざまな測定法

　心の性質を直接測定することはできないため，研究を行う際に実際に行われる測定は，目標とする心の性質を反映していると想定される指標を通じて行われる。社会心理学ではさまざまな指標が用いられるが，完全な指標は存在せず，それぞれ長所と短所がある。どの指標を用いるのがよいかは一概には言えず，研究目的に即して選択する必要がある。以下ではいくつかの測定法について，

それぞれの概要と得意分野，不得意分野を説明する。ただし，測定法を網羅的に紹介するのではなく，測定法の長所と短所を見極める考え方の解説に力点をおく。また，社会心理学の研究で最もよく用いられる手法は言語報告であるため，言語報告以外の指標については，言語報告と比較したメリット，デメリットを中心に議論する。

4-4-1　言語報告

言語的な質問文に対して，心理状態や性格特性，判断などについて回答する形式の指標を言語報告と呼ぶ。質問紙を用いたものでは，質問に対して自身の考え方などを文章の形で自由に記述するものや，心理尺度の形で数値化された選択肢から自分の判断や属性に一致するものを選ぶ形式のものなどがある。また，本書では扱わないが，面接法を用いた時に得られる口頭での自由な回答も，もちろん言語報告に含まれる。ここでは，質問紙法で用いられる言語報告について解説する。

言語報告を用いる測定内容は，いくつかの形式に分けることができる。一つは，回答者の態度・価値観・信念を尋ねるものである。このタイプの測定には，既存の心理尺度を用いることが多い。たとえば，自尊心の測定に用いられるRosenberg（1965）の自尊心尺度や，所属集団に感じるアイデンティティの測定に用いられる集団同一性尺度（Karasawa, 1991）などがあげられる。既存の尺度をまとめた書籍として『心理測定尺度集Ⅰ〜Ⅵ』（堀，2001a, 2001b, 2001c, 2007, 2011a, 2011b）などがあり，それらをもとに尺度を選択することもできる。既存の尺度で適切なものが見つからない場合には，自分で新たに尺度を構成することもある（5章参照）。

また，対象に対する評価を言語的に測定することもある。たとえば，自分の属している集団の評価や，仮想のシナリオに登場する刺激人物に対する好意度の評価などがあげられる。さらに，実験状況において参加者の判断を尋ねる場合もある。たとえば，Asch（1951）の実験では，実験参加者は，ある線分の長さが別の3本の線分のいずれと同じであるかについての判断を，口頭で答えるように求められた。

言語報告のメリットの一つは，何を測定しているかが言語化されているため，

回答者にとってわかりやすく，表面的妥当性が高いということである。よく吟味された言語報告の測度を用いた場合，回答者が問われた内容を勘違いして回答してしまう危険性はほとんどない。質問紙を用いる場合，実施が容易であり，多人数に同時に実施しやすいというメリットもある。

　また，間隔尺度と仮定できる項目では，その得点の幅を研究関心に応じて変えることができる。ある対象についての好意度を尋ねる場合，「好き」「嫌い」の二者択一の質問だけでなく，「非常に好き」「好き」「やや好き」「どちらとも言えない」「やや嫌い」「嫌い」「非常に嫌い」の7段階の質問（このような評定法を7件法と呼ぶ。詳細は5章を参照）を用いることも一般的に行われる。さらに，確率判断をパーセンテージで尋ねたり，0点から100点までの101段階と見なせる質問を用いることも可能である。このように「どのくらい」という主観的な程度を各回答者に共通のフォーマットで尋ねることができる点もメリットの一つである。ただし，回答者が普段考えていないほど細かく段階を分けてしまうと，自分の感じている状態がどの段階かについて，回答者ごとに基準の解釈が異なってしまう可能性がある。その場合，共通のフォーマットというメリットは失われてしまう。これは，段階の数が少なければよいという問題ではない。たとえば，パーセンテージを尋ねる質問であれば，100% までという馴染み深いフォーマットであるために，「80は高い値である」などの共通理解が回答者間にあると想定できるだろう。しかし，7件法の質問が用いられたとしても，それが普段七つもの段階で内省しないような内容であった場合，項目を見た時点であらためて自分の心理状態を解釈しなおすことになる。つまり，尺度を何段階に分けて質問したら適切であるかは，測定目的や対象とする内容によって異なるのである。

　一方，言語報告を用いるデメリットは，回答の仕方についての価値観などが混入してしまう可能性がある点である。質問内容が明確にわかるために，社会的な望ましさと関連しているような項目では，「望ましい」回答が得られやすくなる可能性が排除できない。たとえば，自尊心を言語報告で測定した場合，回答者が仮に「自尊心は高いほうが望ましい」や「自尊心は控えめに表明するのが望ましい」という信念を持っていたならば，その信念が回答に反映されて得点に影響する可能性がある。自尊心に限らず，社会的望ましさと関連している

概念を測定する場合，このように自分をよく見せたいという動機に基づいた自己呈示（self-presentation）が混入する可能性を排除できないのである。

　また，自分自身が知らないことについては，言語報告は正確であるとは限らない（Nisbett & Wilson, 1977）。たとえば，「あなたがあの人を好きなのはなぜですか」という質問に接した場合，その質問文を読むまではその人が好きな理由について考えたこともない，ということもあるだろう。その場合，それまでは意識したことのない理由について，その時点で考え始めるかもしれない。このように遡った推測をする場合，その後の結果と一貫するように自分の心理状態についての捉え方が歪んでしまう可能性がある。

4-4-2　行動指標

　第三者から観察可能な行動（外顕的行動）そのものを測定する指標を，行動指標という。行動そのものを測定対象とした例としては，Darley & Latané（1968）の援助行動の研究があげられる。Darley らは実験的に援助を必要とするような緊急事態を作り，その状況で実験参加者がその事態を実験助手に知らせようと実験室を出るかどうかを行動指標として用いた。このように，行動自体が測定目標となっている場合もあるが，非言語的なコミュニケーションに関する研究のように，その背後の心理的な状態の指標として行動を調べる場合もある。たとえば，シャイな人はコミュニケーションの際に相手の目をじっと見ることができず，落ちつきがないと考えられるため，体や視線の動きをその指標として調べたり（たとえば，Asendorpf, Banse, & Mucke, 2002），他者に対する好意度の指標として，物理的な距離の近さを測定したりする。

　言語報告と対比した場合の行動指標のメリットは，現実場面との対応の強さである。たとえば，「道に倒れている人がいたら助けますか」と質問された場合には，実際に自分がその場面に遭遇したことをとくに考えずに，「困っている人がいれば助けることが望ましい」という価値観に基づいて回答するかもしれない。その場合の回答は，実際にそのような場面に遭遇した時の行動と対応しているとは限らない。しかし，実験や観察で行動指標を用いる場合は，対象となるのは直接「測定目標である行動を取ったか」になるので，質問紙を用いた場合よりも現実状況への対応が高いと言えるのである。また，行動指標を用いた

場合，実験デザインによっては調べられていることを対象者に意識させずに測定を行うことが可能である。対象者がこのような意識をもつことが何らかの心理的反応を生み出してしまう可能性があるので，測定されていることに気づかれないことは，対象者から自然な反応を引き出す上でメリットとなる。

一方，行動指標のデメリットは，対象となる行動と目的とする心理的概念の対応関係の特定が言語報告と比較して難しい点である。ある行動を生起させる要因は，研究者側が想定している心理状態であるとは限らない。たとえば，電車の中で他の乗客に席を譲るという行動を，援助動機の強さの指標として使うことは十分に考えられる。しかし，他者を援助したいというよりも，他の乗客が目の前に立つと不安を感じるので席を譲る人もいるかもしれない。

4-4-3　対象者が自覚できない反応

社会心理学研究において最も頻繁に用いられるのは言語報告であるが，前述のように言語報告の回答は歪んでしまうことも多い。また，実験参加者が自身の行為の全ての過程を意識して行っているとは限らないため，意識されていない過程を知りたい場合には言語報告に頼ることはできない。「自分が気づいていない心理的状態」を言語報告によって測定することは不可能だからである。参加者が意図的に反応を操作することが難しい，非自覚的な間接的指標を用いることによって，上記のような問題を含む心理過程を検討することができる。非自覚的な間接的指標にはさまざまな種類があるが，ここでは潜在的指標と生理的指標について説明する。

潜在的指標　「あなたは人種差別的な偏見をもっていますか」と尋ねられて，「はい，偏見をもっています」と答える人はほとんどいないだろう。逆に，多くの人は「偏見はもっていません」と答えるのではないだろうか。もしこの言語報告を額面通り受け取るならば，世の中に差別的な態度はなくなってしまうが，これは現実からかけ離れた結論と言うべきだろう。このような微妙な問題を扱う時に言語報告だけに頼ると，社会的望ましさなどの影響を受けた回答から結論を導いてしまう危険がある。そこで，こうした態度や信念の測定に，潜在的態度（implicit attitude）の測定が有効である場合がある。潜在的態度とは，対象

に対する好意的（あるいは非好意的）な感情や思考を媒介する，内省によって特定できない過去の経験の痕跡とされる（Greenwald & Banaji, 1995）。潜在的態度は内省できないため，意図的な自己呈示が含まれない指標と言える。潜在的指標の多くは，人間の記憶の関連づけの機能を応用したものである。過去の経験から関連づけられた知識や特性は，関連づけられていないものに比べると弁別などの判断がしやすい。この特徴を応用した課題を行わせ，その正答率や課題への反応時間を測度として，回答者が意図的に反応を操作できない形で潜在的な態度や信念を測定するのである。

　潜在的指標にはいくつかの手法があるが，ここでは潜在的連合テスト（Implicit Association Test : IAT）（Greenwald, McGhee, & Schwartz, 1998）を例としてあげる。典型的な IAT 課題ではコンピュータを用いて，単語などの刺激を，左右のカテゴリのいずれかに弁別する課題を行い，その反応時間を指標とする。この際，左右のカテゴリはそれぞれ対象と属性次元（一般的には，肯定—否定の次元）の組み合わせを用いる。たとえば，刺激が「自分」か「快い」のカテゴリにあてはまる場合に左のカテゴリに対応したキーを押し，刺激が「他人」か「不快」のカテゴリにあてはまる場合には右のカテゴリに対応したキーを押す課題が考えられる。この課題と，「自分」と「他人」のカテゴリの位置（左右）を入れ替えて組み合わせを変えた課題の平均反応時間を比較する（表4-1）。もし，前者の課題のほうが平均して反応時間が短ければ，相対的に「自分」と「快い」の連合が強く，潜在的に自分に対して肯定的であると判断するのである。

　IAT を含む潜在的指標を用いた実験では，多くの場合コンピュータを用いて刺激の提示を行い，その刺激に対する反応時間を測定する。そのため，この種の実験を行う場合にはコンピュータ上で実験を行うための技術を習得することが必要となる。詳しくは，北村・坂本（2004）などの入門書を参照されたい。

　潜在的指標のメリットの一つは，社会的望ましさが影響する態度などを測定する場合に，「よく見せたい」という動機に基づいた自己呈示や，「自分自身をよく捉えたい」という自己欺瞞の影響を排除できる点である。一方で，表面的妥当性は低く，想定している概念が測定されているかどうかについては注意が必要である。自覚できない反応が測定対象となっているのが潜在的指標のメリットであるが，自覚できないゆえに，測定されているものが目標とする心理的

表 4-1　IAT の組み合わせ課題の例

	カテゴリーラベル（左）	刺激語の例	カテゴリーラベル（右）
課題 A	自分または快い ○ × ○ ×	私は 他人は あたたかい みにくい	他人または不快な × ○ × ○
課題 B	他人または快い × ○ ○ ×	私は 他人は あたたかい みにくい	自分または不快な ○ × × ○

○：正答反応，×：誤答反応。課題 A, B の平均反応時間の差を潜在的態度の指標とする。

性質であることも無条件に前提とすることはできない。その意味で，潜在的指標の構成概念妥当性は慎重に検討される必要がある。

　また，他の潜在的指標として，継時プライミング（sequential priming），評価的プライミング（evaluative priming），感情誤帰属手続き（affect misattribution procedure）なども開発されている。潜在的指標全般の特徴については，Gawronski & Payne（2010）を参照されたい。

　生理的指標　潜在的指標と同様に，生理的反応もまた，対象者が意図的に反応をコントロールできない指標として用いられる。生理的指標として用いられるのは，不随意的な反応である。たとえば，緊張した場合に手のひらに汗をかくことがあるが，多くの場合これを意志の力で止めることはできない。このような精神性の発汗は脅威状況に遭遇した際に生じることが知られている。この精神性の発汗を電気的に捉えたものが皮膚電気活動（electrodermal activity：EDA）である。手のひらや指に電極を装着し，その電極の電位差を指標として対象者の情動状態などを評価する手法である。

　また，脳に対する非侵襲的な測定法（通常の機能を損なわずに脳活動を測定する手法）の向上に伴い，神経科学的な手法も用いられるようになってきている。脳活動の解析にはさまざまな手法があるが，多くは脳内のニューロンの活性化や血流量の変化に伴って生じる電気的，磁気的な変化を測定するものである。

画像解析的な手法を用い空間的な位置の特定（空間分解能）に優れた fMRI （functional magnetic resonance imaging）では，活性化している脳内の部位をかなりの精度で特定できるため，心理的な活動と脳機能の対応を検討することができる。また，何らかの事象が生じた際に，それに伴って変化する脳波の微小な電気活動を測定する ERP（event-related potential：事象関連電位）は時間分解能に優れ，刺激に接触した直後の脳内の反応などを検討できる。

　これら生理的指標のメリットは，社会心理学的な概念について，より基礎的な反応である生理的なレベルとの対応関係を確認できることである。それに加え，自己呈示などの意図的な反応の操作が困難で，言語化できない精神的活動を対象とできる点もあげられる。一方，社会心理学で扱う概念の多くは，非常に多くの要因が関連する複雑な過程であるため，生理的指標のみによって検討できる内容は限定的になる。生理的指標には，ここに示した以外にも多くのものがある。詳しくは生理心理学関連の書籍を参照されたい（たとえば，『新・生理心理学 1〜3』（宮田，1998a, 1998b, 1998c））。

4-4-4　測定法の選択と追試の重要性

　これまで見てきたように，測定法にはそれぞれ目標とする特徴があり，長所と同時に短所ももっている。たとえば，言語報告は人々が考えていることそのものを測定することができるという長所をもつが，まさにその性質ゆえに，回答者が意図的に反応を歪める可能性を排除できないという短所を併せもつことになる。いわば，長所と短所は表裏一体であるため，「短所だけをカバーした完璧な測定法」はないということになる。

　測定法を選択する際には，研究目的で最も明らかにしたい側面に強みをもつ手法を選択するべきであり，それを可能とするためには研究者が自分の研究の強み（と弱み）を把握している必要がある。「この手法には確かに限界もあるが，それ以上にその長所から得られるメリットのほうが大きい」と言える場合に，よい測定法を選んだと言えるのである。

　また，複数の手法を組み合わせて用いることで，それぞれの短所を補うこともできる。ただし，多くの場合，一つの実験や調査でまったく性質の異なる測定法を同時に適用することはできないため，全ての別解釈を除去することは不

4-5 データの記述・まとめ方の基礎　　61

可能である。そこで重要な役割を果たすのが追試である。追試というと，「既に示されていることがもう一度見られるかを確認するために行う」ものと思うかもしれないが（それももちろん追試の重要な機能の一つではあるが），追試の役割はそれだけではない。同じ理論的な仮説に対し，異なる測定法を用いて追試を行うことで，研究結果の頑健性を高めることができるのである。

4-5　データの記述・まとめ方の基礎

　量的な研究において実験や調査の結果得られたデータは，統計的な手法を用いて整理，分析を行って，「何がわかったのか」についての情報を引き出す必要がある。統計的手法の目的は大きく分けて二つある。一つは，得られたデータの性質を適切な統計量を用いてまとめることである。当該の実験や調査から得られたデータそのものの性質を記述するので，これを記述統計という。もう一つは，得られたデータを材料にして，データが得られなかった対象も含めた検討目標とする対象全体（母集団）の性質について推測することである。これを推測統計という。本節では，前者の記述統計の基本的な考え方について解説する。

4-5-1　データの入力

　実験や調査を行ってデータを得た場合，その分析を可能にする形式にデータを整理する必要がある。多くの場合，分析は統計パッケージを用いて行うが（コラム5参照），その際に得られたデータを正確に入力しておくことが重要である。どれほど高度な分析手法を用いても，もとのデータが間違っていては意味がなくなってしまう。ここでは，分析に先立つデータの入力の際の注意点について触れておく。

　コードの作成　実験や調査で得られた回答を入力する場合，回答を数値に置き換えて入力することになる。このとき，どの回答がどの数値にあてはまるのかという対応関係について，あらかじめコード表を作成しておくと入力の際のミスを減らすことができる。とくに，大規模なデータになると複数人で入力することになるため，人によって同じ回答に違う数値を割りあててしまうという

ミスを避けるためにも重要である。質問紙の作成段階であらかじめコードを設定してある場合はその数値を用いればよいが，設問の性質によっては回答をチェックした上でカテゴリを作成する場合もある。また，コード表を作成しておくと分析段階でも数値の意味を確認する上で役に立つ。

　また，回答を一覧できる形式（コーディング・シートと呼ぶ）に転記して，それを見ながら入力するという方法もある。コーディング・シートを作成することで，入力の桁のずれ，ページを飛ばして入力するなどのミスの可能性を減らすことができる。ただし，コーディング・シートに転記するというステップを増やすことによって，転記ミスが発生する可能性もあるので，転記の際には十分な注意が必要である。

　入力ミスを防ぐ方法　　人間はミスを犯すものである。この一般的な原則は，データ入力の場面でも例外ではない。そのため，入力ミスがあることを前提として，それをいかに分析の前に発見するかが重要になる。その方法は一言で言えば，「確認する」ということに尽きる。ここでは，入力ミスの確認方法を二つ紹介する。一つは，入力した回答ともとの質問紙の回答を照らし合わせる手法である（「読み合わせ」と呼ばれることもある）。一般的には2人1組で行い，一方が質問紙のデータ（またはコーディング・シートに転記したデータ）を確認し，もう一方が入力されたデータを確認して照合する。もう一つの方法は，同じデータを2度入力し，二つのファイルの内容を比較して異なる場所があれば修正するというものである。ファイル比較機能のついたテキストエディタやワープロソフトを使えば異なる点を確実に発見できるため，容易に見落としを防ぐことができる。

4-5-2　データの集計

　詳細な分析に入る前に得られたデータの性質を把握しておくステップが集計作業である。データを簡潔に整理し，その後の分析の指針を得ることが目的なので，データの性質に応じた形で視覚的に見やすく整理することが有用である。

　度数分布　　それぞれのカテゴリに属するデータの度数（個数）を示したものが

度数分布表である。度数分布表を作成する際には，データをいくつかの解釈しやすいカテゴリに分類する必要がある。データが離散変量（性別など）である場合にはこのような処理は必要ないが，連続変量（身長など）である場合には，適切な数の階級に分ける必要がある。その際，階級の数が多すぎると解釈がしにくいし，少なすぎると情報量が失われすぎてしまう可能性があるため，分析の目的に応じて意味のある階級数を用いる必要がある。階級幅は区切りのよい間隔にすると解釈が容易になる。また，階級の境界にあたる値がどちらの階級に含まれるかを明確に決めておく必要がある。

　度数分布は得られたデータの性質を直観的に把握するために重要な情報を提供してくれるが，それ以外にも入力ミスのチェックに役立つという副次的な効果もある。たとえば，1から5までの値の範囲を取る項目で，「8」という回答が入力されていれば，それは明らかに入力ミスである。データの性質を知るというだけでなく，入力の確認をする意味でも，仮説の検討に入る前に全ての項目について度数分布を確認しておくとよいだろう。

　クロス表　　データの度数を1種類の指標によって分類するのではなく，2種類以上の指標について分類した表を，クロス表（分割表とも呼ばれる）という。クロス表を作る目的は，複数の離散変量の間の関連を検討することである。なお，表の横方向を行（row），縦方向を列（column）と呼ぶ。どちらかの変数がもう一方の原因と見なせる場合は，その変数を行に配置するのが一般的であるが，因果関係がはっきりしない場合などはどちらを行に配置してもよい。

　表4-2はある問題に関する賛成，反対の度数を男女別に示した架空のデータである。性別・意見ともにカテゴリ数は2であり，このような表を2×2クロス表と呼ぶ。この表から，この問題に対しては全体での賛成・反対は同数だが，性別ごとに見ると女性は賛成のほうが多く，逆に男性は反対の割合が多いことがわかる。このように，クロス表を用いることで，クロスした変数間の分布の関連性を検討することができる。この例では性別，意見ともに2通りの回答しか可能性がないが，クロス表では3値以上の値を取る変数についても扱うことができる。その場合，指標のもつ水準数に応じて行や列が増えることになる。また，三つ以上の指標の単純集計を一つのクロス表で表現することも可能であ

表 4-2　2×2クロス表の例

	問題への意見（度数）		計
	賛　成	反　対	
男　性	50	70	120
女　性	50	30	80
計	100	100	200

る（三つの指標をクロスした場合，3重クロス表と呼ばれる）。原理的にはいくらでも分割することができるが，多重の分割を行うと解釈が難しくなるため，必要以上の階層に分割しないことが望ましい。

グラフの活用　実験や調査の結果得られたデータの単純集計を視覚的にわかりやすく示すには，グラフを活用することが有効である。グラフには以下のような種類があるが，それぞれ特徴があり，データの性質や図示の目的に応じて使い分けられる。

① 棒グラフ：量を高さで表現するため，大小関係を視覚的に把握できる。各カテゴリの度数や平均値などを比較する場合に用いられる。

② 折れ線グラフ：線の傾きによって増減を表現できるため，時系列的な変化を記述するのに適している。ただし，カテゴリが名義尺度である場合など，傾きに意味がない場合にはかえって誤解を招く要因にもなり得るので，使用しないほうが適切である。

③ 円グラフ・帯グラフ：支持政党の割合を示す場合など，単純な量の比較ではなく，比率の比較をしたい場合に用いられる。円グラフ，帯グラフともに，そのカテゴリを示す部分の面積がそのまま全体の中でそのカテゴリの度数が占める比率を表している。

④ ヒストグラム：連続変量の度数分布を図示する場合に用いられる。連続変量の場合，カテゴリは便宜的に分けられているだけであり，カテゴリ間に断絶はない。そのため，それぞれのカテゴリを示す柱を離さずに接触させた形で度数を表す。

4-5-3　データの縮約

データ分布の全般的な特徴を，一つの値によって表すことができれば，その性質を知る上で有益である。生のデータを眺めただけでデータの全ての特徴を即座に読み取ることは，データ数が多い場合，人間の認識能力では不可能であるため，分布の性質を表す値を用いるのである。

4-5 データの記述・まとめ方の基礎   65

このような目的のために一般的に用いら
れるのが，代表値と散布度である。代表値
は文字通り，その分布を代表する値であり，
分布を示す最も特徴的な値を指す。多くの
場合，分布の中心的な値が代表値として用
いられる。散布度は，分布の広がりやばら
つきを示す指標であり，値が大きいほど中
心からのばらつきが大きいことを示す値で
ある。以下では，よく用いられる代表値と
散布度を紹介する。

表 4-3　外れ値のあるデータ

A	2
B	3
C	3
D	4
E	4
F	4
G	4
H	5
I	5
J	6
K	30
平均値	6.36
外れ値（K）を除いた平均値	4.00
メディアン	4

代 表 値　代表値としての機能は，分布の中心的な値を適切に表していることである。一般的には平均値が思い浮かぶだろうが，分布の形状によっては平均値が適切でないケースもある。ここでは，連続変量の代表値として平均値とメディアン（中央値）を例にとり，両者の性質を比較する。

平均値（$\bar{x}$）は，データの値（$x_1, x_2, x_3, \cdots\cdots, x_n$）の総和をデータ数で割った値である。全てのデータの情報を等価に用いており，データの全般にわたる情報を活用していると言える。x_i をそれぞれのデータの値とし，n をデータのサイズ（個数）とすると，平均値は以下の式で表される。

$$\bar{x} = \frac{1}{n}(x_1 + x_2 + x_3 + \cdots\cdots + x_n) = \frac{1}{n}\sum_{i=1}^{n} x_i$$

一方，データの値を大きさの順に並べた場合に中央に位置する順序の値をメディアン（中央値）と呼ぶ。データ数が奇数の場合には，データの総数を $N = 2t+1$ とすると，$t+1$ 番目の値がメディアンとなる。また，データ数が偶数の場合には中央に位置する値がないケースがある。データの総数を $N = 2t$ とすると，t 番目と $t+1$ 番目の値の平均値がメディアンとなる。メディアンはその他の値と無関係に，分布の中央の値のみを問題にするという特徴がある。

データの全体を反映するかどうかという基準では，全ての値の情報を用いる平均値のほうが適切な代表値のように見えるが，極端な外れ値があるなど，平均値が代表値として適切でない場合もある。たとえば，表 4-3 のようなデータ

の場合，平均値は 6.36 となり，大きさで言えば上から 2 番目の値よりも大きくなってしまう。一方，メディアンは 4 となり，外れ値である K のデータを除いた場合の平均値と一致する。つまり，メディアンは中央の値以外の情報を使っていないため，分布の偏りの影響を受けにくい代表値であるということができる。

また，名義尺度の場合，数値の大きさには意味がないので，平均値やメディアンを代表値として用いることができない。名義尺度の場合の代表値としては，最も度数の大きい測定値（カテゴリー）を用いる。これをモード（最頻値）と呼ぶ。

散 布 度　代表値が同じであっても，個々のデータの値の差が大きく，広い範囲に測定値が分布している場合もあれば，逆に中央付近に集中する形で分布する場合もある。このようなデータの散らばりを表す指標を散布度と言う。

散布度は，分布を表す上で代表値と並んで重要な指標である。たとえば，二つの教育プログラムの比較をする場合を考えてみよう。プログラム実施後の対象者の成績の代表値には差がなくても，散布度が異なるのであれば，二つのプログラムは異なる意味をもつことになる。散布度が大きいプログラムは高成績者，低成績者ともに極端な値を取りやすくなるが，散布度の小さいプログラムは極端な高成績者が出にくい一方で，極端な低成績者も出にくいプログラムである。「能力を伸ばす可能性を重視する」「成績不振を可能な限り防ぐ」などの目的に応じた判断の材料として，散布度は代表値だけではわからない情報を提供する。

分散 (s^2)，標準偏差 (s) は最も一般的に用いられる散布度の指標である。分散は，各データの値と平均値との差の 2 乗和をデータの個数で割った値である。いわば，「データの平均からの距離の 2 乗」の平均値である。分散は元の値の 2 乗に基づいた指標として表現されているので，解釈が難しい。そのため，分散の平方根を取る標準偏差も散布度の指標としてよく用いられる。標準偏差は，SD (standard deviation) と表記されることも多い。分散，標準偏差はそれぞれ以下の式で表される。

$$s^2 = \frac{1}{n}\{(x_1-\overline{x})^2+(x_2-\overline{x})^2+\cdots\cdots+(x_n-\overline{x})^2\} = \frac{1}{n}\sum_{i=1}^{n}(x_i-\overline{x})^2$$

$$s = \sqrt{\frac{1}{n} \sum_{i=1}^{n} (x_i - \overline{x})^2}$$

　分散と標準偏差は，いずれも各データが平均値から離れているほど値が大きくなる。値の大きさがばらつきの大きさの指標となるのである。また，計算過程で平均値を用いるため，代表値として平均値を用いることが適切なデータに対して用いる。

　一方，代表値として平均値を用いていない場合には，計算過程で平均値を用いる分散や標準偏差は適切な散布度の指標とは言えない。そのため，データの値の順序に基づく指標を用いることがある。データの値を最小値から順にカウントした際に，全体の 25% に当たる値を Q1（第1四分位），50% に当たる値を Q2（第2四分位），75% に当たる値を Q3（第3四分位）とする。このとき，Q1 と Q3 の間隔を四分位範囲と呼び，四分位範囲を 2 で割った値を四分位偏差と呼び，ともに散布度の指標として扱うことができる。なお，Q2 はメディアンと一致する値になる。また，データの最大値と最小値の間隔をレンジと呼ぶ。非常に大雑把な散布度の指標であるが，理論上の得点範囲が広い場合に値の存在する幅を簡潔に知りたいときに有効である。

　代表値や散布度は，膨大な情報量を縮約して分布の性質を表現できる便利な値である。ただし，情報が縮約されるということは，情報量が減少することでもある。平均値では散らばりの情報は失われているし，分散や標準偏差では平均値より上の散らばりと下の散らばりがどのようになっているかについては何もわからない。要約統計量はデータの特徴を簡潔につかめる有効な数値であるが，それだけに頼っていると省略されている情報のために思わぬ誤解をすることがある。分析の前には度数分布表やヒストグラムを確認し，分布の形状についてあらかじめ把握しておくことが望ましい。

コラム4　比較文化研究における等価性の確保

村上史朗

　実証的研究における前提の一つに，「全ての対象者にとって，同じ概念の測定は同じ意味をもっているはずだ」，ということがある。このことを測定の等価性（equivalence）という。人によって同じ概念を異なる方法で測定していては結果をまとめて解析できないことは当然であるが，等価性の意味するところはそれだけではなく，「同じ測定が人によって異なる意味に受け取られない」ことまでを含んでいる。もちろん，同一の言葉であってもその用法が人によって微妙に異なるという点までは統制できないなど，厳密な意味で等価性を完全に保つことは不可能である。しかし，等価性を可能な限り高めることが研究の信頼性を高めることにもつながる。

　研究の特性上，等価性にとくに注意を払わなくてはならないものの一つが比較文化的な研究である（詳しくは，van de Vijver & Leung, 1997 を参照）。比較文化研究における等価性の問題は大きく分けて二つある。一つは言語が異なる場合の翻訳の問題である。言語が異なる場合，問題となる単語に完全に対応する意味の単語がもう一方の言語にないケースもあるため，翻訳には細心の注意を払う必要がある。言語的等価性を確保するためのテクニックとして，翻訳した質問紙等を，別の翻訳者がもとの言語に再翻訳して当初のバージョンと意味が異ならないかを確認するバックトランスレーション，複数のバイリンガルの合意によって訳語を確定させるコミティーアプローチなどの手法がある。いずれも，翻訳に携わった特定の人の癖などによって，同じ質問であっても言語間で意味が異なってしまうという可能性を減らすために行われる。

　もう一つは，実験刺激や質問内容が文化によって異なる意味に受け取られてしまう可能性がある点である。たとえば，集団場面の印象について日米比較を行う場合，日本人は「日本人の集団」を想起し，アメリカ人は「アメリカ人の集団」を想起すると思われる。この時，対象者の文化的背景だけではなく，質問内容である集団についての文化的背景も同時に異なってしまうことになる。事前に集団の文化的背景についてプリテストを行うなど，等価性を低減する可能性のある要因について判断材料を収集しておくことが，結果の解釈の段階で役に立つ。

　このような等価性の問題についてのユニークな取り組みの一つに，Morris & Peng（1994）の実験がある。彼らは中国人とアメリカ人を対象に，集団場面での個人の行為がその個人の要因によるものか，集団の影響を受けているかについての判断を検討した。その際，それぞれ，中国人は「中国人の集団」を，アメリカ人は「アメリカ人の集団」を念頭においてしまうと，集団場面そのものの意味が異なってしまう。この問

コラム4　比較文化研究における等価性の確保　　69

題を解決するために彼らが用いた手法は，実験刺激として魚の群れのアニメーションを使い，群れとは異なる動きをする個体が「その動きをした理由」を実験参加者に推測させるというものであった（中国の魚とアメリカの魚で性質が違うとは考えづらい！）。魚を擬人化して原因帰属をするという点では参加者の解釈を含む手続きではあるが，等価性の確保という点で優れた手法であり，それを優先した実験デザインであると言える。

　ここでは，等価性に注意を払うことの重要性がわかりやすいために比較文化研究を例としたが，日本人のみを対象とした研究でも等価性の確保は重要な問題である。たとえば，幅広い世代を対象とした調査研究においては，世代によって質問項目の意味内容が異ならないように確認するなどの対処が必要である。人によって数値幅の異なるものさしを使った測定では，せっかく得られた研究結果の信頼性が損なわれてしまうのである。

コラム5　統計パッケージの利用

村上史朗

　統計解析を行う場合には，実際には式から自分で計算するのではなく，統計パッケージを用いることが一般的である。サンプルサイズの大きな調査データなどではとても手計算はできないし，分析の目的によっては計算過程の複雑な分析法を用いる必要もあるため，表計算ソフトで一つずつ式を入力して処理をする場合のエラーを避ける意味でも，統計パッケージの利用は有効である。SPSSなどの代表的な統計パッケージでは，社会心理学で用いる主な分析手法の計算法は組み込まれており，コマンドの入力や選択によって，求める結果を簡単に算出することができる。また，Excelに組み込む形式の統計解析マクロや，Rのようなフリーウェアもある。

　統計パッケージは複雑な分析を簡単な手順で行えるため，研究遂行の効率を高める上で非常に有効なツールではあるが，当然のことながら，それらを使いこなすには用いる分析についての十分な理解が必要である。統計パッケージで用いられる計算法がよくわかっていない場合，数値の意味を誤解してしまうことがある。また，ある分析を用いることが適切でないデータに対して分析を行わせた場合でも，結果を出力することはできてしまう。統計パッケージでの分析は簡単に実行できるだけに，「よくわからないがとりあえず計算してみる」ことへの誘惑もあるが，そのような姿勢では最終的に役に立たない研究結果を生み出す可能性を高めてしまう。分析の選択や実施に際しては，その性質を考慮して適切な方法で行うことに注意を払う必要があるだろう。

　本書では統計的検定については最小限の範囲でしか扱っていないが，心理学で用いる統計的手法の解説書は多数出版されているので，それらを用いて分析で使う手法についての理解を深めておくことが必要である。社会心理学で用いる分析のテキストの例として，以下に数点あげておく。①入門的なもの：山田・村井（2004），吉田（1998），②基礎からの総合的なテキスト：南風原（2002, 2014），③主に実験で用いる分析について：森・吉田（1990），芝・南風原（1990），④共分散構造分析：豊田（1998b），⑤効果量について：大久保・岡田（2012）。ここにあげたもの以外にも良書は数多くあるので，自分の目的に合ったテキストを選んで「何をどう分析しているのか」を把握しておいてほしい。また，SPSSなどの代表的な統計パッケージについては，ソフトを用いて分析を実行する手順を示した解説書も多いので，これらを必要に応じて参照するとよいだろう。

5 尺度構成と相関

村井潤一郎

5-1 尺度構成

　社会心理学のみならず心理学全般でしばしば行われる研究として，何らかの心の性質と他の心の性質との関係について検討する，というものがある。質問紙法を用いて「孤独感と短気の関係」について検討することを考えると，たとえば「孤独感が高ければ短気である程度が高い」という関係があるのか，あるいは逆に「孤独感が高ければ短気である程度が低い」という関係があるのか，そしてこうした関係があるとすればその関係の強さはどの程度なのか，といったように，両者の関係の方向性・強さについて調べることになろう。この場合，まず「孤独感」「短気」の各々を測定する必要が出てくる。

　その測定には心理尺度（あるいは単に尺度）を用いることが多い。心理尺度とは「心についてのものさし」である。「孤独感」を測定するものさしとして，たとえば「私はひとりぼっちだと思う」という質問項目（以下，項目と略記する場合がある）があげられる。この項目への回答を研究参加者に求め，そこで得られた回答をもってその人の「孤独感」の程度とする，といったように，目に見えない「孤独感」を質問項目によって測定するのである。さらに，「短気尺度」として，仮に「私はかっとなりやすい」「私はせっかちである」の2項目を考えたとする。各項目について，「とてもあてはまる」「ややあてはまる」「どちらとも言えない」「あまりあてはまらない」「まったくあてはまらない」の五つの選択肢を用意し，研究参加者に回答を求める。このように，段階的に回答を求める方法を評定法と言い，さらにこの場合のように，五つの選択肢があるものを5件法と言う（同様に，たとえば七つの選択肢があるものを7件法などと言う）。ある研究参加者は，「私はかっとなりやすい」に「ややあてはまる」，「私はせっかちである」に「とてもあてはまる」と回答したとする（このように質問項目に「回答す

る」ことを，一般に「評定する」と表現することが多い）。この場合，この人の短気得点を4点＋5点＝9点とする。つまり，「とてもあてはまる」に回答したら5点，「ややあてはまる」は4点，「どちらとも言えない」は3点，「あまりあてはまらない」は2点，「まったくあてはまらない」は1点，というルールで，参加者の回答を得点化するのである。このように，ある質問項目を用意し，その項目にどのような反応をしたらどのように得点化するのかというルールを定めたもの，これが尺度である。つまり尺度とは，狭義には一群の質問項目を指す場合もあるが，一般には「一群の質問項目＋得点化のルール」ということである。このような尺度を作成することを尺度構成と言う。尺度構成は質問紙法に限定されるものではないが，以下では，質問紙によって質問項目を提示しそれへの回答を求める，という手法による尺度構成に限定して話を進める。

5-2 相関関係

5-2-1 研究の流れ

　前章では，基本的には単項目を想定しての解説がなされている。しかし，実際の研究では，何らかの心の性質について測定する場合，先の「短気尺度」の例で2項目を用いたように，複数項目を用いることがほとんどである。その場合，必然的に項目間の関係について考える必要性が生じる。具体的な流れとしては，図5-1の通り，その尺度に含まれる項目間の関係を見て（縦方向の矢印），その関係の程度から，尺度としてのよさが十分と見なされたならば，他の尺度との関係を見ていく（横方向の矢印）。一般に，尺度を用いた相関研究はこの順序，すなわち「尺度内の関係から尺度間の関係へ」という流れに従って進行していくと考えてよいだろう。もちろん，既に他の先行研究において尺度構成されたものを用いる場合はこの限りではないが，既存の尺度を用いる場合であっても，尺度内の項目間の関係を検討することは一般的に行われている。

5-2-2 相関関係と相関係数

　4章の尺度水準で説明した間隔尺度（および比率尺度）の測定値は，その程度や大小を数量的に取り扱えるので，一般に量的変数と呼ばれている。この量的

5-2 相関関係

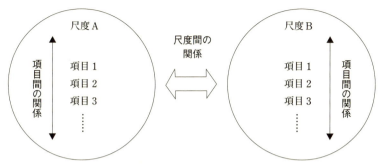

図 5-1　尺度内の項目間の関係と尺度間の関係

変数と量的変数の関係のことを相関関係と言う。単に相関と言う場合もあるが，相関と言った場合，すぐ後で述べる相関係数を指すことにもなる。相関関係を見る場合に，最も頻繁に用いられるのが相関係数である。以下，具体的な数値例を示しながら，すでに尺度構成がなされた後，2尺度間の関係を検討するという状況（図5-1の横方向の矢印）を想定して，相関関係と相関係数について説明する。

　表5-1のように，二つの尺度（尺度Aと尺度B）があったとして，この2尺度にaからjまでの10人が回答し，表の通りの測定値が得られたとする。各尺度とも2項目から成り，各項目とも5件法とする。それら各項目への回答の合計点（これを尺度得点と言う）が表中の数字である。取り得る値の最小値は両項目とも1の場合で計2点，取り得る値の最大値は両項目とも5の場合で計10点である。平均，標準偏差（4章参照）については，相関係数算出の際に必要となるので示してある（小数点第2位を四捨五入してある。以下同様）。

　表を見ているだけだと，二つの尺度の関係は読み取りにくい。そこで，表5-1を図にしてみる（図5-2）。これを散布図（相関図）と言う。

　横軸に尺度Aの値を，縦軸に尺度Bの値をとり，10人を位置づけていく。たとえばaは尺度Aが9点，尺度Bが9点と，ともに高く，図5-2の散布図では一番右上の点である。このように，各人を平面上に位置づけていくことを「プロットする」と表現する。10人全員をプロットした結果，右上がりの傾向が見て取れる。これを正の相関関係があると言う。つまり，尺度Aの得点が高いほど尺度Bの得点も高い傾向にある，ということである。

表 5-1 正の相関関係を示すデータ

	尺度 A	尺度 B
a	9	9
b	8	7
c	7	8
d	6	7
e	7	5
f	4	5
g	5	4
h	6	4
i	5	7
j	3	4
平　均	6	6
標準偏差	1.7	1.7

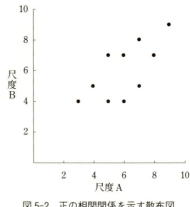

図 5-2 正の相関関係を示す散布図

　この散布図に見られる正の相関関係を一つの数値に要約したものが相関係数である（以下，とくに断りのない限り，相関係数としてピアソンの積率相関係数を指すものとする）。相関係数の算出に先立ち，まず共分散を算出しよう。共分散（S_{xy} と表記する）は以下の式にて算出する（$\bar{x}$ は x の平均，$\bar{y}$ は y の平均を，n はサンプルサイズを示す）。

$$S_{xy} = \frac{(x_1-\bar{x})(y_1-\bar{y})+(x_2-\bar{x})(y_2-\bar{y})+\cdots\cdots+(x_n-\bar{x})(y_n-\bar{y})}{n}$$

$$= \frac{1}{n}\sum_{i=1}^{n}(x_i-\bar{x})(y_i-\bar{y})$$

　表 5-1 のデータであれば，上記式の分母は 10 であり，分子は $(9-6)\times(9-6)+(8-6)\times(7-6)+\cdots\cdots+(3-6)\times(4-6)$ と 10 人分加えていく。こうして求められた共分散の値を，両変数の標準偏差の積（$S_x \times S_y$）で割って相関係数を算出する（以下の式）。

$$r_{xy} = \frac{S_{xy}}{S_x S_y}$$

　上記のように，相関係数は r と略記される（上記式のように r_{xy} と書くこともあるが，これは x と y の相関係数であることを明確化したい場合である）。表 5-1 のデータで相関係数を計算すると 0.7 となるが，この場合，$r=.70$ と表記することが一般的である（0.70 の一の位の 0 は省略することが多い）。このように正の相関関

表 5-2 負の相関関係を示すデータ

	尺度 A	尺度 B
a	9	2
b	8	3
c	6	4
d	5	5
e	7	5
f	4	5
g	6	4
h	3	7
i	4	7
j	2	9
平　均	5.4	5.1
標準偏差	2.1	2.0

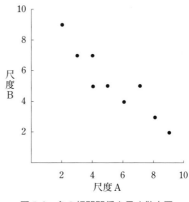

図 5-3　負の相関関係を示す散布図

係の場合は，相関係数の値は正になる。

　一方，負の相関関係もある。表 5-2 のデータについて散布図を作成すると図 5-3 のようになる（尺度 A＝6 点，尺度 B＝4 点の人が 2 人いるため，点は 9 つプロットされている）。

　今度は右下がりの傾向が見て取れる。つまり，尺度 A の得点が高いほど尺度 B の得点は低い傾向にある，ということである。

　さらにもう一点，図 5-2 と比べると，2 変数の関係が，より直線的になっていることがわかるだろう（図 5-3 のほうの膨らみ方が多少小さい）。このように，より直線に近いほど（つまり散布しているその膨らみがよりスリムになるほど）相関関係は強いということになり，実際，この表 5-2 のデータで相関係数を算出すると $r=-.90$ になる。相関係数の最大は 1，最小は -1 であるが，$r=1.00$ の場合，散布図はもはや膨らみをもたず右上がりの一直線になり，最小の $r=-1.00$ の場合は右下がりの一直線になる。つまり，$r=-.90$ は，相当強い負の相関関係ということになる。

　それでは，2 変数に相関関係がない場合はどのようになるだろうか（これを無相関と言う）。表 5-3 がそれに相当する。散布図を描くと図 5-4 のようになり，2 変数の間に何ら関係は見出されない。プロットされた点を全体的に見るとほぼ円形の散らばりを示しているが，これはすなわち 2 変数に関係がないことを示唆する。表 5-3 のデータについて相関係数を算出すると，ほとんど 0 に近い

表 5-3　無相関のデータ

	尺度 A	尺度 B
a	3	5
b	7	6
c	4	4
d	5	2
e	7	4
f	6	8
g	6	4
h	5	9
i	4	7
j	5	5
平　均	5.2	5.4
標準偏差	1.2	2.0

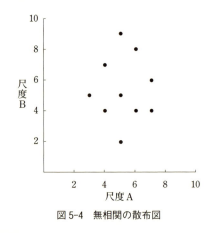

図 5-4　無相関の散布図

表 5-4　相関係数の値の評価

相関係数	解　釈
$.0 \leq |r| \leq .2$	ほとんど相関なし
$.2 < |r| \leq .4$	弱い相関
$.4 < |r| \leq .7$	中程度の相関，比較的強い相関
$.7 < |r| \leq 1.0$	強い相関

値になる。以上より，相関係数は，無相関に近いほど0に接近，正の相関関係が強いほど1に向けて値が大きくなっていき，負の相関関係が強いほど−1に向けて値が小さくなっていく（すなわち絶対値が大きくなっていく）のである。

相関係数の値は，どのくらいであれば強い関係，あるいは弱い関係と見なすのだろうか。つまり相関係数の値の評価であるが，これについては明確な基準はない。しかしながら，一般的には表5-4のように解釈されることが多い。ただし，変数の意味，研究分野などによって評価は変わってくるので，必ずしもこれに縛られる必要はない。

なお，相関係数が有意かどうかということと，相関係数の大小とは必ずしも対応しないことに注意されたい。たとえば，$r=.10$ という相関係数が得られ，p 値が 0.014 だったとする。この場合，サンプルサイズが大きいために（「p 値」「有意」の意味についてはコラム6参照）相関係数は5%水準で有意となるが，相関係数の値そのものは非常に小さいものである。このような場合に，あたかも強

表 5-5 U字型相関を示すデータ

	尺度A	尺度B
a	2	8
b	2	6
c	3	4
d	4	3
e	5	2
f	5	3
g	6	3
h	7	4
i	8	6
j	8	8
平　均	5.0	4.7
標準偏差	2.1	2.1

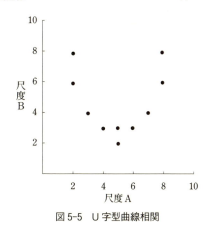

図 5-5 U字型曲線相関

い相関があるかのような誤解をしないことが大切である。

5-2-3　相関係数解釈上の留意点

相関係数を解釈する上での注意事項については，統計に関する書籍で必ずと言っていいほど言及されている。ここでは，5件法2項目の例で簡単な説明をしておく。

U字型曲線相関　表5-5のデータを散布図にしたものが図5-5である。図5-5より，尺度Aと尺度BとはU字型の関係にあることがわかる。ところが，この場合に相関係数を算出すると，ほとんど0になってしまう。つまり，相関係数はU字型のような曲線的関係を適切に表してはくれないのである。もし仮に，散布図を描かずにいきなり相関係数を算出したとすると，尺度Aと尺度Bとの間に関係はない，と間違った結論を下してしまうことになる。2変数の関係を見る場合に，まず散布図を描くことが重要である。

外れ値の影響　表5-6のデータを散布図にしたものが図5-6である。図5-6より，右上に外れ値が疑われるデータがあることがわかる。この右上の値を含めて相関係数を算出すると$r=.80$になる。しかし，たとえば過去の知見などを考慮し，これが外れ値であることが濃厚であり，除外するのが妥当だと判断さ

表5-6 外れ値のあるデータ

	尺度A	尺度B
a	4	2
b	2	4
c	2	3
d	2	2
e	4	3
f	3	4
g	3	3
h	3	2
i	4	4
j	9	9
平　均	3.6	3.6
標準偏差	2.0	2.0

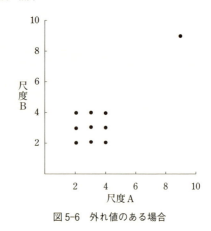

図5-6 外れ値のある場合

れたとする。この外れ値を除外した場合，相関係数は0になる。相関係数には，外れ値が大きな影響力をもつのである。ここにおいても再び「まずは散布図を描く」ということを強調しておきたい。

　以上の例は，説明の都合上，外れ値があることが相当明瞭であるケースを出しているが，実際の研究では，外れ値の効果はもっと微妙な形で現れる。外れ値として除いてよいものかどうか判断しかねる場合，除かずに外れ値の影響を回避する方法として順位相関係数の使用がある。順位相関係数とは，順序尺度によって得られた測定値どうしの相関係数であるが，間隔尺度以上の水準で得られたデータを順位に直した上で計算することもできる。そうすると，外れ値の影響を回避しやすくなる。この手続きの詳細については，吉田（1998）などがわかりやすい。

　層別相関　表5-7のデータ（a～eが男性，f～jが女性だとする）を散布図にしたものが図5-7である。図5-7より，10人は大きく二つのグループに分けられそうである。このデータについて，10人全員で相関係数を算出すると$r=.90$になる。しかし5人ずつ（男女別）で算出すると，いずれのグループにおいても0になる。このように，集団ごと（集団が「層」ということである）に相関を見た場合，全体の場合の相関と大きく異なる場合がある。もちろん，散布図の重要性は言うまでもない。

表 5-7 層別相関を見る必要があるデータ

	尺度 A	尺度 B
a	2	2
b	4	2
c	4	4
d	2	4
e	3	3
f	7	7
g	9	7
h	8	8
i	9	9
j	7	9
平　均	5.5	5.5
標準偏差	2.7	2.7

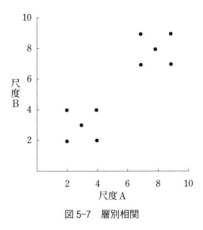

図 5-7　層別相関

その他の留意点　以上，相関係数を解釈する際の注意事項を3点に絞って説明した。これら以外にも重要なものとして，選抜効果（切断効果），擬似相関，相関関係と因果関係の違い，などがある。これらについては，吉田（1998）などを参照されたい。また，擬似相関に関連して偏相関係数については，南風原（2002）などに説明がある。また近年，以上に見てきた集団での相関関係と，個人内の共変関係の関連について重要な指摘がなされているが，この点も重要である。これについては，論文としては南風原・小松（1999）に，書籍では南風原（2005）に記述がある。なお，共分散，相関係数の算出に関する詳しい説明は山田・村井（2004）にあるので参照されたい。

5-3　項目作成

これまで，尺度間の関係を検討するという状況を想定し，相関について説明してきた。このように相関を見る場合の基礎になるのは，そもそも各尺度がよいものであるということである。ここでいったん，この基礎となる点に立ち返り，質問項目の是非について説明する。

5-3-1　研究参加者の内的過程

本章冒頭では，「短気尺度」として「私はかっとなりやすい」「私はせっかち

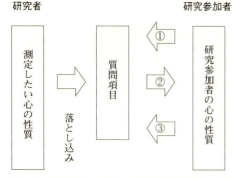

図5-8 質問項目への回答の際の研究参加者の内的過程

である」の2項目を考えた。これらをたとえば「私はかっとなりやすいほうである」「私はせっかちなほうである」と改変したら、「あてはまる」のほうに若干回答しやすくなるだろう。また、仮に「私はかっとなりやすく、せっかちである」と一つにまとめてしまうと、話はまた変わってくる。このように、質問項目の言葉づかいに気をつけることは重要なことである。

質問項目の言葉づかいのことを、一般にワーディングと言うが、この点について説明する前に、項目を提示された研究参加者は、何を感じどう回答するのか、という点について見ておこう（図5-8）。

研究者は、測定したい心の性質について、それを項目に落とし込む。一方、それを提示された参加者は何を感じ、どう回答するのだろうか。そこには大きく分けて三つの段階があろう。

まず、第一の段階（図5-8中①の矢印）として、質問項目を理解するという理解過程がある。たとえば「私はかっとなりやすい」であれば、通常の日本語能力を仮定すれば理解可能である。第二の段階（図中②の矢印）として、尋ねられたことを、自身の心の性質に照らし合わせるという照合過程がある。「私はかっとなりやすい」かどうかと尋ねられ、果たして自分はどの程度かっとなりやすいか、自分を振り返るのである。第三の段階（図中③の矢印）として、実際に○をつけるという反応過程がある。これら三つのどの段階でどのような問題が生じるのか、という点から以下説明する。

5-3-2 ワーディング

ワーディングの問題は、主として上記の第一の段階に関係する。項目を読んだ研究参加者が、その項目をどう受け取るか、という問題である。ワーディングについては、多くの書籍で解説がなされている。10章においても解説がされ

表 5-8　よい質問紙を作るためのワーディング（平井，2003, p. 89）

・明快で簡潔な表現を使う
　　語彙は平易でオーソドックスに
　　文は短く単純な文法で
　　形容詞や副詞の使用は最小限にする
・ひとつの質問文の使用にはひとつの内容のみ
・否定的な表現を避ける
　　とくに二重否定は避けること
・不快感をよぶような表現を避ける
　　差別的な表現
　　決めつける表現
　　プライバシーに立ち入った内容
・誘導的な表現を避ける
　　規範や常識をちらつかせる
　　好ましい（好ましくない）ニュアンスをもつ表現
・用語や表記を統一する

ているが，ここでは平井（2003）を引用しておく。

　平井（2003）は，「よい質問紙を作るためのワーディング」として，表 5-8 のような項目をあげている。

　表 5-8 について，2 点補足する。1 点目として「ひとつの質問文の使用にはひとつの内容のみ」ということであるが，この点に違反した質問のことを**ダブルバーレル質問**と言う。先にあげた項目例「私はかっとなりやすく，せっかちである」はその一例である。一つの項目に二つの内容が入っているため，研究参加者はどちらについて回答したらよいのか迷ってしまう。項目を作成する際，意図的に二つの内容を盛り込むことはなくても，気づかぬうちにダブルバーレル質問になっていることがある。この点について盛山（2004）は，ダブルバーレルを二つに分類している。すなわち，重文型のダブルバーレルと，複文型のダブルバーレルである。前者は，先の「私はかっとなりやすく，せっかちである」のように and や or で結ばれたもので，それがダブルバーレルであることに気づきやすい。一方，後者の複文型の例として，盛山（2004）は「喫煙は健康に良くないのでやめるべきだ」をあげている。これは，英語で言えば because などの接続詞で結ばれたものであり，こちらには気づきにくいということである。

　2 点目として，**インパーソナル質問**と**パーソナル質問**がある。インパーソナル質問とは「一般論」について尋ねる質問，パーソナル質問とは「あなた自身」

について尋ねるものである。どちらを尋ねているのか明示されていれば問題はないが，明示されていない場合に問題が生じる。たとえば「以下に書かれたことはどの程度重要ですか」という教示の後，「出世する」といった項目があったとする。この場合，参加者は，「以下に書かれたことは一般論としてどの程度重要ですか」なのか「以下に書かれたことは“あなた自身にとって”どの程度重要ですか」なのか迷ってしまうことになる。

　書籍によっては上記以外にも多くのことが書かれているが，項目作成の際の要点は「回答する立場になってみる」「Simple is best（できるだけ簡潔に）」ということになろう。可能であれば，参加者が項目をどう受けとったか検討するのがよい。回答を終えた参加者に「どのような思考過程を経てこの評定をしたのか」と尋ねることはまずないが，その稀有な例として酒井・山口・久野（1998）は，各項目について，どのような理由で回答したか尋ね分析している。少なくとも，予備調査の段階で評定理由について分析することは必要であろう。

5-3-3　内省可能性

　第二の段階，つまり質問項目を見て自身の心の性質について振り返る段階で生じる問題点としては，**内省可能性**が重要である。そもそも内省が困難な項目を提示しているケースは多い。たとえば「あなたは普段，考えごとをどの程度しますか」という項目の場合，「考えごと」という半ば自動化している行為について尋ねられても，自動化されているがゆえに振り返りようがなく，したがって回答しようがない。この内省可能性については，吉田（1995），Nisbett & Wilson（1977）が示唆的である。

　「普段考えてもいないことを尋ねられる→研究参加者は“そう尋ねられるとそうかもしれない”と考える→何らかの偏った回答をしてしまう」という流れがあることを事前に想定すべきである。内省可能性の低い項目が，参加者の側に実際にはありもしない心の性質を逆に作り出してしまうという問題点である。本来はまず参加者の心の性質があって，それを映し出すものとして項目があるはずだが，内省可能性の低い項目の場合，「逆転」してしまう可能性がある。質問項目で尋ねられることによって，本来思ってもいないことを感じ始める可能性については，質問紙調査に限らず実験的手法においてもありうるので（村井，

2005），注意が必要である。

5-3-4　回答の際生じるバイアス

　次に第三の段階で生じる問題点である。研究参加者がそもそも有している回答傾向として，以下の3点が知られている。

　第一に中心化傾向と極端反応傾向がある。中心化傾向（中位傾向）とは，たとえば5件法であれば，真ん中の「どちらとも言えない」付近に回答が集中する傾向のことである。国際的にみると，わが国の場合，極端な肯定や否定を嫌い，「どちらとも言えない」あるいは「やや」などがついた選択肢に回答が集まる傾向にある（岩永，2001）。一方，これとは逆に，両極端を好んで評定する傾向も知られているが，これを極端反応傾向（両端選択傾向）と言う。これについては，この傾向を測定する試みがある（辻本，1998）。

　第二に黙従傾向がある。これは，「検査者が意図していると思う方向に回答する傾向，または質問項目の内容に関係なく肯定的回答（その逆もある）をする傾向」のことである（大山・岩脇・宮埜，2005）。「検査者が意図していると思う方向に回答」ということで，実験の文脈で言われる要求特性に近い概念と言えよう（8章参照）。参加者が実験者の意図を推し量った結果，本来の行動が変容してしまうという傾向は，一般に実験の文脈で言及されるが，質問紙実施の際においても考慮すべき点である。

　第三に社会的望ましさがある。参加者の回答は社会的に望ましい方向に歪みがちであるということである。たとえば「あなたは清潔であることを好みますか」と問われたら，実際にはそれほど好まない場合であっても，清潔さという望ましい方向に評定が歪み，その歪む程度には個人差がある，といったことがこれに相当する。

5-3-5　その他の留意点

　項目作成に関する補足として，卒業研究などで作成された質問紙で散見される問題点について述べる。

　第一に「過度に多い項目数」である。授業時間内に質問紙調査を実施することを想定すると，10分〜15分程度で回答が終了するものがよいだろう。

第二に「研究参加者への配慮が欠けていると思われる項目」である。たとえば，年収，恋人の有無，についていきなり表紙に記入させる，などである（せめて最後のページにもってくるべきである）。

第三に「過剰に飾り立てた質問紙」を見ることがある。アンダーライン，波線，太線，と装飾の限りを尽くしたものの，かえってどれが重要なのかわからない。できる限りシンプルにするのがよいだろう。

第四に「項目の提示順序についての配慮」である。質問紙における**キャリーオーバー効果**とは，前の項目が，後の項目への回答に影響を与えることである。たとえば，理想自己について回答させた上で，現実自己について回答を求めたとしよう。いったん理想自己について回答すると，「その理想に比べて現実の自分と言ったら……」という具合に，後続の項目に対する反応が影響を受けることがあり得る。このような場合，理想自己を先にしたものと現実自己を先にしたものという2パターンの質問紙を準備し，順序効果について検討する必要が生じることがある。項目は一種の実験刺激である。質問紙調査であっても，カウンターバランスの視点をもつべき場合がある。

第五に誤植がないようにしたい。先行研究の尺度をそのまま使用する場合の転記ミスなどに注意する必要がある。

5-4　尺度構成の実際

5-4-1　さまざまな回答形式・尺度構成法

本章の冒頭で5件法による評定法を例にあげたが，評定法は数ある回答形式の一つにすぎない。評定法以外にも，SD法，一対比較法，強制選択法などさまざまある。以下，評定法に限定して解説を加えるが，評定法以外の詳細については，続・村上 (1975) などに説明がある。

回答形式がさまざまであることに加え，尺度構成法にも種類がある。よく知られているのは，サーストン法（等現間隔法），リッカート法（評定加算法，集積評定法），ガットマン法（尺度分析法），の三つであるが，本章ではリッカート法に限定して説明を加える。ここでリッカート法について取りあげるのは，この手法が頻繁に使用されているからである。他の二つについては，心理学実験指導

研究会（1985）などに具体的な説明がある。

　以下，尺度構成法について，具体的な研究例を引用しながら説明していく。なおこれまで作成された多くの尺度については，堀（2001a, 2001b, 2001c, 2007），堀・山本・松井（1994）にまとめられているので参照されたい。

5-4-2　リッカート法の実際

　リッカート法とは，本章冒頭で述べたように，各項目への回答を合計し得点とする方法である（評定加算法，集積評定法とも呼ばれるゆえんである）。このように，各項目の得点を単純加算することを簡便法と言うが，多くの項目により簡便法を用いて尺度得点を構成する場合，シグマ値法と呼ばれる（より厳密な）手法から得られる結果とほぼ同じになることが知られているため（繁桝，1998），以下では，簡便法によるリッカート法について説明する。

　特性的自己効力感尺度の作成　リッカート法を用いた研究は数多いが，ここでは成田・下仲・中里・河合・佐藤・長田（1995）を題材にする。成田ら（1995）では，特性的自己効力感尺度を作成している。自己効力感とは「個人がある状況において必要な行動を効果的に遂行できる可能性の認知」を指すが，成田ら（1995）を取りあげた一つの理由として，自己効力感が，心理学のさまざまな分野への適用可能性が高いと思われる点がある（Bandura, 1995; 坂野・前田，2002）。

　研究参加者は，首都圏のある市から無作為抽出（ランダムサンプリング）された13歳から92歳までの住民1641名であった（サンプリングについては10章参照）。使用した尺度は，まず23項目からなる特性的自己効力感尺度である（5件法。具体的な項目については表5-9）。この23項目は，海外の先行研究にある特性的自己効力感尺度を翻訳したものである。この他に用いられた尺度は，抑うつ性尺度，自尊心尺度，性役割尺度，主観的健康感尺度（絶対評価と相対評価）である。このように，一般に一つの質問紙には複数の尺度を設けることが多いが，成田ら（1995）で特性的自己効力感尺度以外の尺度を設けた理由は，特性的自己効力感尺度の構成概念妥当性（4章参照）を検証するためである。特性的自己効力感尺度が確かに特性的自己効力感を測定しているのであれば，他の尺度と正の（あるいは負の）相関があるだろうという予測を事前に立てておき，その予測に

表 5-9　特性的自己効力感尺度の因子分析結果（成田他，1995 より作成）

項　　目	因子負荷	IT 相関
1) 自分が立てた計画は，うまくできる自信がある	−0.45	.43
＊ 2) しなければならないことがあっても，なかなか取りかからない	0.48	.43
3) 初めはうまくいかない仕事でも，できるまでやり続ける	−0.43	.42
＊ 4) 新しい友達を作るのが苦手だ	0.50	.47
＊ 5) 重要な目標を決めても，めったに成功しない	0.60	.55
＊ 6) 何かを終える前にあきらめてしまう	0.64	.58
7) 会いたい人を見かけたら，向こうから来るのを待たないでその人の所へ行く	−0.29	.29
＊ 8) 困難に出会うのを避ける	0.52	.48
＊ 9) 非常にややこしく見えることには，手を出そうとは思わない	0.57	.53
＊10) 友達になりたい人でも，友達になるのが大変ならばすぐに止めてしまう	0.52	.48
11) 面白くないことをする時でも，それが終わるまでがんばる	−0.38	.40
12) 何かをしようと思ったら，すぐにとりかかる	−0.41	.42
＊13) 新しいことを始めようと決めても，出だしでつまづくとすぐにあきらめてしまう	0.61	.57
14) 最初は友達になる気がしない人でも，すぐにあきらめないで友達になろうとする	−0.29	.31
＊15) 思いがけない問題が起こった時，それをうまく処理できない	0.56	.54
＊16) 難しそうなことは，新たに学ぼうとは思わない	0.53	.50
17) 失敗すると，一生懸命やろうと思う	−0.37	.38
＊18) 人の集まりの中では，うまく振る舞えない	0.55	.53
＊19) 何かしようとする時，自分にそれができるかどうか不安になる	0.49	.44
20) 人に頼らない方だ	−0.27	.27
21) 私は自分から友達を作るのがうまい	−0.40	.41
＊22) すぐにあきらめてしまう	0.65	.61
＊23) 人生で起きる問題の多くは処理できるとは思えない	0.53	.51

　沿う結果が得られるかどうか検討するのである。

　成田ら（1995）では特性的自己効力感尺度で 5 件法を用いている。何件法にすべきなのかという点については決まった意見はないものの，脇田・熊谷・野口（2005）は，7 件法は，4 件法，5 件法に比べて等間隔性が成り立っていない，としている。この知見からは，4 件法あるいは 5 件法がよいということになる。4 件法と 5 件法の違いは，中間の選択肢（どちらとも言えない）の有無である。先に述べた中心化傾向などを踏まえつつ，各研究において 4 件法か 5 件法を選択することになる（中間の選択肢があることのメリットとデメリットを考慮する）。

特性的自己効力感尺度の構造　成田ら（1995）では，特性的自己効力感尺度がどのような構造を成しているか検討するため，因子分析を行っている（コラム7参照）。たとえば特性的自己効力感尺度を因子分析した結果，仮に2因子だったとする。この場合，一口に特性的自己効力感尺度と言っても，2側面あるということになる。成田ら（1995）の場合，結局1因子となった。なお，尺度構成の際には，ほとんどの場合因子分析をしているのが実情であるが，必ずしも因子分析をしなくてもよいという平井（2001）の指摘を補足しておく。

　表5-9において，項目の先頭にアステリスク（＊）が付されているものがある。これは逆転項目を示す。逆転項目とは，測定したい心の性質を「逆から」問うものである。本尺度は特性的自己効力感について測定するものであるから，たとえば「自分が立てた計画は，うまくできる自信がある」は特性的自己効力感を「真っ向から」尋ねているのに対し，「しなければならないことがあっても，なかなか取りかからない」は特性的自己効力感を逆方向から尋ねていることがわかるであろう。もし逆転項目を設けずに23項目全て「真っ向から」尋ねるとすると，勘のよい参加者は何を測定しようとしているのか，読み取ってしまうであろう。また，同じような項目が並んでいると，よく読まずに回答してしまうことにもなりかねないが，ところどころに逆転項目があることによって，参加者は質問項目に注目するようになる。さらに，逆転項目を設けることは，黙従傾向の個人差の相殺につながる。なお，逆転項目では得点化を逆にする。5件法であるから，「しなければならないことがあっても，なかなか取りかからない」に1と回答した人の値は5に逆転した上で，23項目の合計点を算出する。このように，尺度を構成する各項目の得点を加算して全体得点を出し，特性的自己効力感の尺度得点とするのである。

　表5-9に「因子負荷」という値があるが，これは因子分析を実行すると算出される値である。各項目が特性的自己効力感とどの程度関係が強いかを示しており，絶対値が大きいほど強い関係にある。たとえば，絶対値が最大の項目は「すぐにあきらめてしまう」である。これは逆転項目であるが，「すぐにあきらめない」ということは，特性的自己効力感と強い関わりがあるということになる。なお，この因子分析結果では，逆転項目で因子負荷が正に，そうでない項目で因子負荷が負になっており，直感と逆になっているが，これは本質的な問

題ではない。むしろ重要なのは，逆転項目とそうでない項目とでは，正負が異なるということである。「すぐにあきらめてしまう」の因子負荷の符号は正であるのに対し，「自分が立てた計画は，うまくできる自信がある」は負である。このように逆転項目とそうでない項目との因子負荷は，通常符号が異なる。

　表5-9には記されていないが，実際には分析に先立って項目ごとに平均・標準偏差を見ることが必須である。5件法の場合，たとえば平均が4.9というようにかなり高かったり，あるいは逆に1.1というようにかなり低かったりした場合を考えてみる。前者の場合，その項目が誰にも肯定しやすく，評定値が5という上限につかえている状態を示し，個人差を適切に反映しない項目ということになる。後者の場合，誰もが肯定しにくい項目であり，評定値が1という下限につかえている状態を示し，これも同様に個人差を適切に反映しない項目ということになる。前者を天井効果，後者を床効果と言うが，分析に先立ち，まず項目ごとに平均・標準偏差を見て，天井効果，床効果が生じていないか確認する必要がある。もし認められたら，その項目は以降使用しないということもあるが，こうしたことを防ぐためには，事前の予備調査が必要である。

　信頼性　次は，特性的自己効力感尺度の信頼性の検討である。尺度の信頼性の指標としてはクロンバックの α 係数（あるいは単に α 係数）が知られている。α 係数とは内的整合性（内的一貫性）の観点から信頼性を捉えるものである（詳細は，南風原，2001a などを参照）。特性的自己効力感尺度の場合で言えば，尺度を構成する各項目は等しく特性的自己効力感に関するものである以上，各項目への回答は各参加者の中で整合的であるはずである。α 係数は，その整合的である程度についての指標である。特性的自己効力感尺度の α 係数は，性別，あるいは各年齢群別に算出した場合も，分けずに参加者全体で算出した場合も 0.8 以上の高い値を示した。再検査信頼性（再テスト信頼性，4章参照）は一部の参加者について算出しているが，0.73 とまずまずの値であった。

　α 係数は多くの研究で頻繁に用いられ，概ね 0.7〜0.8 程度であれば満足のいく値とされる。α 係数は 0.8 以上とよく言われるが，この点にあまりにこだわりすぎることは問題である。一般に，α 係数は，項目間相関が高いほど，また項目数が多いほど高くなる。信頼性を高くしすぎて妥当性が低くなる（石井，

5-4 尺度構成の実際　　　89

表 5-10　特性的自己効力感尺度の妥当性検証（成田他，1995 より作成）

抑うつ性尺度	自尊心尺度	性役割尺度	主観的健康感尺度 （絶対評価）	主観的健康感尺度 （相対評価）
−.30	.56	.43	.18	.21

2005) のであれば，本末転倒である。尺度の使用目的にもよるが，「信頼性係数はどんなに悪くても 0.5 を越えなければならない」(石井，2000) という最低ライン，および妥当性を見据えつつ，0.8 を目指す必要がある。

　なお，表 5-9 には IT 相関という値がある。I は item (項目) を，T は total (全体) を指す。IT 相関 (項目−全体相関) とは，各項目と (その項目を除いた) 全体得点との相関係数である。この値が顕著に低ければ，その項目は項目全体からずれていると判断され，場合によっては削除される。

　上記のように，因子分析をはじめさまざまな観点から，結果として，先行研究の尺度項目の取捨選択が行われることがあるが，尺度項目の改変は基本的には望ましくない。この点については，南風原 (2005) に指摘がある。

妥当性　信頼性に続いて妥当性の検討である。表 5-10 は，特性的自己効力感の尺度得点と他の尺度得点との相関係数を示したものである。成田ら (1995) の予測にほぼ沿うものであり，構成概念妥当性 (4 章参照) は支持されるとしている。

　表 5-10 を見るとわかるように，相関係数自体は必ずしも高いというわけではない。しかし，他の尺度との相関が高すぎた場合には，かえって問題となる。仮に $r=.90$ というような高い相関係数が得られたら，その 2 尺度があまりに近すぎるということであり，これでは新たに尺度を作成する意義が薄れてしまうだろう。結局は，尺度の内容からして適度な相関が望ましいということになる。

5-4-3　尺度構成の留意点

　項目収集　成田ら (1995) は既に存在する英語版を翻訳して実施したので，尺度構成の最初の段階でしばしば行われる項目収集という作業は行わなかったが，新たに心理尺度を構成する場合には事前に項目を収集する必要がある。一般的

には，まず測定したい心の性質について，その意味内容を明確に定義した上で，当該特性について自由記述を集めたり面接をしたりして項目の候補を収集，予備調査を実施しその結果をもとに項目を絞っていく，という段階を経る。こうした一連の流れについては，南風原（2001a）を参照されたい。なお，既に公刊された他の外国語の尺度を翻訳して日本語版を作成する際には，原著者の了解を得る必要がある（木島，2005 参照）。

多様な集団　成田ら（1995）の優れた点として，一般市民を対象にランダムサンプリングをしていることがあげられる。しかし，これは実際には困難なことが多い。サンプリングをして尺度構成を行っている論文は，むしろ少数派と見て差し支えない。ただ，サンプリングを実際にしないまでも，サンプリングの視点はもつべきである。というのも，たとえば大学のある講義で，講義中に受講者に質問紙尺度への回答を求め，そのデータをもって尺度構成を行うというケースであれば，研究参加者の偏りが危惧されるからである。成田ら（1995）では，生涯発達の観点から，年齢層が多様なものとなっている。尺度構成の目的にもよるが，尺度構成の際には，ある特定の集団に対する調査のみで終わらせるのではなく，他の集団でもデータ収集を試みる必要がある。いくつかの集団にてデータを収集し，それら集団間に何らかの違いが見られたのであれば，それは有益な知見であるし，そういった検討を通してその尺度の特性がより明確化する場合も多いだろう。なお 1641 名というサンプルサイズは，一般的な心理学の調査研究からすると大変に大きい。どの程度のサンプルサイズが妥当かという点については難しい問題であるが，石井（2005），村井（2006）を参照されたい。

妥当性の検証　成田ら（1995）では，妥当性の検証方法が他の尺度との相関係数の算出にとどまっている。尺度構成の最初の段階の研究としては概ね適切であり，実際他の多くの研究でも同様の方法で妥当性を検証している。しかし，3 章で述べたように一つの研究で妥当性を完全に保証することは不可能であり，さらに研究を積み重ねる必要がある。妥当性の検証については，実際の行動指標との関係を見ることが重要となる。たとえば，山形・高橋・繁桝・大野・木

島 (2005) は，成人版エフォートフル・コントロール尺度日本語版の作成において，研究1で他の尺度との相関を調べた上で，研究2では課題場面での遂行行動を予測できることを示しているが，こうした一歩踏み込んだ妥当性検証が望ましい。このように，他の尺度との相関に加え，何らかの実験事態を構成し検討するといった，複数の側面から妥当性があることの証拠集めをしたほうがよいだろう。妥当性検証については，吉田 (2002) が参考になる。

コラム6　推測統計と検定

村井潤一郎

　大学のあるクラスで数学のテストを実施したとしよう。このクラスのデータを分析し，「このクラスの数学の平均は〇点です」と，このクラスについて記述するために行われる統計を記述統計と言う。一方，このクラスを標本と捉え，クラスを越え大学生一般という母集団について「母集団では数学の平均は〇点だろう」と推測するために行われる統計を推測統計と言う。この例では，母集団の平均，すなわち母平均を問題にしているが，平均以外にも母集団の値（母数と言う）はある。たとえば，母集団の分散は母分散と言い，母集団の相関は母相関と言う。

　足立（2006a）は，推測統計の主な課題は，標本を分析し未知の母数の値について答えることであるが，その答え方には，点推定・区間推定・仮説検定の3通りがあると言う。本コラムでは，このうち検定（仮説検定）について簡単な説明をする。参考までに，点推定とは一つの値をもって母数の推定をすること，区間推定とはある区間を設けて母数の推定をすることである。

　検定は，統計的仮説検定，仮説検定，などとも呼ばれるが，ここでは検定という語を用いる。「仮説」という語があることからもわかるように，検定では仮説について吟味する。相関係数に関する検定で言えば，一般に仮説として「母相関は0」「母相関は0でない」の2通りが設定されるが，前者を帰無仮説，後者を対立仮説と言う。検定では，まず帰無仮説を立てることから出発し，最終的にはこのどちらか一つの仮説を採択するに至る。

　検定に関連する用語で，論文などで登場する頻度が最も高いものは「有意」という語であろう。本章では，「$r=.10$ で，p 値が 0.014」という例が出されているが，この場合 0.10 という相関係数は 5% 水準で有意である。有意とはどういう意味であろうか。まず p 値の意味から説明しよう。この場合の p 値の意味は，「もし母相関が0だったとしたら，今得られた $r=.10$ 以上の値が得られる確率は 1.4% である」ということである。「母相関が0」が帰無仮説であり，帰無仮説の背後には対立仮説「母相関は0でない」が想定されている。1.4% は低い確率と言えるが，帰無仮説が正しいと仮定したために，このような低い確率のことが発生したわけなので，これは帰無仮説が間違っていたからではないかと結論づけ，帰無仮説を棄却し，その代わりに対立仮説「母相関は0でない」を採択する。これが有意の意味である。p 値が 0.05 よりも小さく 0.01 より大きい場合は 5% 水準で有意，さらに 0.01 よりも小さい場合は 1% 水準で有意と言うが，いずれも有意であるということには変わりない。論文中では「5% 水準で有

意な相関が得られた」といった記述をする。

　相関係数以外の検定においても，考え方は同一である。たとえば，2群の平均値の比較の際に用いられる t 検定における帰無仮説は「2群の母平均は等しい（＝2群の母平均の差は0）」，対立仮説は「2群の母平均は等しくない（＝2群の母平均の差は0でない）」である。相関係数の場合と同様，帰無仮説には「……は0」といった内容を設定する。t 検定の結果，たとえば「$t=4.00$で，p 値が0.007」であれば，この p 値の意味は「もし母平均の差が0だったとしたら，今得られた $t=4.00$ 以上の値が得られる確率は0.7％である」ということになり，1％水準で有意である。すなわち帰無仮説は棄却され，対立仮説が採択される。

　心理学研究では，一般に有意であることが重宝される。有意であるという結果が得られると，論文には「関連があった」「効果があった」などと記述される。しかしながら，実際の研究における検定の使用には，恣意性があるということを認識しておく必要がある。たとえば「サンプルサイズが大きいほど有意になりやすい」というよく知られた性質がある。したがって，「質問紙調査をあるクラスで実施し，たまたまそのクラスに出席していた人数で有意か否かが左右される」ということは本来好ましいことではない。研究者は，有意か否かに敏感である一方で，事前のサンプルサイズ決定には相対的に鈍感であると言わざるを得ない。この点については，村井（2006）などを参照されたい。いずれにしても，検定が全てではないことに留意する必要がある。検定については，南風原（1995）が参考になる。

　以上，ここでは検定のごく一部について説明を加えた。各種用語，検定の手順などの具体的説明を大幅に割愛したが，この点については山田・村井（2004）など他の成書を参照されたい。

コラム7 因子分析

村井潤一郎

　因子分析は，質問紙調査などで頻繁に用いられる。ここでは，数理的説明ではなく，架空のデータ例をもとに，因子分析の意味内容について説明する。

　表1は，6項目（$x_1 \sim x_6$）間の相関係数である（仮想データ）。たとえば，x_1 と x_2 の相関は 0.70 である（同じ項目どうしの相関は当然 1.00 である）。このように変数間の相関係数を並べたものを相関行列と言う。因子分析では，相関行列をもとに，項目群の背後にどのような因子があるのか探っていく。因子とは，項目群の背後に仮定される，項目間の相関を発生させる源泉のようなものである。これら6項目の背後には，いくつの「相関発生源」を仮定できるだろうか。因子分析に先立ち，表1をよく見てみよう。すると，相関が高い項目どうしを考えると，二つのグループに分かれそうである。x_1, x_2, x_5 は互いに相関が高く，残りの x_3, x_4, x_6 は互いに相関が高い。

表1　項目間の相関行列

	x_1	x_2	x_3	x_4	x_5	x_6
x_1	1.00					
x_2	.70	1.00				
x_3	.10	.20	1.00			
x_4	.20	.20	.60	1.00		
x_5	.70	.60	.20	.10	1.00	
x_6	.10	.30	.50	.70	.50	1.00

　表1のデータについて，実際に因子分析を行った結果が表2である（詳細については省略するが，共通性の初期推定値を1とし，重みなし最小2乗法を用い，バリマックス回転を行っている）。相関行列より，二つのグループに分かれることが想定されたが，因子分析の結果，実際に二つのグループに分かれている。以下，表2を見ながら，この点について説明していこう。

　表中の数字のうち，第1因子の .88, .79, ……，第2因子の .03, .21, ……という値を因子負荷と言う。各項目と因子との関連の強さを示す数値である。x_1 は第1因子と強い関連があるが（.88 は1に近い），第2因子とはほとんど関連がない（.03 はほとんど0）。x_6 は，第1因子と弱い関連があるが（.23），第2因子とは強い関連がある（.80）。このように因子負荷はさまざまな値を示すが，高い数値どうしをまとめてみよう（表中網掛け部分）。第1因子に高い因子負荷を示した項目が x_1, x_5, x_2，第2因子に高い因子負荷を示した項目が x_4, x_6, x_3 である。このように，因子分析の結果二つのグル

ープに分類されたことになる。これらは，相関行列から予想された2グループに一致するものであるが，項目数がもっと多い場合など，必ずしもこのように予想が立つわけではない。それゆえ因子分析が有効なのである。なお，ここでは説明の都合上，比較的「きれいに」2因子に分かれる例を示しているが，実際には，たとえばある項目の因子負荷が，第1因子に0.60，第2因子に0.48であり，「どちらかと言えば第1因子であるが，第2因子ともそこそこ関連がある」と「どっちつかず」になることも多い。

例のデータでは2因子という結果になったわけであるが，仮にこの6項目が社交性に関するものだったとすると，一口に社交性と言っても2側面あることになり，それぞれの因子に「○○的社交性」「△△的社交性」などと名前をつけることになるが，これを因子の解釈と言う。因子の解釈は，研究者自身が主観的に行う。実際の研究では，さまざまな因子数で結果を出し見比べ，最も解釈がしやすいものを最終的な結果とすることが多い。

表2　因子分析結果

項　　目	第1因子	第2因子	共通性
x_1	.88	.03	.78
x_5	.79	.21	.67
x_2	.76	.17	.60
x_4	.07	.86	.74
x_6	.23	.80	.69
x_3	.09	.65	.43
因子寄与	2.04	1.87	3.90

なお，表2中の因子寄与は，全分散（この場合6項目なので全分散＝6）のうちその因子が説明している大きさを，共通性は，各項目の分散（＝1）のうちどの程度この2因子で説明できているかを，各々示す。

以上，ごく簡単な解説をしたが，因子分析の入門的解説としては，松尾・中村（2002）が知られている。なお，本コラムでは，因子分析として探索的因子分析の説明をしているが，確認的因子分析もある。これらの点については足立（2006b）が薦められる。

6 実験法の基礎

伊藤忠弘

　3章にまとめられているように，社会心理学の研究では人間の心と行動を理解するためにさまざまな方法が用いられるが，関心の対象となっている現象がなぜ起きたのか，言い換えれば因果関係を理解するという目的から見ると，これらの中では実験法が最も優れている。本章では，まず実験が因果関係を解き明かす論理を，「実験法」の最大の特徴である剰余変数のコントロールを中心に説明する。続いて，認知的不協和の古典的な実験を例にあげながら，実験の手続きの中にこの論理がどのように反映されているかを見ていく。そして最後に，優れた実験の基準として採用される三つの「妥当性」について説明する。

6-1　因果関係の理解

　一般的に，「問題とされている現象 Y の原因は要因 X である」と合理的に推測できるのは次の三つの条件が揃った時である。
①　共変関係：要因 X と現象 Y に相関関係が存在する。
②　時間的順序：要因 X が現象 Y に先行している。
③　第三の変数のコントロール：要因 X 以外の要因が現象 Y を引き起こしている可能性が排除できる。
　実験法は，他の方法に比べて，これらの条件を満たす可能性が高い。まず，共変関係について考えてみよう。身の回りの出来事の間に共変関係を見出すことはよくある。たとえば，緑茶をよく飲む人のほうがあまり飲まない人よりもコレステロール値が低いという印象をもったとすると，「緑茶を飲むこと」と「コレステロール値」の間に共変関係を認知したことになる。実際に研究を行う場合でも，このような相関関係は，調査法，観察法，面接法を用いることによって見出すことができるだろう。しかし二つの事象の間にこのような共変関係があったとしても，必ずしも「緑茶を飲むことが原因となってコレステロー

ル値が低下する」というような因果関係が存在するとは限らない。要因 X と現象 Y に共変関係がある場合，以下の五つの可能性が想定できる (高野・岡, 2004)。

① 要因 X が現象 Y を引き起こしている。

② 現象 Y が要因 X を引き起こしている。

③ 要因 X が現象 Y を引き起こすと同時に，現象 Y が要因 X を引き起こすという相互影響関係にある。

④ 要因 X と同時に存在する別の要因 Z が現象 Y を引き起こしている，あるいは現象 Y と同時に存在する別の要因 Z が要因 X を引き起こしている。

⑤ 単なる偶然から要因 X と現象 Y に共変関係が認められる。

　質問紙調査では，原因にあたる要因 X と結果にあたる現象 Y を同時に測定すること (たとえば緑茶を飲む頻度とコレステロール値を同時に調査する) がしばしば行われる。この場合，たとえ両者に相関が認められても，その結果から因果関係を決定することはできない。上記五つの可能性のうち，①が正しいと推定するためには，前述の「時間的順序」と「第三の変数のコントロール」が保証されていなければならないのである。これを可能にしてくれるのが実験法である。

　実験においては，実験者が操作する要因 (原因とされる要因) を**独立変数**，実験者がその後に測定する要因 (結果として生じる要因) を**従属変数**と呼ぶ (1 章参照)。要因 X が自然に生じるのを待つのではなく，人為的に要因 X を作り出して，その後に現象 Y を観察 (あるいは測定) するのである。要因 X を構成した時に現象 Y が生じ，要因 X を構成しない時に現象 Y が生じないことが観察されれば，両者の間に共変関係が存在することになる。また，要因 X は現象 Y に時間的に先行して構成されるため「時間的順序」は保証される。

　独立変数以外で従属変数に影響を及ぼす可能性がある要因を**剰余変数**と呼ぶ。共変関係から推測される④の可能性は，第三の変数が剰余変数として従属変数に影響を与えている場合である。実験が優れているのは，この剰余変数の影響をコントロールできるような状況を構成できるからである。

6-2　剰余変数のコントロール

　前述のように，「緑茶を飲む頻度」と「コレステロール値」を同時に調べるこ

とによって両者に相関関係が認められたとしても，「緑茶がコレステロール値を下げる」という因果関係を強く主張することはできない。たとえば，「日本食を食べる頻度」という第三の変数が緑茶を飲む頻度を高め，一方でコレステロール値を減らしている可能性も否定できないからである。

表6-1　剰余変数のコントロールの仕方

統計的コントロール（共分散分析：7章参照）
実験的コントロール
実験状況のコントロール
直接的コントロール
マッチング
個人差変数のコントロール（参加者間計画）
組織的配分（マッチング）
無作為割りあて（ランダム配置）
個人内変数のコントロール（参加者内計画）
カウンターバランス
無作為化

　剰余変数をコントロールする方法（表6-1）を，緑茶を飲むことでコレステロール値が低下するかどうかを確認する架空の実験で考えてみよう。この実験では，緑茶の摂取が原因としての独立変数，コレステロール値が結果としての従属変数となる。独立変数を操作するために，半数の実験参加者には毎日決まった量の緑茶を飲んでもらい，半数の参加者にはとくに教示を与えない。この場合，原因となる要因を操作した前者を**実験条件**（**実験群**）と呼び，操作をしない後者を**統制条件**（**統制群**）と呼ぶ。そして，一定期間をおいて実験群と統制群のコレステロール値を比較する。このように，異なる参加者のグループに異なる独立変数の操作を行って，従属変数をグループ間で比較する実験計画を「**参加者間計画**」と呼ぶ。こうした実験で，実験群のほうがコレステロール値が低いという共変関係が得られれば，緑茶の摂取はコレステロール値の測定に先行しているので「時間的順序」も保証されており，緑茶がコレステロール値を低下させるという因果関係の蓋然性が高まる。ただし，たとえば同一の実験室を使用できないなど，同じ手続きで実行できない場合，条件間で使用する実験室に偏りが生じないような対応づけ（マッチング）をする。

6-2-1　直接的コントロール

　実験条件と統制条件の従属変数の差異が，剰余変数によるものではないことを主張するためには，独立変数以外の要因について条件間に差異がないこと（等質性）を保証する必要がある。これを実現するための基本的方法は，独立変数の操作以外の実験手続きを条件間で全て一定にすることである。このような

方法は「直接的コントロール」と呼ばれ，実験を実施する際の暗黙の前提である。緑茶の研究では，教示を行う実験者，説明の仕方，コレステロール値の測定までの期間などを条件間で全て同じにする。

6-2-2　無作為割りあて

「日本食を食べる頻度」についても，実験群と統制群にまったく同じ食事を食べてもらうことで直接的コントロールを行うことが可能であるが，現実的には困難である。そこで用いられるのが，実験参加者の**無作為割りあて（ランダム配置）**である。私たちは，さまざまな要因（食べ物の好みや食事量など）に関して他の人と異なっている。このような要因を**個人差変数**と呼ぶ。無作為割りあては，独立変数の操作とは関係なく，参加者を実験条件もしくは統制条件に無作為（ランダム）に割りあてることによって，個人差変数の影響が条件間で確率的に等しくなることを期待する方法である。無作為割りあての優れている点は，研究者が剰余変数として事前に想定していない個人差変数も含めてコントロールできることにある。緑茶の実験で無作為割りあてが採用されれば，「日本食を食べる頻度」だけでなく「食べ物の好み」や「食事量」についても，従属変数に及ぼす影響が条件間で等しいと仮定することができる。

6-2-3　組織的配分

従属変数に重大な影響をもたらす個人差変数がすでに明らかな場合，この要因の影響が等しくなるように，条件間で個人差変数を対応させる方法が採用されることもある。これを**組織的配分（マッチング）**という。たとえば，コレステロール値と年齢の間に関係があることがわかっていれば，実験参加者の年齢をあらかじめ調べておいて，同じ年齢のペアを無作為に各条件に割りあてる。このような方法は，「対等価法」と呼ばれ，コントロールの程度は高いが，問題となる個人差変数について等しい参加者を見つけることが実際には難しい。そのため，条件間で個人差変数の平均値を一致させる「平均値等価法」などの代替法が用いられることもある。

6-2-4 参加者内計画

　個人差変数をコントロールするもう一つの方法は「参加者内計画」である。この場合は，1人の実験参加者が実験条件と統制条件の両方に参加する。この手続きによって，個人差変数が剰余変数として働く可能性は少なくなる。ただし，実際には別の剰余変数が発生してしまうこともある。

　たとえば他者が存在する状況で課題遂行が促進されるかどうかを明らかにするために，他者と一緒に課題を行う実験条件と，課題を一人で行う統制条件を比較する実験を実施するとしよう。この場合，全ての参加者が両方の条件で課題を行うようにすれば，参加者の能力や動機づけといった個人差変数は条件間でまったく同じとなり，コントロールできる。しかし，実施順序という別の剰余変数が発生する。すなわち，一人が二つの条件に同時に参加することはできないので，当然，順番に参加することになる。この場合，「練習効果」によって，後に行った条件のほうが成績がよくなる可能性がある。逆に，参加者の「疲れ」や「飽き」によって，後に行った条件のほうが成績が悪くなる可能性も考えられる。このような時間経過に伴う剰余変数をコントロールするために，半数の参加者には先に実験条件を，残りの半数の参加者には先に統制条件を実施することによって，条件間のバランスを取る方法（カウンターバランス）や，条件の順番を無作為に決定する方法（無作為化）が採用される。

　社会心理学の実験では，できるだけ本来の実験目的を意識させないような状況を構成して，これをカバー・ストーリーとして提示する（8-2 参照）。独立変数の操作の仕方や従属変数の測定方法にも工夫が凝らされる。参加者に同じような状況を繰り返し経験させることは，カバー・ストーリーの信憑性に影響を与え，実験目的に対する参加者の憶測や疑念を生じさせる可能性がある（7-1 参照）。このため，参加者間計画を採用することが望ましい場合が多い。

6-3　社会心理学における実験の実際

　これまで説明してきた実験の基本的過程を，具体的な実験を例にして見てみよう。ここでは，認知的不協和理論に基づいて行われた多くの実験研究の中から，代表的な研究である Festinger & Carlsmith（1959）の実験を取りあげる。

102   6 実験法の基礎

この実験の目的は，自分の態度に反する行動をするように誘導されると，その行動の方向に態度が変化することを明らかにすることであった。実験の手続きと結果の概要は以下の通りである。

6-3-1　実験手続き

まず，「課題遂行についての諸測度」を調べることが研究目的であることにして，スタンフォード大学の男子学生から実験参加者を募った。〈実験〉（以下，山括弧〈 〉内はこの反復作業を指すこととする）では，退屈な反復作業（糸巻きをトレイの上に載せては降ろす，板についている多数のネジを 90 度回転させてはもとに戻す）を 1 時間にわたって行わせた。「統制条件」の参加者はこの直後，自分が参加した〈実験〉の面白さなどを評価するように求められた。一方，二つの実験条件の参加者は，実験者からおおよそ以下のような依頼を受け，全員がこれを承諾した。

　　「実験の条件設定の都合上，次の実験参加者に〈実験〉について事前にある期待をもってもらうため「実験が面白い」ことを告げる必要がある。これを行う予定になっていた実験協力者が急に来られなくなったため，代わりに別室で待機している女性に対して，「実験が面白い」ことを話してほしい。」

なお，協力の報酬として 1 ドル（以下，「1 ドル条件」），または，20 ドル（以下，「20 ドル条件」）が約束された。報酬が支払われた後，参加者は，別室の女性参加者（実際には実験協力者）に対して，これから行う実験が面白いということを実際に話した。この後で，統制条件と同様に〈実験〉に対する評価が求められた。

6-3-2　結果の概要

この結果，〈実験〉の評価の一つである面白さの評定平均値は，統制条件が −0.45，1 ドル条件が ＋1.35，20 ドル条件が −0.05 であった。統制条件と比較して，1 ドル条件は〈実験〉に対する評価が高かった。一方，20 ドル条件は統制条件と同じ程度であった。

この実験を，前述した実験法の詳細に照らして見ると，次のようになる。

6-3 社会心理学における実験の実際 103

心理的構成概念 「認知的不協和」は，個人の心の中に矛盾する二つの認知が存在する時に生じると仮定された心理的構成概念である。「認知的不協和」は，個人にとって不快な状態であり，それを避けるように動機づけられることが仮定されている。

実験計画 独立変数として操作する対象を「要因」，要因内で操作される独立変数の値を「水準」と呼ぶ。この実験では「要因」は認知的不協和の大きさであり，三つの「水準」で操作が行われている。統制条件は認知的不協和が存在しない条件，20 ドル条件は不協和が小さい条件，1 ドル条件は不協和が大きい条件として設定されている。実験参加者は三つの条件のいずれかに割りあてられるため，1 要因 3 水準の参加者間実験計画となる。従属変数は，〈実験〉に対する態度である。

仮　　説 認知的不協和が大きいほど，その低減のために態度変化が生じるという仮説のもとで，1 ドル条件が最も態度変化が大きいことを予測している。つまり，つまらない〈実験〉への態度を，自分の行動（「面白い」という発言）の方向に変えることによって，認知的不協和の低減が行われると予想している。

統制条件の設定　この研究の仮説は，認知的不協和の低減に伴う態度変化に関するものである。その変化の比較基準として統制条件を設定していることを，Festinger & Carlsmith（1959）は論文中で以下のように明確に述べている。
　　「全ての比較において，統制条件を他の二つの条件の結果を評価するためのベースラインと考えるべきである。統制条件は，本質的に，認知的不協和の誘導を行わない場合の，実験参加者の課題に対する反応と，偽りの説明をした実験に対する評価を教えてくれる」（p. 207）。
　1 ドル条件の作業に対する評価は +1.35 であり，0（どちらでもない）と比較すると仮説の方向に評価している。しかし，この比較では，1 ドル条件の評価が態度変化によるものかどうかは必ずしも明確でない。参加者は，実験者に対して作業を否定的に評価することを遠慮したのかもしれないし，実験者が想定していたよりも作業を面白いと感じたのかもしれない。ほとんどの心理的尺度に

おいて0という数値は絶対的な基準としての意味をもたない。このような理由からも，実験計画として比較基準となる統制条件を設定することが必要となる。

　統制群を設ける代わりに，1ドル条件と20ドル条件の参加者に〈実験〉終了直後と不協和操作後にそれぞれ〈実験〉の面白さを尋ねればよいと考えるかもしれない。しかし，同じ質問を繰り返し尋ねることによって，参加者が実験自体に疑問を抱くかもしれない。また，最初の評価を変えることに抵抗を感じて，後の評価が最初の評価の方向に歪められてしまうことも予想される。このため，Festinger らの実験のような統制群を設けることが望ましい。

　直接的コントロール　Festinger & Carlsmith (1959) は，「態度変化によって認知的不協和の低減が行われる」という予測を，コントロールされた実験で検証することを研究目的としている。日常の態度変化は，認知的不協和の低減以外にもさまざまな理由で生じるので，認知的不協和の低減によって確かに態度変化が生じることを確認する必要がある。この場合，従属変数として測定された態度変化が認知的不協和以外の要因によるものでないことを保証する手続きが必要となる。

　さらに，実験状況に付随するさまざまな要因が従属変数に影響を与える可能性がある。たとえば，実験室の居心地のよさが〈実験〉の評価に影響を及ぼすかもしれない。実験者の依頼の仕方や別室の女性実験協力者の態度によっては，参加者が〈実験〉が面白いことを説明する時に熱心になり，それが不協和を大きくする可能性もある。このような剰余変数の影響をコントロールするためには，全ての条件に対して，同じ実験室，同じ実験者，同じ実験協力者のもとで，あらかじめ決められた手続きに従って実施することが必要となる。これによって，実験状況に付随する剰余変数の影響を条件間で一定にすることができる。

　無作為割りあて　それぞれの参加者は，一般的な評価の厳しさ，単純作業に対する飽きやすさ，実験当日の体調など，従属変数に影響を与える可能性がある個人差変数において異なっている。このような剰余変数の影響は，参加者を三つの条件に無作為に割りあてることによってコントロールできる。

6-4 実験の妥当性の問題

6-4-1 内的妥当性と外的妥当性

優れた実験とは，得られた結果によって，最初に立てた仮説の真偽を強く推定できる実験である。緑茶の実験で言えば，統制群と実験群に差異が認められた場合に，「緑茶がコレステロール値を下げる効果がある」と強く推測できる実験こそが優れた実験と言える。

優れた実験かどうかは，①**内的妥当性**，②**外的妥当性**，③**構成概念妥当性**，という三つの基準に基づいて評価される（高野・岡，2004）。

内的妥当性とは，従属変数として測定された結果が，独立変数だけを原因としている程度と定義される。実験の場合は，操作を意図した変数以外に条件間の差異を引き起こす要因が存在しないか，つまり得られた結果に対して仮説以外の**別解釈の可能性**の余地が存在しないか，という問題である。内的妥当性が脅かされる状況では，従属変数が独立変数以外の**剰余変数**によって影響を受ける可能性が指摘される。剰余変数をコントロールする手続きは全て，実験の内的妥当性を高めることに寄与する。

外的妥当性とは，実験結果が実験参加者や実験状況を越えて一般化できる程度と定義される。まず，参加者をめぐる一般化は，実験に参加していない人たちに対しても結果を一般化できるかという問題，たとえば「男性では仮説通りの結果が得られたが，女性でも同じ結果が得られるのだろうか」といった疑問と対応する。この場合，外的妥当性を高めるためには，単純に参加者の数を増やすだけでは不十分である。

たとえば，Festinger & Carlsmith（1959）の参加者は男子大学生であったが，男性参加者の数を増やしても結果を女性に対して一般化できない。外的妥当性を高めるには，実験仮説が想定する対象，すなわち結果を一般化したい対象が誰かを考慮して，仮説の対象の集団（**母集団**）を代表する人たちに実験に参加してもらうことが必要となる。参加者が母集団を代表していることを保証する手続きは，母集団からの無作為抽出である（10章参照）。この手続きは調査研究において重視されるが，実験研究においては現実的な制約やコストの大きさから

困難であることが多いため，実際には参加可能な集団に依頼せざるを得ない。しかし外的妥当性を考慮すると問題である。なお，参加者を無作為に選択することと実験条件に無作為に割りあてることは，前者は外的妥当性，後者は内的妥当性を高める手続きであり，妥当性という観点から意味が異なる。

　実験状況をめぐる一般化は，人工的な実験状況を越えてさまざまな異なる状況に結果を一般化できるかという問題，たとえば「実験室の中での行動が，日常場面でも同じように見られるのだろうか」といった疑問と対応する。

　コントロールされた状況を構成して実験を行う理由は，日常的な状況では行動に影響を及ぼす要因が無数に存在しており，行動を観察するだけでは，その原因となる要因を検出することが困難だからである。独立変数以外の剰余変数の影響を一定にした実験状況を構成することによって内的妥当性を高めると同時に，独立変数としての要因の因果的影響が検出しやすくなる（コラム9参照）。その一方で，参加者の特性を限定したり，実験状況を固定することは，実験の外的妥当性を損なうことになる。このように，実験研究では，外的妥当性がある程度制限されることはやむを得ない。しかし，結果の一般化可能性については，複数の実験を通して検討していくことができる。たとえ異なる実験参加者や状況に関して同様の因果関係が確認されなくても，それが結果を左右する別の変数（調整変数：7章参照）の発見につながり，理論の適用範囲が明確になることによって精緻化されていくことになる。

6-4-2　構成概念妥当性の検討

　1章で説明されたように，社会心理学の研究では，攻撃性，認知的不協和，自尊心など，心理的構成概念を用いて現象を説明することが多い。この場合，その構成概念が「経験の世界」における現象と対応しているかどうかが問われることになる。

　Festinger & Carlsmith（1959）の実験では，退屈な作業を行わせた後に「実験が面白いものだった」と他者に説明させる操作と，認知的不協和の生起を対応づけている。また，その説明に対して支払う報酬の額を，認知的不協和の大きさと対応づけている。さらにFestingerらは認知的不協和理論に基づいて，以下の四つの仮定（推論）を置いている。

6-4 実験の妥当性の問題　　107

「X」という意見をもっている人が何らかの圧力のために「X ではない」と他者に話した場合,

① 「X であると信じている」という知識と,「X ではないと他者に話した」という知識は, 心理的に一致しない。すなわち, 不協和 (dissonant) な関係にある。

② 「X でないと他者に話した」という知識と「何らかの理由, 圧力, 報酬, 罰が存在する」という認知要素は一致している。すなわち, 協和 (consonant) な関係にある。

③ 不協和を評価する時, 不協和的要素と協和的要素の割合を考慮する。そのため,「X でない」と言わせるための報酬や罰の量が増えたり, 報酬や罰の重要性が高まったりすると, 不協和は小さくなる。

④ 不協和を低減する一つの方法は, 自分が話した方向へ態度を変化させることである。不協和低減への圧力は不協和の大きさによるので, 報酬や罰が十分でない場合に態度変化が大きくなる。

Festinger らは④に示されている通り「認知的不協和の大きさに伴う態度変化」を仮説としているが, 生起する認知的不協和の大きさと実験手続きにおける報酬額の操作の対応づけの根拠が①から③によって与えられている。このような対応づけを保証する仮説は「**補助仮説**」と呼ばれる。構成概念妥当性は, この補助仮説の妥当性と直接結びついている。

補助仮説も検証すべき仮説であるが, そのためには別の研究が必要となる。ただし, 実験操作が独立変数の心理的構成概念に対応しているかどうかを, 実験参加者の内省報告などに基づいて確認することはできる。実験操作が参加者に対して実験者が意図する影響をもたらしているかどうかを確認する手続きは, 一般に**操作チェック** (manipulation check) と呼ばれる。

仮説通りの結果が得られれば, 補助仮説を含めた仮説群が支持されたことになる。Festinger らの研究においては, 20 ドル条件よりも 1 ドル条件で実験の面白さを高く評価したという結果は, 報酬の額と不協和の大きさを対応させた補助仮説の妥当性を支持している。構成概念妥当性は, 複数の実験において心理的構成概念に対応する個々の操作や測定を繰り返し用いて, 仮説を支持するような結果を積み重ねていく中で次第に高められていく。

コラム 8　誕生 60 年を迎えた認知的不協和理論

安藤清志

　Festinger の著書『認知的不協和の理論』が出版されたのは 1957 年である。これを理論誕生の年とすると，既に 60 年が経過していることになる。社会心理学の理論は数多いが，これほど長い期間にわたって新たな研究を生み出し，批判も含めていろいろな意味で話題にされてきた理論は他にないと言ってよいだろう（Cooper, 2007）。

　6 章で取りあげられている Festinger & Carlsmith（1959）の研究は，態度に反する行動を取ることによって生じる態度変化の問題を扱ったもので，「誘導的承諾（induced compliance）」と呼ばれる。これは，認知的不協和理論に関する研究の中で最も多くの研究を生み出した，いわば「基本型」であり，以後，6 章で紹介されているような巧妙な実験室実験が次々と行われることとなった。

　他にも，認知的不協和理論から導かれる仮説を検証するための研究が 1960 年代から 1970 年代にかけて大きな流れを作った。たとえば，目標を達成するために努力をする（多くの時間や金銭を費やす，困難な課題を行う，など）ように誘導されると，その目標を高く評価するようになる（努力の正当化），複数の選択肢から一つを選択すると，その後，選択した選択肢の魅力が高まる一方で選択しなかった選択肢の魅力は低下する（決定後の不協和），行動と協和な情報には積極的に接触する一方で不協和な情報を回避する（情報への選択的接触），信念と現実の間に生じた不協和が解消困難な場合，信念を支持する情報に積極的に接触しようとする（Festinger, Riecken, & Schachter, 1956）などである。その後，帰属理論の発展に伴い相対的に影が薄くなった感は否めないが，社会心理学の研究動向や社会の変化に影響を受けながら，新しい研究を生み出し続けている。以下，相互に関連する三つのトピックについて見てみよう。

　偽善者パラダイム　長い間，自らの態度に反する行動を取ることが不協和を導くと考えられてきたが，1990 年代に入って，態度と一致した行動でも不協和が生起する可能性が指摘されるようになった（Stone & Fernandez, 2008）。たとえば，省エネ行動は，ほとんどの人が望ましいと考えているが，実際には「面倒」，「時間がない」，「当面の快適さを失う」などの理由で実行が困難なことも多い。したがって，ある人が省エネ行動の実行を促す運動に参加したとすると，それは態度とは合致しているが，「自分は省エネ行動を行っていない」という認知要素と不協和な関係となる。それゆえ，その人は「偽善者」になるのを避けるために省エネ行動を実行する可能性が高まる。

　代理不協和　誘導的承諾は，態度に反する行動を取った人が不協和を経験すること

コラム8 誕生60年を迎えた認知的不協和理論　　109

が仮定されているわけだが，それを観察する他者も同じように不協和を経験する可能性がある（Cooper & Hogg, 2007；Norton, Monin, Cooper, & Hogg, 2003）。たとえばNorton *et al.*（2003）は大学生の実験参加者に，「別の参加者」が依頼を受けて学費値上げに賛成する発言をしている録音テープを聞かせた。このテープからは，「別の参加者」が実際には値上げに反対していることもわかるようになっていた。この後，値上げに対する参加者の態度を測定したところ，「別の参加者」が自分と同じ学生寮に住んでいると言われた条件のほうが，別の学生寮に住んでいると言われる条件よりも，値上げに好意的な態度を示していた。つまり，内集団メンバーの反態度的行動に接した人も同じように認知的不協和（代理不協和）を経験し，それに伴う態度変化を示したことになる。こうした代理不協和は，誘導的承諾だけでなく偽善者パラダイムに関しても生じることが明らかにされている。認知的不協和理論は主として個人の認知と行動の問題を扱ってきたが，代理不協和の研究はこれを社会的文脈へと広げる重要な切り口となっている。

自己概念と認知的不協和　従来から，認知的不協和の生起には自己概念が密接に関わっていることが指摘されてきた（Greenwald & Ronis, 1978）が，近年の文化心理学の発展の中で，再び両者の関係が注目されるようになった（Hoshino-Browne, Zanna, Spencer, Zanna, Kitayama, & Lackenbauer, 2005；Kitayama, Snibbe, Markus, & Suzuki, 2004）。たとえば，Markus & Kitayama（1991）は，北米では相互独立的自己観，東洋では相互協調的自己観が優勢であることを主張したが，このような自己概念の相違があるとしたら，それが不協和の発生の仕方に影響を及ぼす可能性がある。Kitayama *et al.*（2004）は，「決定後の不協和」パラダイムを用いて，この問題を検討した。日本人大学生と米国人大学生に10枚のCDを好みの順に並べてもらった後で，そのうちの2枚（5位と6位）のCDを提示し，ほしいほうを選ばせ，次に，再度10枚のCDの順位づけをしてもらった。この手続きによって，選択されたCDと選択されなかったCDの順位の変化がわかる。その結果，日本人の場合にはポスター条件（顔の略画が九つ描かれているポスターを参加者の眼前に置く）でのみ，顕著な不協和効果（2枚のCDの好みの違いが大きくなる）が生じ，アメリカ人の場合には，逆に，統制条件（ポスターなし）で不協和効果が生じた。これは，日本人では他者の目から見た自己が重要であることから，ポスター条件で不協和が発生したのに対し，アメリカ人では，対人的文脈から切り離された状況で「優れた選択をする自己」を問題とするために統制条件で不協和が発生したと解釈されている。

最近の認知的不協和理論研究の広がりについて見てきたが，これらは他の研究領域や実践的問題と密接に関連しているため，今後も活発に研究が行われることになるだろう。

コラム9　t検定と分散分析

伊藤忠弘

　実験において独立変数と従属変数の因果関係を検討するために統計的検定を行う。参加者間要因で無作為に割りあてた実験群と統制群の2群の比較においてはt検定，1要因で3水準以上あるいは2要因以上の実験計画の場合には分散分析を用いる。

　t検定は2群の母集団が等分散で，かつ正規分布しているという前提をおいて行われる。用いられる検定統計量tは，［標本平均値の差（実験群と統制群の平均値の差）／標本平均値の差の「標準誤差の推定量」］である。ここで

$$標本平均値の差の「標準誤差の推定量」＝「群内標準偏差の推定量」\times \sqrt{\frac{1}{n_1}+\frac{1}{n_2}}$$

$$t = \frac{標本平均値の差}{群内標準偏差の推定量} \times \sqrt{\frac{n_1 n_2}{n_1+n_2}} \quad \cdots\cdots ① \quad (n_1,\ n_2：各条件の参加者数)$$

と表すことができる（「群内標準偏差の推定量」も2群の標準偏差に基づき計算可能）。この［標本平均値の差／群内標準偏差の推定量］は効果量と呼ばれる。

　分散分析も各水準の母集団が等分散で，かつ正規分布しているという前提で行う。「平方和の分割」と呼ばれる計算上の特性から，従属変数の変動（平方和）を，独立変数によって説明できる部分とできない部分（誤差）に分けて考えると，［全体の平方和＝群間平方和＋群内平方和］が成立する。これを視覚的に表すと，図のようになる（1要因3水準，1条件につき5名の実験参加者による測定値に基づく）。

図　架空の実験データにおける平方和の分割

コラム9 t検定と分散分析　　　　　111

　[群間平方和／全体の平方和] は要因の分散説明率であり，要因の因果的影響の強さを表す指標として用いられる。検定統計量 F は，

$$F = \frac{群間平方和 \div (a-1)}{群内平方和 \div (N-a)} = \frac{群間平方和}{群内平方和} \times \frac{N-a}{a-1} \quad (a：水準数, N：参加者数) \cdots\cdots②$$

と表される。ここに表されている変数は分散分析表の中に記される（表）。

表　架空の実験データにおける分散分析表

変動要因	自由度	平方和	平均平方	F値
要　因	2	70	35	19.13
残　差	12	22	1.83	
全　体	14	92		

平均平方は [平方和／自由度]，②の分子と分母に一致。

　2群の母平均が等しい（t検定），もしくは全ての水準の母平均が等しい（分散分析）という帰無仮説が支持される時，t値は自由度が n_1+n_2-2 の t分布に，F値は自由度が $a-1$，$N-a$ の F分布に従うとされ，これに基づいて有意性の検定が行われる。

　①と②の式を比較してみると共通点が二つある。まず検定統計量と効果量について，「検定統計量＝効果量×標本の大きさ」という関係で記述されている。検定統計量が大きくなる，すなわち有意な結果が得られるケースは，効果量が大きい時あるいは標本の数が多い時であることがわかる。言い換えれば，統計的に有意な結果が得られることと，その効果（独立変数が従属変数に及ぼす影響）が大きいことは区別される。

　また効果量として，[標本平均値の差／群内標準偏差の推定量]（t検定），あるいは，[群間平方和／群内平方和]（分散分析）というように，いずれも「独立変数の影響」と「独立変数以外の要因（個人差要因や実験操作以外の状況要因：誤差要因）の影響」の比を計算している。実際，t分布に従う統計量を2乗したものは，分子の自由度が1で分母の自由度が t分布の自由度に等しい F分布に従うことが証明されており，F統計量を用いた検定は t検定量を用いた検定を包含すると考えられる（南風原，2002）。

　実験の目的は因果関係の存在を確認することにあるので，効果量が十分な大きさになるような実験計画を構成することが重要である。私たちの行動は多くの要因によって影響を受けているため，従属変数の指標によっては参加者の分散が大きくなることが予想される。この場合，十分な効果量を得るためには独立変数を強力に操作して，その影響を参加者の群内分散と比して大きくする必要がある。また参加者の群内分散を抑えると効果量が大きくなることからも，実験状況を一定にしたり実験者がコントロールできない要因の影響を小さくしたりすることが重要であることを理解できる。検定の詳細については南風原（2002）などを参照されたい。

コラム 10　実験計画における個人差変数の扱い

伊藤忠弘

　状況要因を独立変数として操作する社会心理学の実験においては，実験参加者のさまざまな個人差（性別や性格，その他参加者が示すあらゆる次元での差異）は誤差要因として扱われることが多い。つまり状況要因の影響を検出しやすくするために，統制すべき対象となる。一方，参加者の個人差が独立変数として組み込まれる実験が計画されることもある。しかし状況要因を操作する代わりに個人差変数を用いることは，剰余変数が混入して因果関係の推定が不確かになるため避けたほうが望ましい。

　教室での着席位置が成績に及ぼす影響を調べる研究を考えてみよう（水原，1984）。着席位置が毎回固定していることに注目して，決まって前方に座る学生と後方に座る学生の成績を比較して前者のほうが成績がよいことがわかったとする。しかしこの結果から「着席場所は成績に影響を及ぼし，前に座ることによって成績がよくなる」とは結論づけられない。着席位置と成績の関係は第三の変数，たとえば学習意欲の違いによって生じたとも考えられる。すなわち学習意欲の強い学生が教室の前方に座り，同時に勉強も熱心に行ったため成績がよかったという別解釈の可能性が残ってしまう。着席場所の成績への影響を調べる実験としては，学生の着席位置を無作為に前方か後方に割りあてることにより学習意欲を含めた全ての個人差変数を統制し，その後の成績を比較する実験が求められる（6章の緑茶の実験と同様）。水原（1984）は，実験者の操作なしに決定している変数を「ひとりでに変動する変数」，実験者が操作する変数を「操作されて変動する変数」と呼んで区別している。「固定した着席場所」という個人差変数は前者，「無作為に割りあてられた着席場所」は後者に対応しており，個人差を独立変数として用いた研究は実験というよりも相関研究と見なされる（7-1-3参照）。

　これに対して，状況要因の操作の代わりとしてではなく，個人差そのものに研究の関心が向けられることもある。「男性と女性では美人のイメージが異なるか」，「一人っ子はきょうだいのいる子と友人関係のもち方が違うか」，「高自尊心者と低自尊心者では親和行動に差があるか」といった研究がその例である。

　このような場合，独立変数となる個人差変数は操作可能性に関連して3種類に分けて考えられる。一つ目は，参加者の性別や国籍，人種など参加者に既に付与されているラベル，あるいは体重や身体的魅力といった物理的特徴など，そもそも操作が不可能な個人差変数である。このような変数を独立変数として扱う実験は，現象を観察し確認するための記述的な研究となる。たとえば「日本人とアメリカ人では対人場面での自己主張的な行動が異なる」ことを確認した後で，行動が異なる理由を心理的構成

概念によって説明する研究へと移行していく。

二つ目は，理論上は操作可能でも現実にはそれが困難な，兄弟の有無，恋愛経験の多少，運動部への入部経験など，参加者の生育史や経験に関わる個人差変数である。このような変数を独立変数として扱う実験は，剰余変数が統制されていないため，相関研究と考えて結果の解釈には慎重を期す必要がある。

三つ目は，パーソナリティや態度，動機など，直接操作できない心理的構成概念である。このような変数を独立変数とした実験では，あらかじめ心理尺度（性格テストや態度尺度）を実施し，参加者を尺度得点に基づいて高得点者，低得点者などに分類して実験に参加させる手続きが一般的に行われる。これを同じ心理的構成概念を状況要因によって間接的に操作する実験と比較してみよう。たとえば「自尊心」という心理的構成概念について，参加者に特性自尊心尺度を事前に実施して高自尊心者と低自尊心者を参加させる実験と，自尊心を高める成功フィードバックを与える条件と自尊心を低める失敗フィードバックを与える条件に参加者を無作為に割りあてる実験が考えられる（図）。両者を比較すると，前者の実験では着席位置の研究と同様に剰余変数の影響を統制できていない可能性が指摘される。「低自尊心者が親和的な行動を取りやすい」という結果が得られても，「自尊心（の低さ）」が行動に影響を与えたのではなく，剰余変数，たとえば「自尊心」と相関の高い「対人不安」が自尊心尺度への回答と行動の双方に影響を及ぼしたという別解釈が考えられる。

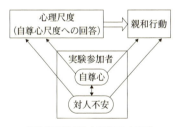 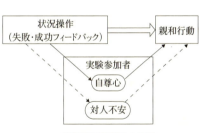

個人差変数を独立変数とした実験
本来「自尊心」と「対人不安」の間に（負の）相関があるため，「対人不安」が自尊心尺度の回答と親和行動に影響を及ぼす可能性の排除が難しい

状況要因を操作した実験
「自尊心」だけを操作するような手続きによって「対人不安」が影響を及ぼしたという解釈を排除しやすい

図　心理的構成概念と剰余変数の影響
⇒ 観察された因果関係，→ 想定される因果関係，→ 統制される因果関係。

どちらの実験においても心理的構成概念を問題としている以上，剰余変数による別解釈を避けるために構成概念妥当性を高める努力が必要であることに違いはない。心理尺度では，たとえば「対人不安」ではなく「自尊心」だけを測定できるように，弁

別的妥当性の高い尺度を開発することが重要となる。状況要因を操作する手続きでは，「対人不安」を変化させることなく「自尊心」だけを操作することが保証されるように操作手続きを洗練化していくことが不可欠である。ただし研究計画として心理的構成概念（たとえば自尊心）を独立変数とする場合に，その心理的構成概念と相関していることが予想される別の構成概念（たとえば対人不安）の影響を排除する手続きとしては，心理尺度を実施して弁別するよりも状況要因の操作を工夫するほうが容易かつ有効である。

　なおパーソナリティ研究として心理尺度で測定される特性の個人差，たとえば「自尊心」ではなく高自尊心者や低自尊心者が示す行動それ自体に研究者の関心がある場合はこの限りではない。とくに状況変数と個人差変数のそれぞれを独立変数として組み込んだ実験計画は，状況変数の因果的影響の一般化可能性を検討できるために非常に重要である（詳細については7章参照）。

7 実験法の発展

工藤恵理子

7-1 要因計画

　ある従属変数に対するある独立変数の効果を検討するという単純なモデルを扱うのであれば，1要因の実験でよい。しかし多くの場合，研究の関心は，変数間のもっと複雑な関係に向けられる。たとえば，説得メッセージの効果の研究を考えてみよう。新たな仮説を検討する中で，「場合によって効果的なメッセージは異なるのではないか」というアイデアが出てきたとしたら，単純に説得メッセージの特徴による効果を検討するだけでは不十分である。

　「場合によって効果的なメッセージは異なる」というアイデアを実験計画の俎上に載せるためには，漠然と「場合によって違う」と考えるのではなく，「あるメッセージがどのような場合に効果的であるのか」ということについての仮説を立てなくてはならない。そこで，ここでは「不安を喚起する説得メッセージは，メッセージの受け手がその問題に関与（自分自身に対する関わり）をもたない場合に比べて関与をもつ場合に効果的である」という仮説を立てた場合を想定して説明を進める。この仮説の検証においては，説得メッセージの不安喚起の効果と受け手の関与の効果だけでなく，両者の組み合わせの効果を検討しなくてはならない。つまり，メッセージによる不安喚起と受け手の関与の効果が組み合わされたとき，それらの加算的効果（単純にメッセージによる不安喚起の効果と受け手の関与の効果を合計した効果）以上の効果が起こるのかどうかを検討しなくてはならない。そのためにはどのような実験を計画すればよいだろうか。

　たとえば，環境破壊につながる合成洗剤の使用をやめさせようとする説得メッセージを用いるとしよう。メッセージの内容が自分に強く関係するほうが，受け手は関与をもつと考えられる。そこで，説得メッセージに対する受け手の関与を，合成洗剤使用によって日本の環境破壊が進んでいることを訴えるメッ

セージ（たとえば，「日本の自然が危機に瀕しています」）と，他の国における環境破壊が進んでいることを訴えるメッセージ（たとえば，「インドの自然が危機に瀕しています」）によって操作するとしよう。さらに不安喚起は，このまま環境破壊が続いた時に引き起こされる様子を表す非常に悲惨な光景を写した写真（たとえば，汚染された河や海の写真。できるだけインパクトが強く，環境が汚染されていることがはっきりとわかるような写真が望ましい）とそうでないもの（たとえば，きれいな河や海の写真）を2種類作成することで操作することにする。ここで，両者の効果の組み合わせの効果を検討するためには，以下のような4種類の実験刺激を作成することになる。関与の高い日本の環境破壊を訴えるメッセージに不安喚起の写真をつけた［高関与・高不安］メッセージ，日本の環境破壊を訴えるメッセージに不安を喚起しない写真をつけた［高関与・低不安］メッセージ，外国の環境破壊を訴えるメッセージに不安を喚起する写真をつけた［低関与・高不安］メッセージ，そして外国の環境破壊を訴えるメッセージに不安を喚起しない写真をつけた［低関与・低不安］メッセージである。実験参加者をそれぞれのメッセージ条件に無作為に割りあて，それらのメッセージを読ませ，その後，合成洗剤の使用に対する態度を従属変数として測定する（たとえば，合成洗剤の使用に非常に賛成である（1）〜非常に反対である（7）というような7件法で回答を求める）。

　このように，複数の独立変数を別々にではなく，それらが合わさって働くことを検討しようとする場合に用いられる計画が，要因計画（factorial design）である。要因計画においては，全ての独立変数の全ての水準の全ての組み合わせが検討されることになる。つまり，たとえば片方が2水準で他方が3水準の二つの要因の独立変数を含んでいる場合は，6セルの計画ということになる。そして，そのような全ての組み合わせの条件のセルに実験参加者を無作為に割りあてる実験計画を完全無作為計画と呼ぶ。このように独立変数とその水準を掛け合わせる場合，その数に制限はないが，あまりに要因や水準の数が多い複雑な要因計画は避けたほうがよい。ここでは，最も単純な二つの2水準の独立変数からなる2×2の要因計画を中心に検討していく。つまり，完全無作為2要因計画である。また，この計画では二つの要因はどちらも参加者間で操作され，1人の参加者はある一つの条件にのみ割りあてられているので参加者間計画で

7-1 要因計画　　　117

ある。これに対して，1人の参加者が複数の条件に割りあてられる場合を参加者内計画と呼ぶが，これについては後述する。

7-1-1　2要因計画（参加者間計画）

　1要因の実験と比べて要因計画の実験が優れている第一の点は，独立変数の個々の効果だけでなく，複数の独立変数が組み合わさった効果を検討できる点にある。ある独立変数が従属変数に及ぼす効果は主効果と呼ばれる。独立変数が二つあった場合，それらは従属変数に加算的に働くかもしれないが，それだけでなく，組み合わせによる効果も存在するかもしれない。先の例で言えば，不安喚起が高いほうがメッセージはより説得的であるかもしれないし，受け手の関与が高ければメッセージはより説得的である（言い換えると，不安を喚起するメッセージのほうが説得効果をもち，関与が高い人に対してメッセージを与えたほうが説得効果をもつ）かもしれない。これらは，それぞれの独立変数が単独に従属変数に効果をもつことを意味し，それぞれの主効果の存在を意味する。

　しかし，要因計画においては，それだけでなく，その二つの独立変数が組み合わさった効果が検討できる。つまり，高い不安を喚起するメッセージが高い関与と組み合わされた場合と低い関与と組み合わされた場合とで，説得の効果に違いがあるのかどうか，同様に，低い不安を喚起するメッセージが高い関与と組み合わされた場合と低い関与と組み合わされた場合とで，説得の効果に違いがあるのかどうかが検討できるのである。このような独立変数の各水準どうしの組み合わせによる効果に，主効果の加算的な効果では説明できない効果があった場合，組み合わせの効果が存在することになり，この効果を交互作用効果（あるいは「交互作用」）と呼ぶ。

　この交互作用効果の有無を検討するためには分散分析が用いられる。6章では，1要因の実験計画における主効果の求め方を説明した。分析の基本的考え方はここでも同じである。検討したい効果（主効果および交互作用効果）が，誤差（残差とも呼ぶ）による効果よりも大きいかどうかを検討することになる。

　得られた全データのばらつきである全平方和を誤差の平方和とそれ以外の効果（実験で操作している効果）の平方和に分割すると，2×2の要因計画の場合は，全体の平方和は以下のように分割される。

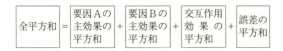

そして，説得メッセージの効果の研究例にあてはめてみると次のようになる。

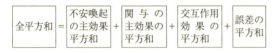

　全平方和，不安喚起の主効果の平方和，関与の主効果の平方和，誤差の平方和の求め方は，基本的に一要因の分散分析と同じである（ただしここでは，各条件に配置された実験参加者の数は等しいと仮定する）。片方の要因の主効果の平方和を計算する場合は，もう一方の要因がないものとして計算していることになる。

　交互作用効果は，主効果では説明できない組み合わせの効果であるので，その平方和は，各条件のばらつきから主効果によって説明できる部分を除いたものとなる。つまり，四つの条件それぞれの平均が全体の平均からどれくらい離れているかを計算し，そのばらつきから，先に計算した二つの主効果を除いたものとして計算される（具体的には図7-1を参照）。

　分散分析においては，各効果の大きさ（有意か否か）を検定するために F 検定を行い，上記のように求めた平方和を自由度で割った平均平方に関して，各効果と誤差の相対的大きさを検討する。当然，誤差が小さいほうが効果は大きくなりやすい。実験参加者の個人差が現れにくい場合は誤差は小さくなるが，全平方和から検討する効果を除いた残りが誤差の平方和と定義されているため，要因計画により交互作用効果を検討することで，誤差は小さくなりやすいことになる（もちろん，要因を増やしても誤差は小さくなりやすいことになるが，必要のない要因を増加することには意味がない）。以後本章で主効果，あるいは交互作用効果があるあるいはあったと書かれている場合は，有意な効果があるまたはあったということを意味している。

7-1-2　交互作用効果の種類

　交互作用効果には大きく分けて二つの種類がある。各条件の平均値を線で結んだグラフを作成すると，交互作用効果は非平行な線として表される。ただし，

7-1 要因計画　119

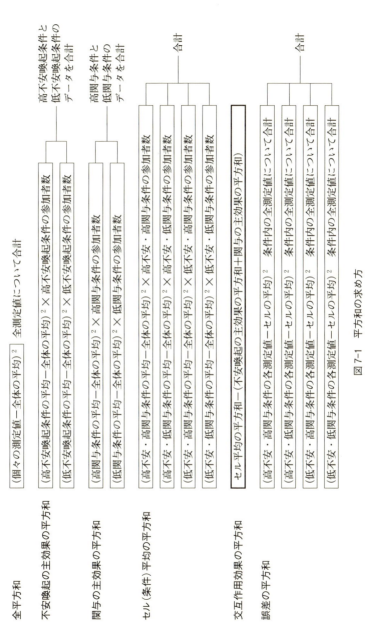

図7-1　平方和の求め方

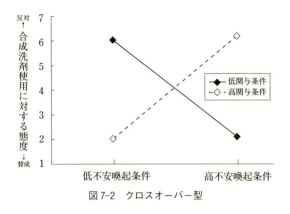

図7-2 クロスオーバー型

平行でないことが有意な交互作用効果があることを意味する訳ではない。また，非平行な中にも図7-2～図7-4に示すような三つのパターンが存在することに注意しなくてはならない。

一つは，図7-2のようなパターンであり，クロスオーバー型と呼ばれる。この場合，主効果は存在せず，二つの独立変数の各水準どうしの組み合わせは逆方向に働くことを意味する。この例で言えば，関与が高い場合は不安を喚起するメッセージのほうが効果的であるが関与が低い場合は不安を喚起しないメッセージのほうが効果的であるということになり，効果的な不安喚起の程度が関与の高低によって逆になっている。もし，要因計画に基づいた分析をして，交互作用効果の検討をしなければ，このような結果を得た場合，主効果は有意でないため，説得に対して不安の喚起も関与の程度も効果をもたないという誤った結論が導かれることになりかねない。

もう一つは，図7-3に代表されるようなパターンであり，拡散型と呼ばれる。この場合，主効果も同時に認められ，交互作用効果は，その主効果に制限を加えていると解釈できる。つまり，この場合は，不安喚起メッセージはそうでないメッセージより効果的であるのだが，その効果は，関与が低い場合にあてはまり，関与が高い場合には，メッセージの不安喚起の程度による違いはなく，メッセージの不安喚起の効果が受け手の関与の程度によって制限されることを意味している。拡散型の交互作用効果の場合，図7-3のように片方の独立変数の効果は他方の独立変数のある水準でしか認められない場合と，図7-4のように片方の独立変数の効果が他方の独立変数の水準ごとに異なる（片方の水準の時により大きい）場合があり，両者の意味するところは異なってくる。図7-3では，関与が高い場合は，メッセージの不安喚起の程度によって説得の効果は異ならないが，関与が低い場合には，不安を喚起するメッセージのほうがより説得的

であることを意味している。一方，図7-4の場合は，関与が高くても低くても不安を喚起するメッセージのほうがより説得的であるが，その効果は関与が低い場合により顕著であることを意味している。

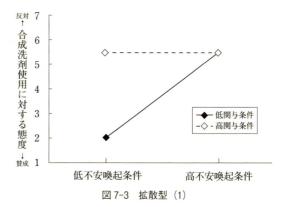

図7-3 拡散型（1）

このように，交互作用効果はパターンによってその意味が異なるため，得られた交互作用効果のパターンを正しく理解することが重要である。そのためには，得られた平均値のパターンを眺めるだけでなく，交互作用効果が有意であった場合は，下位検定を行い，独立変

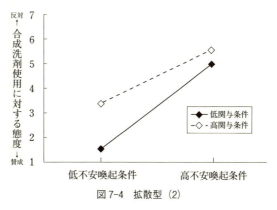

図7-4 拡散型（2）

数の水準間の組み合わせのどこに違いがあるのかを検討することが必要になる。たとえば，図7-3と図7-4の一番の違いは，高関与群において不安喚起の効果が有意となるかどうかということであり，これは下位検定なしには特定できない。

この例の場合は，関与高群と低群の群ごとに，不安喚起の高低による説得力の違いの効果がどのような形で認められるかを検定するわけである。この方法は，単純効果の検定と呼ばれる。この場合，注意しなくてはならないのは，この単純効果の検定では，2群に分けて1要因の分散分析をやりなおすのではなく，2要因で分析をした時の誤差項と自由度を用いる点である。

より一般的に言えば，交互作用効果のパターンを明らかにするということは，

要因 A の水準ごとに要因 B の主効果が認められるかどうか（または，その逆）を検討することである（交互作用効果の検討のより詳しい説明は，山田・村井（2004）を参照）。

7-1-3　操作しない独立変数

交互作用効果には先に述べたような三つのパターンがあるが，多く見られるのは拡散型であろう。そもそも要因計画の実験は，既に認められている（主）効果を制限する条件を示すことを主眼とする場合が多い。理論はその適用範囲を定めることで洗練される側面をもつため，先行研究を踏まえた研究ではこの形の交互作用効果を予測することが多くなる。そのような研究においては，操作された独立変数に加えて，実験参加者の属性や個人差が独立変数として加えられることも多い。たとえば，操作した独立変数と性別を組み合わせる場合や，操作した独立変数と自尊心の高さを組み合わせる場合などである。つまり，すでに確認されている効果が年齢，性別やさまざまな個人差によって制限されるのかを検討するのである（2章参照）。たとえば，全体として見た場合には効果が認められても，性別の効果を検討すると片方の性においてしか効果が認められないという場合もあり得るのである。

しかし，属性や個人差は実験の中で操作されているわけではないため，これらを独立変数とした場合に従属変数との因果関係は曖昧になる場合があることに注意する必要がある（コラム 10 参照）。先の例で，自然破壊の写真を見せる際に，日本のものを見せるか外国のものを見せるかによって参加者の関与を操作するのでなく，参加者の関与を言語尺度（たとえば，環境破壊についての関与の高さの程度を尋ねるなどして）で測定し，その得点により高関与群と低関与群にわけることも可能である。しかし，実験操作によって高関与群と低関与群を設定することと，参加者がもともと有している関与の程度を用いて，関与の高低による群分けをすることは同じではない。元々の関与が高いか低いかということの違いの中には，それ以外のさまざまな要因の違いも含まれている可能性があるので注意しなくてはならない。この場合，関与の高低による効果が認められたとしても，関与そのものが原因と考えるのではなく，関与が高い人と低い人の間にある何らかの違いが原因であると考えるべきである。何らかの違いに関

与も含まれるが，関与以外に違いがある可能性もある。また，参加者の関与の程度を測定する際にはいくつかの注意が必要である。説得メッセージの提示前に関与の程度を測定しておかないと，関与の程度も説得メッセージの影響を受けてしまうため，従属変数との因果関係が定められなくなる。しかし，説得メッセージを提示する直前に関与を尋ねることは，その後の回答に何らかのバイアス（反応の偏りや歪み）を生じさせる可能性も考えられるので，避けたほうがよい。よって，このように個人差を独立変数とする場合は，実験実施より一定期間前に測定しておくことが望ましい。

　ここで注意しなくてはならないのは，実験計画上の要因が全て操作されないまま個人差変数のみを用いている研究は，厳密には実験と呼べないことである。たとえば，参加者の関与の高低により群分けをし，参加者の自尊心の高低で群分けをし，それらを組み合わせれば，見かけ上は関与（高・低）×自尊心（高・低）の要因計画に見えるかもしれないが，このような研究計画によって検討できるのは，因果関係ではなく，関与の高さ，自尊心の高さと従属変数の間の相関関係にすぎない。

7-1-4　共変量のコントロール

　6章で述べたように，実験において参加者は無作為にある条件に割りあてるのが原則である。無作為割りあてにより，条件のセル間に，実験参加者の特徴にシステマティックな違いがなくなることを仮定している（ただし，無作為割りあてをしても，参加者の特定の特徴が実験条件間で偏ることは低い確率で起こり得る）。しかし，従属変数として考えている変数を実験の操作前と操作後に測定することが可能な場合，操作前後の変化を従属変数とすることで操作の効果をより適切に検証できる。たとえば，説得の効果を調べる研究例に戻って考えてみると，もともと合成洗剤の使用に対する参加者の態度はさまざまである。もともと合成洗剤の使用について強い賛成の態度をもつ参加者は，説得メッセージによって態度が多少変化しても，まだ賛成の範囲にとどまるかもしれない。そこで，説得メッセージに接する前後で態度を測定し，その変化を従属変数とすることで，もともとの態度の個人差が消され，効果が検出されやすくなる。

　ただし，このように操作前後の測定の差を用いるためには，操作の前後で同

一の指標による測定が必要になる。実験に参加するかなり前に，それとは知らせずに測定することが可能であれば，同一の指標を使用することは問題がないが，実験の中で同一の指標を繰り返し測定することには問題があることが多い。この例で考えれば，説得メッセージを読む前後でメッセージ内容に直接関係のある態度を尋ねられれば，参加者はメッセージの効果が測定されていることに気づきやすくなるであろう。

　このように操作の前後の変化（測定値の差）を測定することが困難な場合，操作後に測定する従属変数と相関がある測度を用いて，操作前の個人差を測定することができる。この例で言えば，合成洗剤の使用量，あるいは合成洗剤の悪影響に関する知識などが考えられるだろう。このような変数をコントロールして分散分析を行うのが共分散分析であり，コントロールに用いる変数を共変量と呼ぶ。

　共変量として個人差を投入することでその個人差がコントロールされるため，予測している効果が検出されやすくなることがある。その個人差と従属変数が共変する場合，その個人差を共変量とし，コントロールすることで誤差を少なくすることができるからである。ただし，共変量となる変数は，全ての条件において従属変数と同様に関連がなくてはならない。ある条件においてのみ従属変数と強く関連する変数は共変量として用いることはできないので注意が必要である（詳しくは，南風原，2002）。

7-1-5　参加者内計画・混合計画

　実験においては，独立変数の複数の水準が同一の個人に対して設定される場合がある。これを参加者内変数と呼ぶ。具体的には，同一の実験参加者から複数の従属変数を測定する場合である。先の例で言えば，たとえば1人の参加者について環境保護への態度だけではなく，環境保護ボランティアへの参加可能性を尋ね，態度と行動の双方への独立変数の効果を検討する場合が考えられる。要因計画において全ての要因が参加者内で配置されている場合は，参加者内計画と呼び，参加者間変数と参加者内変数が混在する場合は混合計画と呼ぶ。要因計画の中に参加者内変数がある場合でも，データは分散分析によって分析されるのが一般的である。ただし，この場合，1人の参加者から得られた複数の

データが独立ではないことを仮定した分析をする必要がある。

　参加者内計画とするか参加者間計画とするかは，基本的に検証する仮説やモデルによって決めることが望ましい。また，両者にはそれぞれ利点と欠点があるので，これらを考慮することも重要である。ここでは参加者内計画に焦点をあて，その利点と欠点を見ていく。

　参加者内計画の利点は，参加者間計画に比べて実験参加者の数を少なく抑えることができることである。多要因・多水準の実験計画にならざるを得ない場合，参加者間計画では膨大な数の参加者を必要とするが，参加者内計画とすることで，この問題を回避することができる。たとえば，3×2×4の要因計画があったとすると，1条件20人の参加者を配置するためには，24×20＝480人の参加者が必要となる。この要因を全て参加者内とした場合，1条件20人とするためには，20人の参加者がいればよいことになる。さらに，参加者内要因計画では，参加者間計画の時には生じる条件間のデータにおける誤差（個人差）がなくなる。つまり，どの条件も同一の人物からデータを得るため，条件間で生じる個人差による誤差がなくなる。言い換えれば，完全なマッチングが行われた状態と見なすことができる。そのため，参加者間計画に比べて条件ごとに必要な参加者の数は少なくてすむことになる。

　参加者内計画の重大な欠点も，1人の参加者が繰り返してデータを供給することにより発生する。複数の操作を実施し，複数の従属変数を測定するため，その順序が従属変数に影響する可能性が生じる。順序の影響としては，練習や慣れによる効果，先の操作や測定の影響が後続の測定にもち越されてしまうキャリー・オーバー効果などがある。順序の影響はカウンターバランスをすることで相殺可能ではあるが，そのためには実験参加者の数を増やす必要があるし，実験手続き上，順序を入れ替えることが不可能な場合もある。さらに，複数の条件を1人の参加者が体験することにより，実験の構造や目的に気づかれやすくなる。何を測定されているのか参加者が気づくことで，その反応にバイアスがかかることが大いにあり得るため，これは避けなくてはならない。ディセプション（実験参加者に実験の真の目的がわからないように隠すこと：8-5参照）を含んだ実験においてはとくに注意を要する。参加者間計画の場合，参加者は自分の割りあてられた条件しか知らないので，このようなことは起こりにくい。

7-2 調　整

　すでに述べたように，一要因の実験計画においては従属変数に対する独立変数の効果が検討されるのに対して，要因計画の実験計画においては，独立変数と従属変数の関係に関するもう一つの変数の効果を検討することになる。この3番目の変数は，独立変数と従属変数の関係を強めたり，弱めたり，逆転させたりする役割を果たすことがあり，この場合には調整変数（moderator variable）と呼ばれる。2×2の要因計画では二つの独立変数が存在するが，交互作用効果を期待するような場合は，ある独立変数の従属変数に対する効果を調整する変数をもう一つの独立変数としているのである。このような要因計画により，独立変数が従属変数に与える効果が強められたり，弱められたりする場合を特定することができる。

　ここでは，ステレオタイプ使用の研究を例にとって具体的に考えてみよう。否定的ステレオタイプをあてはめて他者を否定的に評価すること（肯定的ステレオタイプをあてはめる場合もあるが，事例としては少ない）を，ステレオタイプ化（stereotyping）と呼ぶ。しかし，ステレオタイプが存在する集団の成員について常にステレオタイプ化が行われるわけではない。ステレオタイプ化を調整する要因が存在するのである。その要因の一つに，自己に対する脅威がある。人は自己評価を維持しようと動機づけられているので，自己に対する脅威があると，自己評価が下がらないように対応すると考えられる。この考えを発展させ，Sinclair & Kunda（2000）は，我々は普段は女性を評価する際に女性ステレオタイプをあてはめないが，女性から否定的に評価されることで自己に脅威が与えられると，「女性は能力が低い」というステレオタイプを用いて，自分に脅威を与えた女性を低く評価することを実験的に示そうとした。この場合，女性に対するステレオタイプ的評価を自己に対する脅威の有無が調整することを示すことになる。そこで，就職面接を模した状況を実験室で作り，実験参加者は就職面接の応募者として地元の会社の人事担当者と称する人物から評価を受けた。別室にいる人事担当者とインターホンを用いた面接の後，参加者はテレビモニターで人事担当者による評価を受けた。参加者は別室にいる人事担当者が話し

ている様子をリアルタイムで見ていると思っていたが，実際には，あらかじめ作成されたビデオを視聴していた。このビデオによって独立変数および，調整変数が操作されていた。評価ビデオは4種類あり，二つのビデオでは人事担当者は男性で，もう二つのビデオでは女性であった。また，評価は好ましい評価と，好ましくない評価の2種類

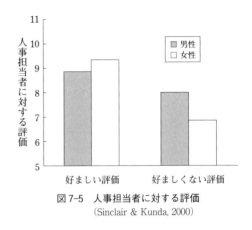

図7-5　人事担当者に対する評価
(Sinclair & Kunda, 2000)

があった。つまり，男性による好ましい評価，男性による好ましくない評価，女性による好ましい評価，女性による好ましくない評価の4種類があった。参加者は評価を受けた後，人事担当者の能力（人を評価する力量）などについて評価をした（高得点ほど高く評価していることを意味する）。その評価は図7-5に示したようになっていた。

　自分に対する評価が好ましくない場合，好ましい場合よりも人事担当者に対する評価は低くなっており，自分に対して脅威を与えた他者の能力を低く評価する傾向が認められた（評価の主効果）。さらに，その傾向は相手が女性である場合に顕著であることが示された（評価と人事担当者の性別の交互作用効果）。言い換えれば，女性ステレオタイプは，好ましくない評価をされ自己が脅威にさらされたときにのみ用いられること，同じ女性の人事担当者であっても，高評価をされて自己が脅威にさらされていない場合は，ステレオタイプ的評価をしないことが示された。つまり，ステレオタイプ化は予測通り，自己に対する脅威によって調整されていると言える。

　このように，ある従属変数に対する独立変数の効果が場合によって異なるというアイデアをもった時，その効果を調整している変数は何かと考えることで，要因計画の交互作用効果を予測する仮説を立てることができる。この場合，調整変数は，独立変数と同様に操作可能な変数である場合もあるし，ある特性をもつ集団を示す名義変数（実験参加者の性別や人種など）である場合もある。

7-3 媒　介

　ある独立変数（A）が従属変数（C）に影響することがわかった後に，どのような過程を経てその独立変数は従属変数に影響しているのか検討したいということもある。そのような，独立変数が従属変数に対する効果をもたらしている過程を媒介過程と呼び，その過程を表す変数を媒介変数（mediator variable）と呼ぶ。ある媒介変数（B）がある独立変数（A）の従属変数（C）に及ぼす効果を生起させていると考える時，そのことを検討するにはどのような実験計画を立てればよいだろうか。Spencer, Zanna, & Fong（2005）に依拠しながら説明しよう。

　第一の方法は，2段階の実験計画である。つまり，ある独立変数（A）が，媒介変数（B）を生起させることを示し，その後に（B）が従属変数（C）を生起させることを示すというものである。たとえば，Word, Zanna, & Cooper（1974）は，ステレオタイプを付与された集団の成員がステレオタイプ的に振る舞うことについて，ステレオタイプは，それを保持している人の非言語的行動を通じて，一種の自己充足的予言として働くのではないかと考えた。彼らのモデルでは，ある人がステレオタイプを保持していること（A）は，ステレオタイプに合致した行動をターゲットに生起させるが（C），それは，ステレオタイプを保持している人の非言語行動（B）に媒介されていると仮定された。

　このモデルを検証するために，彼らは白人が黒人に対して抱いているステレオタイプを題材にして実験を行った。まず，実験1では，白人の実験参加者に黒人または白人の実験協力者のインタビューをさせ，その時の非言語行動を記録した。白人の参加者は，インタビュー相手が白人よりも黒人の場合のほうが，よそよそしい非言語行動を示すことが確認された。これを受けて実験2では，白人の実験協力者が白人の参加者に対してインタビューを行った。その際，実験協力者が実験1で白人の参加者が黒人に対して取った非言語行動を取る条件と白人に対して取った非言語行動を取る条件とを比較すると，前者において白人参加者のインタビューでの受け答えが劣っていることが示された。つまり，よそよそしい非言語的行動が，インタビューの受け手の受け答えの出来を悪くさせていることが示されたのである。

7-3 媒　介

　このように，まず媒介過程として想定されていることが生じることを確認した上で，媒介変数を実験的に操作し，従属変数に対する効果を検討することで，媒介過程は実験的に検討可能である。しかし，この方法には制約条件がある。まず，想定されている媒介変数が測定でき，かつ操作できることが必要である。さらに，実験1で従属変数として測定された媒介変数と，実験2で独立変数として操作された媒介変数が同じものであると見なせなければならない。

　実験的に媒介過程を検討する第二の方法は，想定されている媒介過程が働かない操作を加えることで，媒介過程の存在を示すものである。たとえば，古典的な認知的不協和の研究では，態度と一貫しない行動や認知（A）は，不快な不協和状態（B）を介して態度変化（C）をもたらす（Festinger, 1957）とされてきた。では，態度変化を導いているのが不協和であることを示すためにはどうしたらよいだろうか。

　この過程を検証するために Zanna & Cooper（1974）は，いわゆる誤帰属（misattribution）の過程を利用して以下のような実験を実施した。半数の参加者には正当化可能な理由がある状況で，残りの参加者には正当化可能な理由が乏しい状況で反態度的エッセイを書かせた。通常であれば，後者において不協和喚起が起こり，参加者の態度は書いたエッセイの方向に変化する。この実験では，参加者の態度を測定する前に，薬（実際には偽薬）を参加者に与え，薬についての3種類の副作用情報のいずれかをランダムに与えた。その情報とは，薬によって「緊張し興奮する」，「影響はない」，あるいは「リラックスする」というものであった。すると，「緊張し興奮する」と伝えられた参加者においては，正当化可能性が高くても低くてもエッセイ方向への態度変化は認められなかった。逆に薬に「リラックスする」とされた参加者においては，エッセイ方向への大きな態度変化が認められた。つまり経験された不快な状態に対する説明（薬のせい）が与えられ，不協和と捉えられなかった場合は態度変化が生じなかったのである。このような方法によっても実験的に媒介過程を示すことができる。

　この第二の方法は，媒介過程が働いている状況とそうでない状況を実験操作で作り出す方法であり，その意味では，媒介過程が働く調整変数を操作する実験計画と考えることができる。この計画は，媒介変数そのものの測定は困難で

あるが，その過程が働くかどうかを操作することが可能な場合に適している。媒介過程の検討方法の詳しい議論については Spencer, Zanna, & Fong (2005) を参照されたい。

コラム11　二つの要因の効果の検討と要因計画

工藤恵理子

　「性格と外見のどちらが対人魅力において大きな効果をもつのか」，別の言い方をすれば，「性格のよい人と，外見のよい人はどちらがもてるのか」という問題を検討するにはどのような実験計画を立てればよいだろうか。4種類の人物（性格も外見もよい人，性格がよいが外見はよくない人，性格はよくないが外見がよい人，性格も外見もよくない人）の写真つきのプロフィールを作成し，実験参加者にいずれかのプロフィールを見せて，その人物をどの程度好ましく思うかを評定させる実験で検討できると考えるかもしれない。しかし，このような問題は，要因計画による検討には適さない。

　性格（よい・悪い）×外見（よい・悪い）の2×2の要因計画は，二つの要因のどちらの効果が大きいかを検討するものではなく，二つの要因の組み合わせの効果，つまり交互作用効果を検討することを目的とする。たとえば，「外見がよい場合は性格が悪くてもよくても好意をもたれるが，性格がよくても外見がよくない場合は好意をもたれない」というような仮説を検証するために要因計画はある。

　上記のような要因計画に対する誤った理解は，独立変数として操作する変数の絶対的評価が存在するという誤解に基づいているのかもしれない。しかし，絶対的評価は存在しないため，上記の研究計画の場合，「性格がよい」と「外見がよい」ということの好ましさの程度をどう設定するかによって，結果はまったく異なったものとなってしまう。

コラム 12　媒介分析

工藤恵理子

　媒介過程の検討にしばしば用いられる分析方法が，Baron & Kenny（1986）によるパス解析を用いる方法であり，一般に媒介分析（mediation analysis）と呼ばれている。近年では，媒介分析の方法についてさまざまな検討がなされている（MacKinnon, Fairchild, & Fritz, 2007）が，ここでは使用頻度が高いBaron & Kenny（1986）に基づく方法について説明する。

　媒介分析では，実験で操作した独立変数と従属変数の関係をある変数が媒介するかどうかを検討する。言い換えれば，独立変数が従属変数に及ぼしている効果はどうして生じているのかを説明することを目指すものである。媒介変数の効果を含む最も単純なモデルは，独立変数，従属変数，媒介変数の3変数から成る（図1）。媒介変数が効果をもつと結論づけるためには，次の三つの条件が満たされなければならない。①独立変数の変動が想定される媒介変数の変動を有意に説明する（パス a）。②媒介変数の変動が従属変数の変動を有意に説明する（パス b）。③独立変数が従属変数に及ぼす有意な効果（パス c）が，パス b を統制した時には有意でなくなる。もし，この時点でパス c の効果が0になれば，媒介変数による説明力は最大になると考えられる（完全媒介）。逆にこの時点でパス c の効果がある場合，検討された媒介変数以外の効果の存在が推測されることになる（部分媒介）。この時の媒介の効果を示すためには，Sobel検定などの有意性の検定を行う。

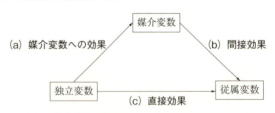

図1　媒介分析の基本モデル（Baron & Kenny, 1986）

　ここでは，この分析を用いた具体例として，自己制御資源（の枯渇）と自己呈示内容の関係を扱ったVohs, Baumeister, & Ciarocco（2005）の研究を取り上げ，実際にどのように媒介研究が用いられるのかを見ていく。人がやりたいことを我慢したり，してはいけないことをしないように気をつけるといった自己制御をするときには，自己制御資源を必要とすると考えられている。その資源はさまざまなタイプの自己制御に共通して用いられるが，使用すると（一時的に）枯渇してしまうので，一定以上の自

己制御をした後では，資源の不足により，たとえ異なるタイプであっても，続けて別の自己制御をする力が弱まるとされる（たとえば，Baumeister, Bratslavsky, Muraven, & Tice, 1998）。そこで Vohs et al. (2005) は自己制御をすることで自己制御資源が枯渇すると，自分をよく見せすぎないようにして望ましい印象を与えるという自己制御ができなくなり，自己愛的な自己呈示をするようになると考えたのである。

このことを検証するために彼らは，実験参加者に，ある女性がインタビューされている場面のビデオを7分間見せた。ビデオの画面の下側にニュートラルな意味の単語が一定時間間隔で表示されていたが，半数の参加者はこれらの単語を「見ないように」そして「見てしまった場合はすぐに視線をそらすように」指示された（自己制御あり条件）。この教示が自己制御の操作であり，参加者は自分の視線をコントロールする必要があったために，自己制御資源が枯渇しやすい状態にあった。残りの半数の参加者はそのような教示は受けなかった（自己制御なし条件）。ビデオ視聴の後，参加者は自己愛尺度や社会的望ましさ尺度などに回答した。すると，予測通り，自己制御あり条件の参加者のほうが自己愛尺度の得点が高く，自己制御資源が枯渇することで自己愛傾向が増大することが示された。また，自己制御あり条件の参加者のほうが社会的望ましさ尺度の得点が低く，社会的に望ましい回答傾向が低下することも示された。

Vohs et al. (2005) は，この社会的望ましさ傾向の低下が自己愛傾向の増大を媒介するという過程を，Baron & Kenny (1986) による媒介分析の方法を用いて示そうとした。そのためには，以下の4段階の検討が必要となる。①従属変数である自己愛傾向に対して，独立変数の自己制御の有無による回帰分析を行う（パスc）。②媒介変数と考える社会的望ましさ評定に対して，自己制御の有無（独立変数）による回帰分析を行う（パスa）。③自己愛傾向（従属変数）に対して，社会的望ましさ評定（媒介変数）による回帰分析を行う（パスb）。これらの回帰分析において説明変数の効果が有意であることを確認し，④さらに自己愛傾向（従属変数）に対して，自己制御の有無（独立変数）と社会的望ましさ評価（媒介変数）による重回帰分析を行う。

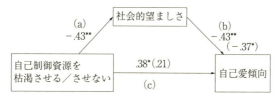

図2　媒介分析の適用例（Vohs et al., 2005 より作成）
数値は回帰分析の標準回帰係数（括弧内は標準偏回帰係数）。性別の効果と自己制御資源の枯渇の有無（独立変数）と性別の交互作用効果を含めた重回帰分析の結果（*p<.05, **p<.02）。

このとき，媒介変数の効果が有意であり，独立変数の効果は①の分析における効果よりも小さくなることを確認することが必要である。媒介過程の効果は，①と④における独立変数の効果（回帰係数）の大きさの違いであり，①のほうが有意に大きければ，想定した媒介過程が働いていると言える。Vohs *et al.* (2005) では，図2に示されたように，自己制御の有無の自己愛傾向に対する直接効果は，社会的望ましさ評価の間接効果と併せて検討したときに有意に低下し，予測通り媒介過程が働いていることが示されている。

しかし，この媒介分析の方法は，基本的に相関関係に基づくものであり，独立変数を操作し従属変数の変化を測定するという実験の基本からは外れるものである。独立変数が従属変数に及ぼす効果が生じる理由を明らかにすると言っても，従属変数の変動と同様に変動する変数を示すだけのことであり，実験操作による因果関係の特定とは意味が異なることに注意しなくてはならない。ただし，単純に媒介変数と想定される変数を従属変数として分析すればよいというものではなく，いずれの方法でも媒介過程を間接的にしか示すことができない。

つまり，媒介分析にせよ，媒介変数を従属変数とした分析にせよ，これらは仮定された媒介過程が存在することを示すものであり，それ以外の過程による説明を否定するものではない。逆に言えば，代替説明として想定されている媒介変数の効果がないことを検討することにも利用可能である。たとえば，実験操作によって成功または失敗を経験させ，自尊心が高まること，低まることの影響を，その後にどの程度援助行動をするかを従属変数として検討した場合を考えてみよう。この場合，成功・失敗の経験が自尊心ではなく，ムードに影響し，そのムードが後続の援助行動に影響したという代替仮説が考えられる。そこで，自尊心とムードとを媒介変数として分析を行い，ムードではなく，自尊心の効果が援助行動の生起を媒介していることを示すことも可能である。

ただし，媒介変数を測定することで，従属変数に影響が出てしまったり，実験手続きに大きな制約をもたらしてしまうこともあり得る（Sigall & Mills, 1998）。媒介過程の検討のためには，7章で説明したように実験によって直接的に検討することが望ましい。媒介分析を実施した上で，媒介過程を実験的に検討している研究として，Brescoll & Uhlman (2008) が参考になる。

　補遺：媒介（間接）効果の検討方法については，ここ数年でスタンダードが変化している。Baron & Kenny (1986) 以降しばらくは Sobel 検定の利用が一般的だったが，近年ではブートストラップ法によるリサンプリングで得られた 95% 信頼区間が 0 を挟まないことを確認する方法が採用されていることが多い。清水・荘島（2017）に丁寧に解説されている。

8 実験研究の企画と実施

沼崎　誠

本章では，6章と7章を踏まえて，実験研究を実際に企画し実施する時に直面する問題にどのように対処すべきかを説明する。

実験とは，因果関係を明確にできる研究手法であり，人為的なコントロールによって複数の条件を設けて，独立変数（X）が異なり，かつ，独立変数以外の剰余変数が等しい状況を人為的に作り出し，従属変数（Y）に違いが見られるかを検討する。このような状況でYに違いが見られれば，XはYに対して因果的な影響をもったと言えることになる。つまり，実験の論理とは「Xを変化させX以外を等しくしてYに違いが見られるかを調べる」ということにつきる。実験の実施とは，人為的に介入してこのような実験状況を実現することにある。その際，内的妥当性（6章参照）を保証しながら（違いがないにもかかわらず違いがあると判断を下すという誤り（第1種の誤り）をせずに），違いがあるにもかかわらず違いがないと判断を下すという誤り（第2種の誤り）を犯さないような状況を設定することが重要である。

本章では，「自己に対する脅威があるときには偏見やステレオタイプ化（ステレオタイプを使って他者を見ること）が生じやすいだろう」という概念的仮説を検証するための実験室実験を，どのように企画し実施していくかを検討していく中で，実験を実施する上での注意点を紹介する。この実験では，「自己に対する脅威」が概念的独立変数，「偏見やステレオタイプ化」が概念的従属変数となる。この問題を検討している Sinclair & Kunda（2000: Study 2），Fein & Spencer（1997: Study 2），および沼崎・工藤（1995）を具体例として検討を進めるので，それぞれの研究を簡単に紹介しておこう。

7章ですでに取り上げた Sinclair & Kunda（2000）は，男性が脅威を受けた場合に，ジェンダー・ステレオタイプを用いた偏見を女性に対して示すかどうかを検討している。男性参加者は就職面接の応募者として地元の会社の女性（または男性）人事担当者からネガティブな評価（またはポジティブな評価）を受けた

後，その人事担当者の能力を評定した（結果は図7-5参照）。

Fein & Spencer（1997）では，自己への脅威が同性愛者へのネガティブなステレオタイプ化を促進するかを検討している。参加者は，知能テスト課題を受け，成績が悪い（または，中程度）というフィードバックを受けた後に，同性愛者と想定できる人物（または想定できない人物）を，同性愛者に関連するネガティブなステレオタイプ的特性を用いて印象評定を行った。結果として，他の3条件に比べ，ネガティブなフィードバックを受けて同性愛者と想定できる人物を評定した参加者は，対象人物を同性愛関連のネガティブなステレオタイプ特性をもっていると評定した。

沼崎・工藤（1995）では，女性と競争状況におかれた男性は，伝統的女性を好み非伝統的女性を嫌うという偏見を示すことを検討している。男性集団と女性集団（または，男性集団と男性集団）を知能テストで競争させた後で，伝統的女性（または，非伝統的女性）への好意を評定させた。結果として，女性集団と競争した男性は，男性集団と競争した男性に比べ，非伝統的女性に比べ伝統的女性を好む傾向にあった。

8-1　実験の実施計画を立てるための準備

8-1-1　先行研究のレビュー

先行研究のレビューは，すでに研究されていることとされていないことを明確にし，研究する価値のある問題や仮説を作り出すためにも，また，明確な概念的定義をするためにも必要不可欠な作業である。さらに，具体的な実験の実施計画を立てるためにも先行研究のレビューは重要である。実験を実施するために必要な情報を的確に得るために，レビューを行う中で，少なくとも以下の三つのリストを作成しておくとよい。

① 従属変数に影響を与え得る変数（X以外）のリスト
② 独立変数（X）の具体的操作法のリスト
③ 従属変数（Y）の具体的測定法のリスト

実験の実施に先立ち，何が剰余変数となり得るのかを明確にし，それらをどのようにコントロールするかを検討しておくことは，非常に重要である。した

がって，①のリストを作成しておくことが役立つ。たとえば偏見は相手を低く評価することと密接に関連するので，偏見に関する研究の場合には，対人魅力に影響を及ぼす要因のリストを作っておく必要もある。このリストをどのように利用するかについては 8-3-4 で説明する。

研究する価値のある問題や仮説を作り出すために必要なレビューとは異なり，②や③のリストを作るためには，実証研究論文の「方法」と「結果」のセクションを丁寧に読む必要がある。②のリストに関して言えば，「自己に対する脅威」といった独立変数を操作するために用いられてきた方法（操作的定義）を調べておく必要がある。「自己に対する脅威」という概念は社会心理学のさまざまな分野で扱われており，たとえ偏見やステレオタイプに関心がある場合でも，それ以外の領域の研究もレビューしておくことが望ましい。そうすることによって，独立変数の操作に関して多くの選択肢を確保できるので，後で述べる制限された研究資源の中で実施可能でかつ適切な操作方法を選択することが可能となる。また，先行研究においてそれぞれの操作がどの程度の効果量をもったかについても調べておく必要がある。効果量の大きさによって必要な実験参加者の人数も異なってくるからである。

③のリストに関しては，「偏見やステレオタイプ化」という従属変数を測定するためにはどのような方法が使われているかを調べておく必要がある。4-4 で紹介されているように，心理測定にはさまざまな方法があり，それぞれの利点欠点を把握しておくとともに，理論的背景なども押さえておく必要がある。たとえば，4-4-3 で紹介されているように，ステレオタイプ化や偏見では，近年，潜在的指標も多く用いられている。先行研究でこれらの指標がどのように用いられているか，きちんと把握しておく。

8-1-2　研究資源の確認

実現可能な実験を計画するためには，自分が利用できる研究資源を確認しておくことが大切である。いくら優れた研究計画でも，1 万人の実験参加者，あるいは 50 の実験室が必要となるとしたら，通常の場合，まず実施は不可能である。とくに次の要素はあらかじめ確認をしておく必要がある。

利用できる参加者プール　参加者がどのような集団からどれだけ確保できるのかは，研究を実施する上で非常に重要である。利用できる参加者の数によって，独立変数の数や水準の数が制限されるし，独立変数を参加者内で操作するのか参加者間で操作するのかといった問題とも関係してくる。また，どのような集団から実験参加者が確保できるかにより，独立変数や従属変数の具体的操作も変わってくる。たとえば，Fein & Spencer（1997）では，脅威を与えるために，参加者に対して課題を実施させ，その課題の成績が悪いというネガティブなフィードバックを与えている。このネガティブなフィードバックが自尊心の脅威になるためには，参加者にとって重要な課題を用いる必要があるが，利用できる参加者の集団によって何が重要かは異なってくるであろう。

利用できる実験室や機材　実験室実験を行う場合には，教室で行う質問紙実験とは異なり，部屋の広さや確保できる期間によって実施方法に制限がかかる。沼崎・工藤（1995）は，脅威状況として6人ずつの集団間競争状況を作り出しているが，このような実験の場合12人の参加者が入れる実験室が必要となるし，1人ずつ参加者を呼ぶ場合には，ある程度狭い部屋やブースか必要である。また，実験者効果（8-2-2参照）が生じないようにパソコンを用いて実験をする場合には，利用可能なパソコンの台数とインストールされているソフトに関する情報は不可欠である。

利用できる実験者および実験協力者　実験者効果（8-2-2参照）を生じさせないためには，仮説と条件を知っている実験者が実験を実施することは望ましくない。仮説を知らない人に実験者を依頼することが望ましいが，できないとすれば参加者がどの条件なのか実験者がわからないようにする工夫を考える必要が出てくる。実験協力者とは，参加者には別の参加者と思わせたり，実験には無関係な人物と思わせるが，実際には実験の一部として実験に組み込まれている人を指す。実験協力者にはある種の役割を与え，ある範囲内で同じ行動を繰り返し行うことが要求されるが，参加者に自然に見えるようにする必要がある。このような実験協力者を，どのくらいの期間どれだけ確保できるかによって，実施できる実験も異なってくる。

8-2 実験状況に入り込むバイアス

8-2-1 要求特性

　人を研究対象とする実験では，実験の結果を歪めるような，この実験状況特有のバイアスが入りやすいことが指摘されている（Orne, 1962; Rosenthal, 1976）。実験参加者は，実験状況において実験者の教示や課題などさまざまな情報を受け取ることになる。このような手がかりを要求特性（demand characteristics）と呼ぶ。このような手がかりから，実験状況でどのように行動することが期待されているかを参加者が考えてしまい，バイアスが生じることがある。参加者は，自分の行動が観察されることを知っているため，通常，その場面において望ましい行動を取ろうとする。具体的には，①社会的に望ましい行動を取ろうとする，②実験者が望んでいる行動を取ろうとする，などが考えられる。

　①の例として，参加者が，「偏見に関する研究をしている」と実験者から告げられたとする。この場合，偏見を示すことは社会的に望ましい行動ではないので，参加者はことさら偏見を示さないように努めることになるだろう。

　②の例として，「自己に脅威を受けたときに偏見が高まるだろう」という仮説を知った上で，実験に参加した場合を想像してほしい。おそらく，まず自分が脅威を与えられたかどうかを考えるはずである。そして，偏見を示す段階では実験者がどのように反応してほしいのかを考えて反応することになるだろう。実験者にとって「よい参加者」になろうとすれば，意識的にも無意識のうちにも実験者が望む方向に反応を変えてしまうかもしれない。また，実験者の態度が気に入らなければ，研究を妨害しようと考えて，実験者が望む方向とは逆の方向に反応することもあるだろう。このように，参加者が仮説を知ってしまうと，本来の反応が得られなくなることがある（Orne, 1962; Rosnow, 2002）。

　このような要求特性の影響をなくすためには，単純に研究の目的や仮説を参加者に知らせないだけでは不十分である。多くの参加者は，自分が参加している研究の目的や仮説について考えをめぐらす。そのため，偏見の研究であることを見抜いたり，自分なりに仮説を推測してしまうことが生じる。このため，社会心理学の実験ではさまざまな方策が考案されている。

参加者に偽りの目的や仮説を与える　参加者に本当の目的とは無関係な偽りの目的や仮説をカバー・ストーリーとして与え，要求特性によるバイアスを低減させることがしばしば行われる。Sinclair & Kunda（2000）では，参加者は就職面接の応募者として地元の会社の人事担当者から評価を受けた後，その人事担当者の能力を評定するという手続きが用いられたが，参加者には「人事担当者の対人スキル訓練のプログラムを開発するための研究である」という偽りの目的が告げられていた。このようにすれば，参加者は訓練プログラムを評価する立場で実験に参加していると思い込み，自分が抱いた偏見を測定されているとは気づかないことになる。したがって，相対的に「自然な」反応を測定できることになる。偽りの説明を行う方法はディセプションと呼ばれ倫理的問題が生じる可能性があるが，これについては 8-5 で検討する。

独立変数の操作と従属変数の測定を分離する　偽りの目的や仮説をカバー・ストーリーとして与える工夫の一つであるが，実際には一つの実験であるものを，「二つ以上の実験に参加をしてもらう」と説明し，独立変数の操作と従属変数の測定を分離する方法である。このようにすれば，参加者が本当の目的を推測することは困難になる。Fein & Spencer（1997）では，複数の実験に参加してもらうと参加者に説明をした上で，最初の実験で知能テスト課題を行わせ，その結果をフィードバックする中で脅威を与えている。そして，その後に「別の実験」として対人認知課題を与え，それによって偏見反応を測定している。

参加者が自分の反応をコントロールしづらい従属変数を用いる　質問紙への回答は意図的に歪めることも可能であるが，参加者自身がコントロールすることが難しい反応を用いればその可能性を少なくすることができる。たとえば，7章で紹介した Word, Zanna & Cooper（1974）の実験 1 では，参加者がコントロールしづらい非言語的行動を従属変数として測定している。この実験では，黒人に対してもたれているステレオタイプ的な特徴を引き出すように，白人が黒人に対して行動していることを示そうとした。そこで，白人の参加者に黒人または白人の実験協力者に対してインタビューをさせ，その時の非言語行動（アイコンタクトや対人距離）を記録している。この他，近年では IAT などコントロ

ールしにくい反応を測定する潜在的測度が開発されており（4-4-3参照），これらを有効に使うこともできる。

参加者が仮説を推測しづらい研究計画を採用する　6，7章で説明したように，要求特性の影響を排除するためには，参加者内要因計画よりも参加者間要因計画のほうが望ましい。参加者内要因計画では，要因の複数の水準を同一の参加者が経験する。そのため，参加者は何が比較されているのかに気づきやすくなり，参加者自身が自発的に仮説を推測する可能性が高くなる。また，態度変化の研究などで1回の実験の中で事前―事後計画を採用すると，事前と事後の態度の変化量を測定していることが参加者に意識されやすくなり，参加者が反応をコントロールしがちになる。このような場合には，事前の測定を実験とは切り離して実施しておくほうが望ましい。

8-2-2　実験者効果

　実験参加者ばかりでなく，研究状況における相互作用のもう一方の当事者である実験者もバイアスを生み出す原因になり得る。研究者は自分がもっている仮説が正しいことを確認するために実験を行うのであるが，この期待がさまざまな形で参加者の行動に影響を与えるのである（Rosenthal, 1976）。望ましい結果を得るために，実験者が意図的に条件間で参加者の扱いを変えたとしたら，これは倫理的にも大きな問題となる。しかし，意図しなくても，参加者の反応に関する実験者の期待がさまざまな形で参加者に伝達され，それによって参加者の行動が影響を受けてしまうことがある。このような実験者効果によるバイアスをなくすためにも，さまざまな方策が考案されている。

仮説を知らない者が実験者になる　実験を計画した研究者とは別の，実験の目的や仮説を知らない者が実験を実施することによって，実験者効果によるバイアスを避けることができる。しかし，要求特性によるバイアスと同様に，何も知らせないで実験者の役を担ってもらうと，実験者自身が目的や仮説を自発的に推測してしまうことがある。そのため，実験者に対しても，偽の目的や仮説（または対立する複数のもっともらしい仮説）を知らせておく必要がある。

参加者がどの条件に割りあてられているか実験者にわからない状況を作る　こう
した実験状況を作ることができれば，実験者が目的や仮説を知っていたとして
も実験者効果を排除することができる。これを実現するための方法がいくつか
ある。第一は，実験操作をできる限りパソコンに任せる方法である。たとえば，
自己に対する脅威を操作するために，脅威条件にはネガティブなフィードバッ
ク，統制条件にはニュートラルなフィードバックを与えることとする。この場
合，課題の実施とフィードバックをあらかじめプログラムに組み込んでおき，
プログラムで乱数を発生させることで無作為に参加者をどちらかの条件に割り
あてればよい。従属変数の測定もパソコン上で行えば，実験者は参加者とほと
んど接触せずに実験が遂行できる。しかし，パソコンに全て任せると，実験者
が最も重要と考えている教示内容に参加者が注意を向けてくれないといった事
態も起こり得る。その危険がある場合には，第二の方法として，操作の部分だ
け実験者が関わらないようにする工夫が必要となる。先の例では，あらかじめ
ニュートラルなフィードバックとネガティブなフィードバックの内容を記した
紙をそれぞれ別の封筒に入れておき，くじ引きの要領で箱から封筒を無作為に
取り出して参加者に渡し，実験者は封筒の中身を見ないようにすればよい。た
だし，実験協力者の行動を変化させて独立変数を操作するような場合には，こ
れらの方法を使うことは困難である。交互作用効果を予測する複数の要因があ
る実験の場合には，第三の方法として，実験者や実験協力者がどれか一つの要
因の水準を知っていても他の要因の水準を知らずに実験を行うことが考えられ
る。2要因の実験の場合，片方の要因の操作は前述の第一や第二の方法を使っ
て操作をしておき，もう一方の要因の操作のみ実験者が行うようにする。また，
両方の要因ともに第一あるいは第二の方法が取れない場合には，複数の実験者
や実験協力者で実験を実施することが考えられる。そうすれば，それぞれの実
験者が片方の要因の水準だけを知っている状況を作り出すことができる。実験
者効果を完全に排除することは難しいが，利用できる研究資源の範囲の中で，
できる限り努力することが必要である。

8-3　実験実施案の作成

　実験法とは観察すべき状況を人為的に作り出すことに他ならない。前節で説明したように，社会心理学実験にはさまざまなバイアスが入り込む可能性があり，それらを排除するためには綿密に実験状況を設定する必要がある。あらかじめ決めておかなければならないのは，①実験を埋め込む状況，②独立変数の操作方法，③従属変数の測定方法，④剰余変数の統制方法である。これらは相互に関連しており，一つを変えると他にも影響するので，四つ全てを念頭において実施案を作成しなくてはならない。

8-3-1　実験を状況に埋め込む

　社会心理学の実験室実験の場合には，独立変数の操作と従属変数の測定を状況の中に埋め込む必要がある。8-2 で解説したように，研究の目的や仮説を実験参加者に悟られない状況を作り出す必要がある。そのためにしばしば用いられるのが「カバー・ストーリー」と呼ばれるものである。これは，いわば実験参加者に伝える「作り話」であり，実験が埋め込まれる状況を参加者に説明するために構成される。実験がうまくいくためには，少なくとも以下の 4 点が備わっている必要がある（Aronson, Ellsworth, Carlsmith, & Gonzales, 1990）。

　一 貫 性　実験中に生じるできごとが，参加者に伝えられた実験の目的と関連しているように見える状況を作り出す必要がある。独立変数の操作と従属変数の測定を分離したい場合や，複数の要因を複数の実験者によって操作する場合には，一貫したストーリーではなく，「複数の実験に参加をしてもらう」という状況を作ることもできる。

　明 瞭 性　参加者が理解できないような複雑な状況の設定は避けるべきである。自分が置かれている状況がわからないと，参加者は不安を感じたり疑念を抱いたりして，実験結果に予期しないバイアスがかかる可能性がある。

関 与 性　参加者が興味をもち集中して参加するような状況を作り出す必要がある。参加者が退屈して注意が散漫になると、実験者が想定した独立変数の操作や従属変数の測定が機能しなくなり、誤差要因（コラム9参照）が大きくなる可能性がある。また、実験者の説明以外のことをいろいろ考えるようになり、実験の目的についても憶測することが多くなる。

一 定 性　独立変数の操作以外は、全ての参加者がなるべく同じ状態で実験を受けるような状況を作り出す必要がある。これによって、誤差要因を小さくすることが可能となる。

　利用可能な研究資源の中で、以上の条件を満たす実験状況を作り出していく。なお、状況の設定に関しては、8-3-4で再度検討する。

8-3-2　独立変数の操作法と操作チェックの方法の決定

　独立変数の操作は「Xを変えて」の部分にあたり、具体的な操作として実験状況に埋め込むことが必要とされる。また、その操作が適切に行われたかをチェックすることも必要となる。以下では、これらの方法を決定する際の注意点について解説する。

　はじめに、研究計画の段階で、独立変数を参加者間で操作するのか参加者内で操作するのかを決定する（それぞれの利点と難点については7-1-5を参照）。また、独立変数にいくつの水準を用意すればよいのか、それと関連して、統制群を設けて実験をするのか、複数の実験群を設けるのかを決定する。つまり、結果について調べたい条件をどのような条件と比較するのかを明確にしておく必要がある。例として取りあげている研究では、「自己に対する脅威」が独立変数であり、「自己に対する脅威がある条件」が調べたい条件であるが、この条件とどのような条件を比較するかを具体的に決定するのである。Sinclair & Kunda (2000) では、「脅威がある条件」として、実験参加者に対して否定的な人物評価をフィードバックし、「脅威がない条件」では肯定的な人物評価をフィードバックしている。一方、Fein & Spencer (1997) では、「脅威がある条件」では「成績が悪い」というフィードバックを与え、「脅威がない条件」では「中程度の成績

である」というフィードバックを与えている。いずれの研究でもフィードバックを与える条件を設定しているが（複数の実験群の設定），「脅威がない条件」として，フィードバックを与えない統制条件を設定することも可能であろう。

実験群をどの条件と比較するかは，とくに慎重に検討しておくことが重要である。たとえば，沼崎・工藤（1995）は，「女性との競争状況においた男性」という実験群を作り出すために，男性6人を女性6人と競争する状況におくという操作を行い，従属変数を測定している。この実験条件とどのような条件を比較したらよいだろうか。男性を1人だけ実験室に呼んで，従属変数を測定することも考えられる。しかし，これだと「競争を経験したかどうか」が従属変数に影響を与えたのか，「女性との競争を経験したかどうか」が影響を与えたのかわからない。そのため，比較する条件として，男性6人と男性6人を競争させる状況に男性をおいて従属変数を測定する条件（「男性との競争状況においた男性」）を設定する必要があることがわかるだろう。しかし，この条件との比較だけでは十分ではない。「女性との競争状況」と「男性との競争状況」の比較では，「女性との競争を経験したかどうか」が従属変数に影響を与えたのか，「女性と単に一緒にいたかどうか」が従属変数に影響を与えたのか，明確にならない。そのため，女性6人と競争ではなく単に一緒にいる条件を設定する必要がある。実際，この実験では，状況の操作として「競争（有 vs. 無）」と「相手（男 vs. 女）」の2×2の要因計画の実験を行っている。つまり，「女性と競争する条件」を調べたい条件として，「女性と一緒にいる条件」，「男性と競争する条件」，「男性と一緒にいる条件」，と比較できるように，独立変数が操作されたのである。

次に決める必要があるのは，具体的な操作方法である。自分で新たな操作方法を考案するのはかなり難しいので，先行研究で用いられた操作方法を実験状況に合わせて改変して用いるのが一般的であろう。ここで役に立つのが，レビューの際に作っておいた具体的な独立変数の操作的定義のリストである。このリストの中から，想定している実験状況において実現可能性が高いものを選ぶことが第一ステップとなる。

第二ステップでは，先行研究でうまくいった操作が，自分が使える資源においてもうまくいくかどうかを考えてみる。たとえば，Sinclair & Kunda（2000）は，自己への脅威を与えるために，参加者に面接の応募者の役割を担ってもら

い，地元の会社の人事担当者からビデオでネガティブな評価（vs.ポジティブな評価）を受けるという操作をしている。しかし，たとえば日本の大学1年生を参加者にした場合，地元の会社の人事担当者の評価が脅威となり得るかは疑問であるし，この操作のためには人事担当者役になる人が不可欠となる。したがって，この操作をそのまま用いることは困難であろう。

　このように，自己への脅威を与えるという操作を行う場合，先行研究に倣って「ネガティブなフィードバックを与える」という操作を用いることを決めるだけでは実験は始まらず，より細かい操作方法を決める必要がある。たとえば，ネガティブなフィードバックとしてどのような情報を与えるのがよいかを考えてみよう。Fein & Spencer (1997) は，北米の大学生の中で，「上から数えて100人中46番目程度の成績である」というフィードバックを与えた。しかし，参加する集団によっては，このようなフィードバックを受けても「結構よくできた」と感じることもあるだろう。一方，「100人中98番目程度の成績である」というフィードバックを与えたとすると，自分がこんなに低いわけがないと考えてフィードバックを信用しない可能性もある。この他にも，どのような領域の課題を行うのか，その課題の難しさをどの程度に設定するのか，参加者自身に課題の出来具合がある程度わかる課題にするのかなどについて，細かく決めておく必要がある。そのときに必要となるのが，パイロット・テストと呼ばれる第三のステップである。これは，考案した操作が想定通りにうまく働くかどうかを確認するために行うものであり，実際に独立変数の操作部分だけを，研究の目的を知らない参加者に対して実施してみることを指す。そして，操作の直後に，参加者の感想や意見を詳しく聞いてみる。このパイロット・テストを繰り返し行うことによって，自分が使える資源の範囲内で概念的独立変数を実験状況の中で実現する具体的な手続きを作り上げていくことができる。

　独立変数の具体的な操作方法が決まったら，操作チェックの方法についても検討する。操作チェックとは，本実験の実施時に，独立変数の操作が実験者の想定通りの状態を生み出したかどうかを確認するために行うものである。6-4-2で説明したように，社会心理学実験では，ほとんどの場合，独立変数として操作する対象は心理的構成概念であるので，間接的にしか操作の確認ができないことが多い。間接的な方法として最もよく用いられるのが，参加者自身の

言語的報告である。Sinclair & Kunda（2000）では，参加者は従属変数に回答した後で，①自分が受けた評価がどの程度望ましいものであったか，②その評価を受けてどの程度嬉しかったかを評定するように求められた。ネガティブな評価を受けた参加者が，ポジティブな評価を受けた参加者に比べて，評価が望ましくなく嬉しくなかったと回答していれば，「自己に対する脅威」の操作がうまくいっていたと考えるのである。

　ただし，この言語的報告に問題がないわけではない。上述のように自分の心理状態に関して言語報告を求めても，参加者が自分の心理状態を正確に捉えて回答できないことがしばしばあることが知られている（Nisbett & Wilson, 1977）。また，言語報告による操作チェックをどの時点で実施するかという問題も生じる。社会心理学の実験では，Sinclair & Kunda（2000）のように，従属変数の測定後に操作チェックを行うことが多いが，これは操作チェックのための項目に回答させること自体が従属変数に影響を与えることを避けるためである。たとえば，操作チェック項目への回答を求められることによって参加者が実験目的を意識するようになり，これが従属変数への回答に影響を与えてしまう可能性がある。しかし，操作しようとする心理状態が長く持続しない場合や，従属変数に回答することによってその状態が変化してしまう場合には，従属変数の測定後に回答させても正確にチェックすることはできない。そのため，従属変数に影響を与えないと考えられる場合には，独立変数の操作直後に操作チェックに回答させることもある。このような問題点を踏まえて，操作チェックの内容やタイミングも，パイロット・テストを重ねる中で慎重に決めていくこととなる。

8-3-3　従属変数の測定法の決定

　従属変数は「Yに違いが見られるか」の「Y」にあたるものであり，この測定法に関しても，独立変数と同様に，自分が使える資源の中で，実験状況の中に違和感がなく埋め込める適切な方法を選択する必要がある。さまざまな測定法の特徴に関しては4章で詳説されているので，ここでは詳しく述べることはしないが，次節の剰余変数の統制という点からも，パイロット・テストを実施した上で慎重に決定することが望ましい。全ての条件の実験参加者が同じよう

な評定値をつけてしまうような測度を用いるとすれば，本来は違いがあるのに違いがないと判断をする第2種の誤りを犯してしまう。たとえば，7件法 (1-7) の尺度で平均値が6.5になるような測度を用いると，どの条件も評定値が高いために違いがないように見えてしまう（天井効果）。また，逆に平均値が1.5になるような測度を用いると，どの条件も評定値が低いために違いがないように見えてしまう（床効果）。こうしたことが生じないように，実際に違いがある場合にはそれを検出できるような測定法を選択する必要がある。

8-3-4　剰余変数のコントロール法の決定

　剰余変数とは「X以外の変数」にあたり，比較をする条件間で「同じにする」ことが実験の論理から求められる変数である。この方法として無作為割りあて，マッチング，直接的コントロールの三つがある。

　6章ですでに述べたように，実験参加者のさまざまな個人差をコントロールするのに最も優れた方法は参加者の無作為割りあてである。具体的には，番号と条件をランダムに対応させた対応表を作成しておき，参加者に番号を振り，特定の番号の参加者には対応表に基づき実験を実施する。この方法を用いる際の注意点としては，第一に，実験者が条件を知ることがないように工夫をしておく必要がある。8-2-2で説明したように，実験者とは別の人がパソコンのプログラムを組んだり，番号が振られた封筒に操作の材料を入れる作業を行う必要がある。第二に，番号を機械的に割りあてることによって（たとえば，実験実施順に番号を振り，奇数か偶数かによって）条件を割りあてることがあるが，これは無作為割りあてではなく，望ましい方法ではない。このように実施をすると，実験者が条件を知る可能性が高まるし，実施する時間帯が条件ごとに異なってしまうといった個人差以外の剰余変数が入り込む可能性が高まる。

　次に，状況に関わる剰余変数をどのようにコントロールするかを考える。この点は，とくに第2種の誤りを犯さないためにも慎重に行わなければならない。実験を埋め込む状況の決定について8-3-1で述べたが，状況の全ての要素がこの問題と関わってくる。状況に関わる剰余変数のコントロール方法を検討する時に用いられるのが，従属変数に影響を及ぼし得る変数のリストである。実験者も実験状況の重要な構成要素であるので，誰を実験者にするかを例にとって

8-3 実験実施案の作成　　149

考えてみよう。偏見やステレオタイプ研究では，実験者が偏見やステレオタイプの対象となり得る人かどうかによって，従属変数である偏見やステレオタイプに影響を与えることが知られている（Lowery, Hardin, & Sinclair, 2001）。そのため，ジェンダーに関連する偏見やステレオタイプを研究するのならば，実験者の性が剰余変数になり得る。全ての参加者に対して 1 人の実験者が実験を行うとすれば，これは実験者の性を「直接的コントロール」によってコントロールしたことになる。一方，実験者が男女複数いて，特定の参加者に対して誰が実験者になるかをくじ引きで決めたとするならば，「無作為割りあて」によってコントロールしたことになる。実験者が男女 2 人いて，条件ごとに半分ずつ割りあてたとすれば，「マッチング」によってコントロールしたことになる。

　複雑な実験の場合，複数の実験者を用いる方法は実験者の訓練に相当の労力が必要となる。誤差を小さくしようとするならば，全ての参加者に対して同一の実験者が実施する直接的コントロールを用いるのがよいだろう。直接的コントロールを選んだ場合に重要なのは，誰をその実験者にするのかという点である。この場合，実験者として 1 人の男性で統一したほうがよいのか，1 人の女性で統一したほうがよいのか検討が必要になる。女性に対する男性の偏見を扱う研究の場合，男性を実験者にする場合に比べて女性を実験者にするほうが偏見の表出が抑えられることが先行研究から予想される（Lowery et al., 2001）。これを踏まえて男性女性どちらの実験者を用いるのかを判断することになる。

　別の例を考えてみよう。沼崎・工藤（1995）では，偏見を向ける対象として伝統的女性と非伝統的女性を設定している。評定対象の女性の伝統性―非伝統性をどのように設定するかは独立変数の操作の問題であるが，それ以外の部分で，評定の対象となる女性をどのように設定するかは剰余変数の統制にあたる。この場合，評定対象となる女性の外見をどのように設定したらよいだろうか。イメージを形成しやすくするために，評定対象者の写真をつけて，着ている服装を伝統的女性はエプロン姿，非伝統的女性はキャリアスーツ姿とすることによって独立変数を操作するとしよう。偏見を好意の低さで測定するとすれば，女性の容貌は剰余変数となりうる。2 人の女性にそれぞれの服を着させて写真を撮るとすれば，評定対象者の女性の容貌が異なってしまい，独立変数以外の要因を変えてしまうことになるので望ましくない。そこで，同一の女性にそれぞ

れの服装を着せて写真を撮れば，直接的コントロールをしたことになり，評定
対象者の容貌を条件間で同じに設定することができる。しかし，それだけでは
十分でない。ここで考慮しなくてはいけないのは，どんな容貌をした女性を刺
激人物にするかという点である。この女性を誰が見ても非常に美しい女性にす
れば従属変数である好意が全体として高くなることが予想できる。そのため，
操作した要因の効果よりも女性の容貌が従属変数に与える効果が強くなりすぎ
て，結果が出にくくなる可能性がある。つまり，偏見によって好意が低下する
と想定される条件でも，女性が美しすぎるために好意が高くなり，本当ならば
違いがあるにもかかわらず，違いがないという第2種の誤りを犯してしまう可
能性が高まることになる。

　実験を状況に埋め込む際には，状況のさまざまな要素が従属変数に影響を及
ぼし得る。これら一つひとつの要素を意識的に設定することが，実験状況を作
り出すことに他ならない。どのように設定するのかは実験によって変わってく
るが，6, 7章の統計的検定のところで説明したように，条件の中での偏差をな
るべく小さく，条件間での偏差をなるべく大きくできるような状況を作り出す
ことで，第2種の誤りを回避することができる。このような状況を作り出すこ
とは簡単ではないし，状況の一つの要素を変えるだけで従属変数の値に大きな
影響を及ぼすこともしばしばある。そのため，ここでも各要素についてパイロ
ット・テストを行い確認する努力をしなくてはいけない。パイロット・テスト
を行いながら，レビューの際に作った従属変数に及ぼす変数リストに基づいて，
それぞれの変数を無作為割りあて・マッチング・直接的コントロールのどの方
法でコントロールをしたのかチェックし，直接的コントロールを採用した場合
にはどのレベルで一定にしたのかについて確認をしておこう。この点に自覚的
になることにより，優れた実験を実施できるようになるであろう。

8-3-5　パイロット実験の実施と実験シナリオの作成
　パイロット実験とは，本実験の実施前に，実験状況や独立変数の操作や従属
変数の測定が全体としてうまく機能するかチェックするために行う予備実験を
指す。この段階は非常に重要である。すでに述べたように，独立変数の操作や
従属変数の測定といった，実験の一部のみのパイロット・テストを行うことは

各段階の確認のためには必要であるが，必ず実験全体を通しても実施してみる必要がある。パイロット実験では，実験状況・独立変数の操作・従属変数の測定が機能するのかを確認するために，実験参加者から本実験以上にさまざまな情報を得るようにする。このような確認の他に，実験の途中で生じ得る問題を明確にし，その対処法をあらかじめ決めておくためにもパイロット実験は必要となる。さらに，パイロット実験を経験することにより，実験者や実験協力者が独立変数の操作以外では同じ行動をできるように訓練することができる。そのため，パイロット・テストの間に決めておいた具体的な操作を，パイロット実験しながら詳細な実験シナリオにしていく作業が必要となる。実験シナリオとは，実験の計画者以外の人でもこのシナリオを見ればまったく同様に実験ができるように，細かい情報まで記述をしておくものである。そのためには，実験シナリオには以下のような情報が含まれることとなる。①準備する質問紙や実験用品のリスト，②実験室の配置，③実験者や実験協力者のセリフ，④実験者や実験協力者が行う行為，⑤その他の注意事項。これらの情報を含んだ実験シナリオを作成し，シナリオから逸脱せずに実験者と実験協力者が行動できるようになって初めて，本実験を実施することができる。

8-4　本実験の実施

　実験実施計画書を精密に作り，パイロット実験を踏まえて実験シナリオを作っておけば，本実験を実施することは基本的にはルーティン作業となる。しかし，実際に実験を実施する時に，完全にこのシナリオ通りに実験を進めたほうがよいのか，それとも実験参加者の理解などに合わせて変更してもよいのかといった問題が生じる。経験の少ない場合にはできるだけ変更をしないことを勧めたい。参加者に合わせると当初の操作的定義とは異なったことをしてしまう危険が高まるためである。しかし，実験を実施していく中で，パイロット実験では予測できない事態が起こることもある。このような場合には，実験シナリオからどのように逸脱したのかについて記録に残しておく必要がある。実験終了後，その記録に基づいて，当該の参加者のデータを分析に含めるか否かを決める。その際には，結果を見る前にデータを除く基準を作っておく必要がある。

8-4-1 実験後の説明（ディブリーフィング）

実験後の説明はおざなりにされがちであるが，実験において非常に重要なセクションである。実験後の説明には大きく分けて二つの目的がある。第一の目的は，実験参加者に対するケアである。すなわち，参加者に対して実験の本来の目的などについて詳しく説明をして誤解が生じないようにし，参加者を実験室に来る前の状態にできる限り戻して，実験室を後にしてもらうことにある。第二の目的は，参加者から従属変数以外の情報を得ることにある。全ての実験で，参加者の不快な気持ちや誤解を生じさせないために，実験後の説明は必須であるが，ここでは問題が生じやすいディセプションを含む実験の場合を紹介する。

実験後の説明において，参加者のケアとして何よりも重要なことは，参加者が不快な気持ちのまま実験室を後にすることがないようにすることである。しかし，ディセプションを用いた研究では，参加者は自分が騙されていたことを知ることになるため，参加者が少なくとも一時的には不快になることを避けられない。また，騙されたことを認めることは不快なことであり，騙されたことを認めたくないという心理になることも避けられない。このような状況の中で，参加者にディセプションを使った実験の必要性を納得してもらい，参加者から正確な情報を得るためには，実験者が真摯な態度で参加者に接することが重要である。また，情報を一方的に提供するのではなく，参加者からの情報を真剣に受けとめることにより，参加者に積極的に話をしてもらうことが必要である。

このような基本的な姿勢を前提として，どのように実験後の説明を進めていけばよいだろうか。流れを追って説明をしていこう。

導　入　実験に参加してもらったことに対してお礼を言うところから始める。次に，これまでの実験でわかりづらいところや，疑問に思ったことがないか尋ねてみよう。何もないと答えた場合でも，実験の個々の手続きについてどのような感想をもったのかを尋ねてみる。そうすることによって，参加者が実験手続きに対して疑念をもったかどうかがわかる。その後で初めて，「最初に話した目的とは異なった目的があるのではないかと感じませんでしたか」といった質問を参加者に向けてみよう。もし「ある」と答えた場合には，どのよう

な目的であると思ったのかを尋ねてみよう。このようにすることによって，実験には別の目的があったという事実を受け入れる前に，参加者に心の準備をしてもらうことができる。

本当の目的の開示　このような手続きの後に，内容には触れず最初に話した目的とは別の目的があったことを話し，参加者に対して真摯に謝罪をする。そして，別の目的とはどのようなものであったと思うかを尋ねてみよう。この段階で参加者が本当の目的を推測できなければ，カバー・ストーリーが有効に働いていたことになる。

実験の説明　次に実験の目的や手続きについて説明をする。その際には，なぜディセプションが必要であったのか，ディセプションを用いなくては信頼性の高いデータを得ることができなかったことについて真摯な態度で説明する必要がある。この段階においても，一方的に説明をするのではなく，参加者に積極的に話をしてもらうことが必要である。実験の手続きを説明する中で，その参加者がどの条件に参加したかを知らせるとともに，参加者の条件と比較する他の条件の手続きについても詳しく説明し，この条件に参加した場合には自分の行動が変わると思うか尋ねてみよう。このように参加者に発言してもらうことで，参加者自身に考えさせ，実験内容やディセプションの必要性についての理解が進むことが考えられる。この説明の中で，実験者の仮説を説明し，仮説について参加者の意見を聞くことになろう。そして，実験に改善すべき点がないかも尋ねてみよう。改善すべき点を尋ねることは，それによって有意義な情報を得ることができるばかりではなく，参加者自身が研究に参加しているという気持ちになれるので不快感を除くのにも有効である。

説明後のフォローアップ　ディセプションを用いた実験を行った場合，実験の本当の目的や手続きについて潜在的な参加者に口外しないように求める必要がある。それまでの説明で，本当の目的を参加者が最初から知っていると実験にならなくなってしまうことを納得してもらっていれば，この段階で口外しないことについて同意を得ることは難しいことではないであろう。しかし，同意

をしてもらうだけでは十分ではない。ある特定の集団から参加者を募集した場合，誰が実験に参加したかわかることも少なくない。そこで，これから実験に参加する人が既に参加した人に対して，どのような実験だったか尋ねてくることがしばしばある。そのような場合，「本当の目的は言わないように言われた」と前の参加者が答えたとすると，実験には「別の目的」があることを後の参加者に知らせてしまうことになる。そのため，口外をしないことだけではなく，実験の内容を他の人から聞かれた場合にどのように返答すべきかも含めて，参加者に依頼する必要がある。たとえば，本当の目的に触れずに，実際に参加者が行ったことについて説明をするように依頼するのも一つの方法である。このようにすれば参加者に嘘をつかせることをせずに，実験について情報が広まることを防ぐことができるだろう。

最終段階　次に，参加者に対して何か質問や話しておきたいことがないか尋ねる。ディセプションがあった場合には再度お詫びを述べるとともに，最後に参加者に対してお礼を述べることによって実験後の説明を終了させる。

8-5　倫理的配慮

科学的研究の倫理について最近は大いに関心を払われるようになっており，心理学の研究においても例外ではない（安藤・安藤, 2005; Nagy, 2005）。研究手法に応じて倫理的に注意をしなくてはいけない事項は異なるが，ここでは実験研究の参加者に対する倫理に絞って問題を整理して，具体的にどのような配慮をする必要があるかについて述べる。

8-5-1　実験を実施する前の配慮

実験は研究者が人為的に操作した状況に実験参加者をおくことによって成立する。その際に参加者に対してディセプションを使用することが許されるのか，また，身体的／精神的にどの程度まで苦痛を与えてもよいのかという問題が生じる。参加者に本当の目的を悟られないようにディセプションが使われることも多くがあるが，これは参加者を騙すことに他ならない。また，脅威を与える

ために，嘘のネガティブなフィードバックを与えることは，自尊心を低下させる操作であるが，これは参加者のストレスを高め精神的な苦痛を与えることに他ならない。もし，一切のディセプションや苦痛を与えることが許されないとすれば，人為的な状況を作り出す実験を人に対して実施することはかなり制限されることになってしまう。

　それでは，どの程度の範囲内で許されるのであろうか。ディセプションや苦痛を含むような研究を実施する場合，その研究で得られると予測される学問的，教育的，または社会的価値に照らして，そのディセプションや苦痛が正当化されうるのか，また，同程度に有効な代替手続きがあるかどうか，という視点が重要であろう。研究によって人間の心理に関する知識を蓄積しその知識を社会に還元する。還元する知識と比較されて，ディセプションや苦痛を伴う操作が正当化されるかが判断される。しかし，誰が比較し判断をするのであろうか。従来は，研究者個人の良心や価値観により判断がなされていた。もちろん，研究者が責任をもって十分に倫理的に配慮することは不可欠であるが，全ての面を個人が見通すことは困難であり社会的価値判断は多様であり得る。そのため，近年では実施する研究者とは独立した視点から倫理的配慮について審査することが求められるようになってきている。次第に研究機関に研究倫理委員会が設けられるようになってきている。研究倫理委員会が設けられている場合には，研究を実施する前に審査を受けることが求められることが多い。また，そのような研究倫理委員会が設けられていない場合でも，独りよがりにならないためには，指導教員や自分以外の研究者に倫理的判断を仰ぐという習慣をつけておこう。

8-5-2　実験を実施する際の配慮

　実験に参加を依頼する場合には，参加・不参加を実験参加者が自由に選択できるようにする必要がある。そのため，研究の種類や性格を明確にして，それぞれの責任をはっきりさせるため，インフォームド・コンセントをとり，研究を実施する以前に実験参加者との間で合意を交わすことが望ましい。インフォームド・コンセントでは，参加者が実験の内容を把握した上で実験に自主的に参加することに承諾をしてもらう必要がある。参加者には次のような情報は伝

えておくことが望ましいであろう。①研究であること，研究の目的，予想される参加期間，従うこととなる手続きについて。②参加者が経験すると予期されるリスクや不快について。③参加者に対して謝礼を支払うとすれば，その内容について。④参加者の匿名性がどの程度守られるかについて。⑤実験参加が自発的なものであり，研究のどの段階においても研究を放棄する権利を有すること。

　上記のような情報を参加者に説明するだけでなく，書面にして参加者に渡し，それとは別の用紙で自筆の署名を取るという形でインフォームド・コンセントを取るのが望ましい。

8-5-3　研究を実施した後の配慮

　実験の実施のセクションですでに述べたが，実験後にはきちんとした説明を行う必要がある（8-4-1 参照）。ディセプションを用いた場合には，研究者側の手の内を全て見せた後で，再度データの使用の許可を取ることが望ましい。また，どのような形で自分が参加した研究が社会に還元されるのかを知る権利を実験参加者はもっており，参加者が知りたい場合には研究の結果をフィードバックしよう。多くの場合には直接会ってフィードバックをするのが困難であろう。そのような場合には，フィードバックをどこにしたらよいかあらかじめ参加者に尋ねておこう。

　研究を実施した後にとくに問題となるのは，参加者のプライバシーの侵害の問題である。参加者から得られたデータの保管には十分の配慮が必要である。個人名を特定できる形で誰でもアクセスできる場所（物理的にも電子的にも）にデータを保存しておくことは望ましくない。また，研究成果を発表する場合には，参加者のプライバシーを守る見地から，参加者個人を特定できるような情報を排除する必要がある。

　社会心理学の研究の中には，参加者にディセプションを使ったり，身体的・精神的な負担を強いるものもある。十分な倫理的配慮を払い研究を実施することは研究を行う者の義務であり，この義務を自覚して実験にも臨む必要があろう。

コラム13　場面想定法実験と質問紙実験

工藤恵理子

　実験室であれ現場であれ，実験法を用いる場合には，実験参加者はある特定の条件に割りあてられ，実験者が構築した実験状況を体験することになる（6〜8章参照）。たとえば，7章で紹介したSinclair & Kunda（2000）の実験では，参加者は，「男性（または女性）の人事担当者から否定的（または肯定的）評価を受ける」ということを実際に体験し，その後で，その人事担当者の能力を評価する機会を与えられた。ある参加者は，男性の人事担当者から否定的評価を受け，別な参加者は女性の人事担当者から否定的評価を受けるということを体験するわけである。

　このように独立変数を操作し，従属変数を測定することで，変数間の因果関係を特定する実験法は優れた方法ではあるが，個別実験であれば，1回の実験には1人の参加者しか参加できないため，実験を何度も（たいていは何十回も）繰り返さなくてはならない。しかも，同じ実験条件では，毎回状況が同じになるようにしなくてはならない。自分一人で全ての実験を実施しなくてはならないとしたら，かなりの時間と労力の必要な作業となる。

　「それならば，実際に実験状況を作り出さなくても，実験の状況を説明し，そのような場合にどのような反応をすると思うか，想像して答えてもらえばよいのではないか」と考える人がいるかもしれない。先の例で言えば，「もし，女性の人事担当者に面接の後で否定的な評価をされて，その後で，その人事担当者の能力について評価してほしいと言われたら，どのように評価すると思うか」を尋ねるということである。このやり方であれば，一度に大勢の人の回答を得ることが可能である。このように，特定の実験条件の状況を説明して，それを経験したとしたら，どう反応するかを想像して回答を求める方法を場面想定法と呼び，これを用いた実験を場面想定法実験あるいはシナリオ実験と呼ぶ。

　しかしこのような方法は実験室実験の代わりにはならない。特定の状況を説明した上で，自分がその状況を実際に体験していると想像させ，その場合にどのように行動するか，どう回答するかを答えるように求めることはできるし，実験参加者もこれらの質問に回答することはできるだろう。しかし，そこで得られる回答は，その状況を実際に体験したときの人々の行動や反応とは異なったものと考えたほうがよい。こういった想像上の回答が実際の人々の反応とは食い違うことを明らかにしたのは，社会心理学の重要な研究知見の一つである。たとえば，ミルグラムの古典的な服従研究（Milgram, 1974）では，多くの参加者は実験者の教示に従って，生徒役の参加者に対

して非常に強い電気ショックを与えてしまうことが見出された。しかし，この研究の状況を別の人々に説明して，「もしその実験に参加して次第に強い電気ショックを与えるようにという教示をされたらどうするか」を尋ねたところ，ほとんどの人は，かなり弱い水準の電気ショックで止めるだろう，と回答していた。つまり，実際にこの実験状況におかれた人々は実験者の指示に従ったのにもかかわらず，それを想像した人たちは，自分がそのように行動するであろうことを正しく推測できなかったのである。この研究は，私たちが自分の行動や反応を正確には予測できないことを端的に示している。

　近年では，想像上の回答が実際の人々の反応とは食い違うこと自体が研究の対象となっている。たとえば，ある研究では，ギリギリのところで達成できなかった場合に感じる後悔の程度と，まったく達成できなかった場合に感じる後悔の程度を題材にしている (Gilbert *et al.,* 2004)。私たちは普段，ギリギリのところで達成できなかった場合のほうが後悔の感情は強くなると考えているが，実際にそうであるかどうかを確かめたのである。彼らは，地下鉄の駅であと１分で電車を逃してしまった人と５分以上遅れて電車に乗れなかった人に，電車に乗れなかったことについてどの程度後悔の感情を抱いているかを尋ねた。そして，それとは別の人々に，もし，電車にあと１分で乗り遅れたら，あるいは５分で乗り遅れたら，それぞれどの程度後悔を感じるかを尋ねたのである。想像して回答した場合は，人々は，１分で乗り遅れるほうがより強い後悔を感じると回答していたが，実際に電車を逃した人々が回答した後悔の程度は１分と５分とで違いはなかった。つまり，実際に感じる後悔の程度は，私たちが想像するものとは異なっているのである。このように，私たちは自分が実際にそのことを体験した時の心理状態を正しく予測することはできないのである。

　しかしながら，独立変数を操作した実験をするためには必ず個別の実験室実験をしなくてはならないのか，あるいはそれが常に最善の方法なのかというと，必ずしもそうではない。研究のテーマによっては，実験室で条件操作をして強力に実験状況を作り出す必要のない場合もある。たとえば，どのような広告が効果的かを検討する場合，広告に対する評価を知りたいのであれば，広告を呈示してその評価を尋ねることでその目的は達成される（しかし，その広告が購買行動を起こさせるかどうかを知りたい場合は，行動を測定する必要があるため，実験室実験または現場実験が必要になるだろう）。あるいは，説得メッセージの効果を調べるために，説得文章を読んでもらい，その後に意見を回答してもらうというような実験もまた，必ずしも実験室で行う必要はない。むしろ，実験室で回答を求めた場合は，参加者が実験室という非日常的な環境に身をおくことによって緊張し，通常とは異なった反応を示してしまう可能性も考えられる。このように，参加者に刺激を呈示し，それについての回答を得るという実

験の方法は判断型の質問紙実験と呼ばれる。先にあげた場面想定法実験とは異なることに注意してほしい。

判断型の質問紙実験では，参加者に呈示する刺激を替えることで独立変数を操作することが多いが，回答の仕方（たとえば設問の順序や質問の仕方）を条件によって替えることで独立変数を操作することもある。しかし，逆に言うと，判断型の質問紙実験では，実験室実験のように状況の設定によって条件を操作するということは困難である。たとえば，1人でいる場合と，他にも人がいる場合の違いを検討したい場合，実験室であれば，簡単にその状況を作り出すことができる。しかし，質問紙では，そのような状況を操作することはできない。ある状況におかれた人の心理過程や行動が研究の焦点である場合は，やはり実験室においてその状況を作り出す必要がある。ただ単に想像することをもって代わりとすることはできないのである。しかし，判断型の質問紙実験でも工夫をすることで，操作できる独立変数の幅は広がるはずなので，可能性を検討することは大切である（さまざまな工夫については，村田・佐久間，2004を参照）。

特定の状況を想像させて，その状況での反応の予測を回答させる場面想定法が有用な場合は，非常に限定される。最も適しているのは，人々がある状況や場面を想像して回答した結果そのものが知りたい場合である。研究の目的によっては，ある場面でどう行動すると人々が考えているかを知りたい場合もある。たとえば，私たちはあることをするかどうか判断を下そうとする時に，その結果生じることを想像し，その時の自分の気持ちを考慮して決断することがある。「もし失敗したら立ち直れないくらいショックを受けるだろうから，やめておこう」というように。人の決定にこの事前の想像の内容が大きく影響するのであれば，たとえば，ある状況ではどの程度後悔すると予測するかという想像上の後悔を尋ねることに意義を見出すことができるだろう。これらのように，ある場面を想像して人はそれをどう考えるのか，それ自体を知りたい場合，また，人々が，ある状況で自分がどう行動，判断するはずだと考えているのか，その信念を知りたい場合に場面想定法実験は有効であると言える。

コラム14　準実験

沼崎　誠

　因果関係を明確にするには，実験は最も優れた手法である。実験の基本となるのは，操作によって設けられた統制群と実験群に実験参加者を無作為に割りあてることによって，剰余変数の影響をコントロールして，別の因果的説明可能性を排除することにある。しかし，無作為割りあてができなかったり統制群を設けることが困難であったりして，純粋な実験を実施することが不可能な場合がある。その場合に用いられる研究法として，準実験と呼ばれる手法がある。

　完全に状況をコントロールした実験を実施することが難しい研究課題もある。たとえば，教授法 A（たとえば e-learning）が算数の成績を高めるかどうかを検討するための評価研究を考えてみよう。このような評価研究の場合には，実際の授業の中で小学生を研究参加者にすることにより外的妥当性を高める必要があるが，実験室で研究を行うことは困難であろう。

　このような評価研究を教育現場で行う場合，最初に浮かぶ研究方法は，e-learning 導入前のクラスの子どもに算数のテストを実施しておき（事前テスト），導入1ヶ月後にも同じ算数のテストを実施し（事後テスト），導入前と導入後の成績を比較するという研究デザインであり，単一集団事前事後デザイン（one-group pretest-posttest design）と呼ばれる。しかし，このような研究デザインでは，導入後に成績が上がるという結果が得られても，e-learning の導入以外の剰余変数が影響している可能性が否定できない。たとえば，2度同じテストを実施したために成績がよくなったかもしれないし（練習効果），時間の経過に伴って発達的変化により成績が高まったのかもしれない（成熟効果）。

　別の方法として，e-learning を導入したクラスと導入しなかったクラスに対して，導入1ヶ月後に同じ算数のテストを実施して成績を比較するという研究デザインを思いつくかもしれない。このような研究デザインは不等価2群事後テストデザイン（posttest-only design with nonequivalent groups）と呼ばれるが，やはり剰余変数が影響していた可能性を否定できないので，成績の上昇が本当に e-learning によるものかはっきりしない。たとえば，導入したクラスと導入しなかったクラスではもともと成績に違いがあったかもしれない。

　単一集団事前事後デザインや不等価2群事後テストデザインは，剰余変数が十分にコントロールされていないため擬実験と呼ばれる。

　このような擬実験とは異なり，剰余変数による影響を完全に排除できないまでも，

コラム 14　準 実 験　　　161

できるだけコントロールするような研究デザインが準実験である。準実験には二つの
タイプがある。一つは，複数の集団に対して研究を実施するタイプで，もう一つは単
一の集団に対して研究を実施するタイプである。

　複数の集団に対して行う準実験の代表的な方法は，不等価 2 群事前事後テストデザ
イン（pretest-posttest design with nonequivalent groups）と呼ばれる。この方法は，
e-learning を導入したクラスと導入しなかったクラスを比較するが，事前テストを行
う点で不等価 2 群事後テストデザインとは異なる。参加者を条件に割り振る時に無作
為割りあてを行わない点を除いて，純粋な実験計画とほぼ同じ計画と言える。さまざ
まな制約から，既存の集団単位でしか実験条件を設定できず，無作為割りあてができ
ない場合に取られる。e-learning の例を用いると，導入を予定しているクラスと導入
を予定していないクラスに，あらかじめ算数のテストを実施しておき，導入 1 ヶ月後
に両クラスに対して算数のテストを実施するという研究デザインである。このような
方法を取れば，擬実験で問題となった練習効果や成熟効果といった問題を解決するこ
とができる。また二つのクラスにもともと違いがあったかどうかを検討することもで
き，違いがあったとしても，7-1-4 で紹介した共分散分析を用いることにより，統計的
にコントロールすることができる。このように不等価 2 群事前事後テストデザインは，
参加者を無作為割りあてしていないことから生じる問題を完全に解決はできないが，
相対的に優れた研究デザインと言える。

　複数の集団に対して行う研究デザインは，統制群を設けることができるため優れた
方法であるが，現実的制約から統制群を設けることができないこともあろう。成績を
上げると予想される e-learning を，同じ学校の一つのクラスには導入し，別のクラス
には導入しないことには教育上問題があるとされるかもしれない。その時には，導入
するクラスのみの単一の集団に対して行う準実験デザインが取られることがあり，中
断時系列デザイン（interrupted time-series design）と呼ばれる。このデザインは単一
集団事前事後テストデザインの事前と事後の測定の回数を増やしたものと考えればよ
い。たとえば，5 年生の 1 学期から e-learning を導入するとするならば，4 年生の 1 学
期から 6 年生の 3 学期まで，毎学期初めに計 9 回算数のテストを実施する方法である。
これにより，e-learning の効果と練習効果や成熟効果を分離して観測することができ
る。もし，図の実線のように，e-learning の導入前後においてのみ成績が顕著に上昇
するという結果が得られたとすれば，練習効果や成熟効果によって説明することは困
難であろう。一方，破線のような導入前後において他の期間とは異なった特別な変化
が見られないとすれば，たとえ，5 年の 1 学期から 2 学期にかけて成績が上昇したと
しても，これを新たな教育法の導入の効果と考えることは困難である。

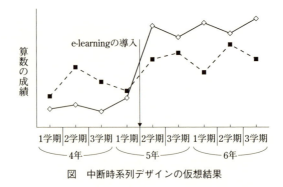
図　中断時系列デザインの仮想結果

　評価研究のように外的妥当性が重視されるような研究の場合には，実験室ではなく現場で研究を行う必要がある。厳密なコントロールが難しい現場においても，擬実験ではなく準実験を行うことは，研究の内的妥当性を一定程度維持しながら，外的妥当性を高めることになる。準実験に関して日本語で読めるものとしては南風原（2001b）を，より詳細には Cook & Campbell（1979），Shadish, Cook, & Campbell（2002）を参照されたい。

9　観　察　法

釘原直樹

　一般に人は，他者の行動を観察して，その人を自分なりに理解しようと努める。心理学者も同様に，行動の観察を通して人の性格や能力，態度などを推定する。この意味では，心理学者も一般の人も同じ方法を用いていると言える。ただし，一般の人は観察結果が主観によって歪んでしまう可能性をあまり意識していないかもしれない。また，きちんとした記録を取ることもなく，あいまいな記憶に頼っていることが多い。一方，心理学者は対象や状況を限定し，厳密な方法を用いて一定の手続きに従って観察を行い，データを得る。

　本章では，観察方法やサンプリング方法，そして記録方法を系統的に分類し，それに従って解説を加えていく。それぞれの方法と対応したいくつかの研究事例の紹介も行う。さらに，観察のための道具（ハードやソフト）や，観察に際しての問題点，注意事項についても述べることにする。

9-1　行動のサンプリング方法

　観察の目的は，ある行動をできるだけ広く深く理解することである。そのためには，その行動に関する全てのデータを収集する必要がある。しかし，それは時間的にもコストの面からも難しいし，場合によっては不可能でもある。そこで一部分（サンプル＝見本）を選択して観察することになる。しかし，選択されたサンプルが人々の通常の行動を正しく反映したものであるとは限らない。その意味で，行動のサンプリングは極めて重要である。サンプリング方法としては時間的，空間的な基準によるものや，特定の対象や事象のみに注目してサンプリングを行うものがある。

9-1-1　時間サンプリング法
　時間サンプリング法は，異なる時間帯の行動をサンプリングすることによっ

て，研究対象とする行動の代表的なサンプルを得ることを目的としている。サンプリングの間隔は，一定のルールに従って決められる。たとえば毎週金曜日の朝9時から10時までの1時間を5分ごとに区切り，5分を観察時間，次の5分を記録時間として，これを繰り返す。場合によっては，このように時間を決めず，ランダムに時間帯を設定することもある。あるいは，これら二つを組み合わせることもある。

　社会心理学における研究例として，Csikszentmihalyi & LeFevre（1989）の経験サンプリング法（Experience Sampling Method: ESM）がある。これは日常的状況における人々の思考や感情についてのデータを収集するために開発されたものである。具体的には研究参加者にポケットベルと，尺度項目および自由記述欄付きの調査票を渡して行われた。参加者は，たとえば1週間に56回，ランダムな間隔でポケットベルを鳴らされ，その直後に調査票に「現在行っている行動」「現在位置」「誰と一緒にいるか」等の項目と，現在の経験内容をさまざまな面から記述した。研究者が携帯電話のメールに調査票をその都度送るようにすれば，回答もさらに容易になろう。

　時間サンプリング法の短所としては，観察している時（たとえばポケットベルが鳴った時）に目的の行動が生起せず，データが取れないこともあり得ることである。したがって，発生頻度が低い行動の観察には適していない。

9-1-2　事象サンプリング法

　上記の問題を避ける方法の一つが事象サンプリング法である。この方法では，最初に研究対象となる事象を明確に限定する。事象は具体的かつ客観的で，操作的に定義可能なものであることが望ましい。そして，当該の現象が生起している間中，連続して観察することになる。したがって，事象の生起から終息に至るまでの過程や因果関係を観察・分析することも可能になる。

　北折・吉田（2000, 2004）は，この方法を用いて横断歩道における歩行者の信号無視行動について検討している。観察は，歩行者信号が青の点滅から赤に変わった瞬間から再び青になるまでの間実施された。そして，その間，原則として5番目に渡った人をサンプルとして抽出し，その行動を記述している。5番目の人を抽出したのは，周囲の人の行動による影響の可能性を検討するためであ

る。観察の結果，歩行者は周囲の人の行動に強く影響される傾向があるものの，全ての人がそれに従うわけではないことも明らかになった（北折，2007）。

9-1-3 状況サンプリング法

状況サンプリング法は，研究対象となる行動がさまざまな環境，場所，条件で観察される場合に用いられる。こうすることによって，特殊な環境や条件でのみ生起する行動だけを抽出する恐れがなくなる。

Zimbardo（1969）は，ニューヨークの人通りが多く匿名性が高い場所と，カリフォルニア州パロアルトの閑静な住宅街に自動車を放置してその様子を観察した。すると，前者では極めて短時間に自動車が破壊し尽くされたのに対して，後者では長時間放置されていても破壊されることはなかった。この例にも示されるように，場所や状況によって人々の行動は異なっている。特定の場所における人の行動のみで法則を一般化することは問題があり，複数の場所で確認する必要がある。

9-2 観察方法

図 9-1 に示されているように，観察方法には観察者が対象を眼前で（あるいは AV 機器を通して）直接観察する方法と，記録やその他の資料を分析することにより間接的に観察する方法がある。間接観察の場合，対象者はその場には存在しない。間接観察はさらに物理的痕跡を対象とする場合と，アーカイブ・データを対象とする場合に分けられる。

直接観察は非介入観察（自然観察）と介入観察に分類される。非介入観察では，観察者はもっぱら受身の記録者として活動し，観察対象者の行動やできごとを操作したり統制したりすることはない。状況を操作することが倫理的に問題となる場合には，この方法を選択せざるを得ない。たとえばパニック状況での群集行動を研究するために，人々の生命や財産を危険にさらすような状況を設定することは当然許されない。そこで，たとえば群集行動が観察される人通りが多い場所（交差点の横断歩道や，地下街で群集流が交差する所）で自然観察を行い（中，1977；矢守・杉万，1990），その結果から危機事態での行動を推測することに

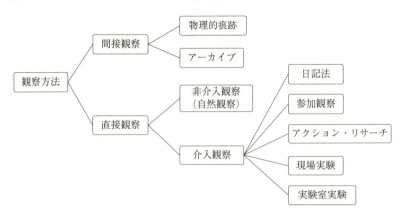

図 9-1 観察方法の分類 (Zechmeister, Zechmeister & Shaughnessy, 2001 を改変)

なる。

介入観察は，日記法，参加観察法，アクション・リサーチ，現場実験，実験室実験に分類される（図9-1）。例外はあるが，一般に図の下方に位置している方法ほど，要因統制が厳格で人工的な事態を設定している場合が多い。以下では，実験室実験以外の方法について説明する。

9-2-1 物理痕跡観察

物理痕跡から人の行動を推測することは，考古学や人類学の主要な研究方法である。物理痕跡には「使用痕跡」と「生産物」の2種類がある。

使用痕跡には，灰皿に残された吸い殻の数，自動販売機付近に散らかっているゴミの量，本についた手あかなどがある。吸い殻の数はイライラの程度や待ち時間の長さの指標，ゴミの量はモラルの指標となるかもしれない。また，本についた手あかは，人々の興味の内容を知る手がかりになる。使用痕跡を使った例として，高速道路サービス・エリアにおけるゴミ捨て行動を分析した橋本(1993)の研究がある。橋本は，不燃ゴミと可燃ゴミの「分け捨て」の割合を高めるために，缶飲料の自動販売機の近くには不燃ゴミ用のコレクターを，紙コップ飲料販売機の近くには可燃ゴミ用コレクターを設置して，捨てられたゴミ内容を分析した。その結果，上記のような配置がなされていなかった時期に比べて，分け捨て率が5.5%上昇していた。この結果から，小さなゴミの場合，

人々はわずかな距離（数十センチメートル）であっても，遠くのコレクターへ捨てる労力を惜しむ傾向があることが明らかになった。

生産物に関しては，落書き，服装，商品などさまざまなものがある。たとえば，Green（2003）はトイレの落書きを分析している。トイレは匿名性が高いことによって没個性化（deindividuation）が生じやすいところであり，社会的に容認されていない態度や感情（性的体験，排出物，民族的敵意，逸脱した政治的見解など）を表現している落書きが多く見られた。

物理痕跡を研究対象とする場合，研究者が観察対象者の反発を考慮しなくて済むという特長がある。しかし，物理痕跡がそもそも何を示しているのか，その妥当性については慎重に吟味する必要がある。できれば，調査法などを併用して検証することが望ましい。

9-2-2 アーカイブ分析

社会には日々，さまざまな記録が蓄積されている。たとえば，政府や公共機関が所有する統計データ（人口動態統計，各種経済データ，殺人や犯罪数，投票率）がある。総務省統計局発行の『日本統計年鑑』は日本における最も包括的な総合統計書であり，基本的な中央官庁統計を体系的に収録している（最新版はウェブサイト上で見ることができる——http://www.stat.go.jp/data/nenkan/index.htm）。

長期にわたる統計（累積統計）を調べるには，日本統計協会が発行している『日本長期統計総覧』がある。これは1868（明治元）年から現在に至る140年以上の期間における人口・経済・社会などあらゆる分野の統計の中から主要項目を選び，体系的に収録したものである。

米国の場合，米国統計指標（American Statistics Index）では400以上の政府機関の公式刊行物（消費者物価指数や教育，雇用統計など）がリストアップされている。米国統計関連出版物集成（The Statistical Reference Index：SRI）には，州政府，大学，私的機関が集めた情報が記載されている。この二つはLexis Nexis Academic & Library Solutions社が提供しているデータベースの中にあり，これに加入すればオンラインで利用可能となる。

このように，研究者はインターネットによって容易にセンサスデータや経済統計，投票記録，その他のサーベイ結果にアクセスできる。写真をはじめとす

るビジュアルデータも最近では多くなっている。新聞やニュースメディアも重要なアーカイブ・データとなる。そこから犯罪や株式市場の変動，スポーツチームの記録などを得ることができる。

このような統計データや新聞記事を使用した社会心理学的研究も数多く行われている。たとえば Lichtenstein, Slovic, Fischhoff, Layman, & Combs（1978）や Kugihara（2002）は，さまざまな死因（病気や事故）による死亡率に関して，統計データと主観的評価のズレについて検討し，ネガティブな事象に対する認知の歪みについて明らかにしている。Mann（1981）はビルや橋，塔，断崖から今にも飛び降りようとしている人を見上げている野次馬群集の行動に関する新聞記事を収集し，没個性化の観点から分析している。

また，スポーツデータの分析を通して集団における動機づけとパフォーマンスの関係について検討したもの（Baumeister & Steinhilber, 1984）や，野球の死球に関するデータから気温上昇が攻撃性を促進することを明らかにした研究もある（Reifman, Larrick, & Fein, 1991）。たとえば釘原（2005）は，スポーツ欄に掲載されているプロ野球の記事から日米のホーム・アドバンテージの特徴と，それに影響する試合の重要性，移動距離，観衆効果，フランチャイズ移動の効果を明らかにしている。

アーカイブ・データを使用することには，研究遂行上，好都合な点が数々ある。アーカイブ・データは自然が行った実験結果を記録したものと考えることもできるし，一般にデータ数も多い。また，データ収集の段階を省略することができる。さらにアーカイブ・データは一般に公表済みで，しかも個人を特定していないものが多いので，倫理的問題が生じることが少ない。インターネットの発達によって，アーカイブ・データはますます利用しやすくなるであろう。

しかしアーカイブ・データを利用することの問題や限界も認識しておく必要がある。第一は，資料記載の偏りの問題である。記録のある部分は収録され，別の部分は収録されない可能性がある。たとえば，学校の卒業写真集には活動や集団の全てが記載されているわけではなく，作成担当者によって偏りが生じているかもしれない。病気や犯罪，物価指数や失業率などは政治的な理由によって操作されている場合がある。自殺も，家族が事故や病気として届け出ることがあるため，その公式データは過少申告となる。乗用車やバイクの死亡事故

の一部は自殺かもしれない (Pompili, Girardi, Tatarelli, & Taterelli, 2006)。窃盗や強姦の記録も過少である。新聞の記事にも偏りが生じていることは警察庁の犯罪統計データと新聞記事の頻数にずれがあることからも明らかである。2000 年から 2003 年にかけての殺人事件（嬰児殺，強盗殺人も含む）の総検挙人数のうち，10 代は 6.98% にすぎないが，新聞（朝日，読売，毎日の全国紙）に取りあげられた10 代の加害者の殺人に関する記事数の割合は 17.77% となっている。一方，50 代以上の検挙人数の割合は 35.43% であるが，記事数は 19.13% である（釘原，未発表）。

　第二は，記録の紛失や欠落など，資料保存の偏りの問題である。往々にして研究者はこのことに気づかない。ある個人や集団によって資料が消されていることもある。たとえば，家族のアルバムの中から離婚した相手の写真や，太っていた時の写真が消えていることがある。公的な統計データでも異なっていることがある。警察庁による「自殺の概要」の自殺者数と厚生労働省による「人口動態統計」の自殺死亡数は同じではない。厚生労働省のデータは自殺，他殺あるいは事故死のいずれか不明の時は自殺以外で処理しており，死亡診断書等について作成者から自殺の旨訂正報告がない場合は，自殺に計上していないためである。このように定義の違いによる記録の偏りがあることを念頭に置きながらデータの分析や解釈を行うべきであり，また可能であれば独立した別のデータを調べることが望ましい。

　分類システムや保存の質が部署によって異なっていたり，情報収集の方法や分類方法が時代によって異なっていたりする可能性もある。また，分類システムが研究者の目的からずれているかもしれない。そのため，データ収集の方法や基準が変わっていないかどうかをチェックしておく必要がある。たとえば，2000 年に警察庁は，警察改革の一環として「市民が相談しやすい警察」の方針を打ち出した。そのために，1999 年には相談窓口への相談件数が 30 万件前後だったのが，2000 年には 74 万件と倍増し，現在では 100 万件以上になっている。検挙率が低下したのは，犯罪が増えたからではなく，警察の方針転換によると考えられる。研究者はこのようなことがあることを十分認識しておく必要がある。

　統計資料以外のアーカイブ・データを処理するには内容分析（コラム 15 参照）

170   9 観 察 法

が行われる。その対象として視聴覚メディア（ビデオ，フィルム），印刷物（新聞，雑誌，本），写真や絵，個人的文書（自伝，手紙，日記）がある。内容分析によって興味深い結果を示した研究も数多いが，分析そのものは単調でしかも労力を必要とする作業となる場合が多い。

9-2-3 自然観察

　自然観察の特徴は，観察者が環境を操作しないでデータを収集し，できるだけありのままの姿を捉えることである。もちろん，ただ漠然と観察するのではなく，目的の絞り込みと正確さが要求される。たとえば，研究目的に応じて観察場面や観察時間を設定したり，特定の行動に焦点を絞って継続的に観察することもある。

　自然観察の第一の特徴は，研究対象の性質や周りの環境について把握することにある。したがって，研究の初期段階に用いられる手法として重要である。たとえば，インタビューを実施する前に，どこに対象となる人がいるのか，インタビューが可能な時間はどの程度か，妨害要因は何かなどを確認する。カテゴリーやスコアリング・システムを作成するための参考にもなる。また，実験法を用いて研究する際にも，まずは自然な状況における行動を把握することを通して問題を発見し，仮説の構成を行った上で，精密な実験を行うことが望ましい。

　第二の特徴は，先述したように，実験的にその状況を作り出すことが不可能であったり，できたとしても倫理的に問題がある場合など，他の手法が使えないような現象を研究できることである。たとえば Collett & Marsh（1974）は，人通りが多い交差点で 2 人の通行人がぶつかりそうになった時，相手をどのように避けるかを観察した。分析の結果，男性の 75% は相手のほうに体を向けて対面する形でぶつかるのを避けようとするのに対して，女性の 83% は相手に背中を向ける形で避けようとした。Collett らは，女性が自分の乳房が当たらないように防御しようとしてこのような行動をとるものと推測した。これは，相手とぶつかりそうになった時，女性は体の前に腕を交差させる傾向があることからも確認された。

　自然観察は，費用や装置の面ではコストが少ない反面，時間がかかる場合が

多い。目的の行動が生起するまで長く待たねばならないこともある。

9-2-4 日 記 法

　日記法の特長は，他の方法では得難い日常の自然な状況における自発的な行動を分析できること，質問紙法では避けられない忘却や記憶の変容を工夫次第で最小限に抑えることができることにある（Bolger, Davis, & Rafaeli, 2003）。日記を常に携行していれば経験の生起直後に記録することが可能であり，パーソナリティ過程（Bolger & Zuckerman, 1995; Rhodewalt, Madrian, & Cheney, 1998），生理的現象（Sacks, 1992），家族の人間関係（Barnett, Marshall, Raudenbush, & Brennan, 1993）など，さまざまな領域で用いられている。

　たとえば，村井（2000）は，人が1日にうそをつく回数と相手のうそを感じた瞬間が何回あるのかについて調べた。研究参加者に与えられた課題は1週間，日記を常に携行し，自分と他者の相互作用の中で自分がうそをついた内容，相手がうそをついたと思った場合の内容等についてすばやく記入することであった。分析の結果，男性は1日平均1.57回，女性は1.96回うそをついていることがわかった。一方，他者がうそをついていると思う瞬間は1日0.36回であり，他者と自分のズレがあることがわかった。また，偏頭痛を研究したSacks（1992）は，頭痛がどのような時，どのような場所で起きるのか，その時何をしていて何を感じるのか，さらに頭痛の強さ，心理的身体的症状，頭痛の長さ，頭痛の後の症状などについて，その都度書きとめるように依頼した。

　日記研究を開始する際に重要な点は，期間を決めることである。どれくらいの期間，参加者からの協力が得られるのか見極める必要がある。期間が長くなると記録への動機づけが低下し，データが信頼できないものになる。適切な時間単位を見出すことが重要である。たとえば1日1回，1時間，毎日決まった時間に記録するとか，1日に多数回，ランダムに信号音を鳴らして，その時に記録させる場合もある。この場合，参加者に時間を知らせるために，音が出るような装置をもたせることもある。たとえば経験サンプリング法では，ランダムに信号音が鳴った瞬間に，参加者はその時の気持ちや経験をその場で毎日数回記入することが求められる（Larson & Csikszentmihalyi, 1978）。最近は安価で携行可能な軽量小型のコンピュータもあり，これに研究者があらかじめ記入時刻と

記入フォーマットを入力しておけば，それを携行した参加者が時間的に正確で，一貫した，精密な記録をすることが可能である（Stone, Schwartz, Neale, Shiffman, Marco, Hickcox, Paty, Porter, & Cruise, 1998）。ただし，あまりに頻繁に書きとめなければならない場合，参加者の協力が得られにくくなってしまう可能性もある。

　一方，対象とする事象がいつ発生するかわからない場合には，時間を限定することは望ましくない。このような場合には，その事象が起きた時にはいつでも記録するように参加者に要請することも考えられる。

　ところで，研究者が参加者に記録を要請するのではなく，既に書いてある日記を分析することもある。ただ，日記に書かれていることが真実とは限らないし，実際に起きたことよりも夢や希望を記述している可能性もある。また出版される時に修正されることもある。その典型的な例は『アンネの日記』である。1947年に出版されたものとオリジナル（編集した父親によって明らかにされた）を比較すると，性的発達や両親との葛藤に関する多くの文章が削除されていた（Rijksinstituut voor Oorlogsdocumentatie, 1986）。日記には，書かれた人のよい面ばかりを取りあげたり，実際にはなかった不幸な経験を書いたりすることもある。日記は客観的な記録ではなく，主観的なもの，正確な描写ではなくできごとの再構成であると考えるべきかもしれない。

9-2-5　参加観察

　参加観察では，研究対象とする集団に自ら参加して，内側から集団成員の社会行動を観察する。参加観察を行う場合，観察者は，研究者として人々の行動を観察すると同時に，集団成員の一人として自然に行動しなければならない。参加観察のうち非偽装（undisguised）参加観察では，集団成員は観察者が自分たちの行動を観察していることを知っている。一方，偽装観察では観察者の役割が成員に隠されている。観察されていることが知られると成員が普段と違う行動をすることが考えられる場合には偽装参加観察法が用いられるべきであるが，倫理的問題が生じる場合があるので注意が必要である。

　参加観察は，科学的な観察が難しい対象や領域を研究する際に用いられることが多い。たとえば，Festinger, Riecken, & Schachter（1956）による新興宗教の研究は，偽装観察の古典的研究である（3章参照）。この世の終わりを唱える

教祖は，宇宙人が空飛ぶ円盤によって飛来し，信者らを救助するとの予言を行った。Festinger らは，研究者の身分を隠してこの集団に入り込み，観察を実施したのである。

　一方，身分を隠さないで観察を行う場合には，十分に時間をかけて観察対象者の疑いや不信感を払拭し，違和感なく集団にとけ込むことが必要となる。村本 (1996) は，ラジオ体操のために公園に集まる人々を対象に，自らも体操に参加しながら観察を行っている。また，ラズ (1996) は外国人という立場を利用して，日本のヤクザと長期間寝食をともにしながら観察を行っている。このように，観察者は単なる観衆や傍観者とは異なり，活動的役割を果たす必要がある。そして，観察者自身も研究される事象の一部となる。自分の情緒や認知の変化を捉えることも，外部の事象の観察に劣らず重要となる。

　観察記録は，観察者自身のみに理解可能なラフな形で書きとめられてもよい。それを整理して，場所，日付，目撃されたできごとや観察者の印象を，他者にもわかるように明確に記述する。この記録をもとに，観察の妥当性の検討や解釈が共同作業として行われる。

　参加観察の問題点はいくつか考えられる。第一は，観察が研究者にとって大きなストレスとなり得ることである。たとえばアウトローの観察では，自らに身の危険が及ぶかもしれない。また，非道徳的，非倫理的，非合法的行為を目撃する可能性もある。たとえば，レストランの参加観察者は，観察の過程で非衛生的な面を見てしまう場合もあり得る。その場合，多くの人の健康を損なうような行為を黙認してよいのかという倫理的ジレンマを感じるかもしれない。

　第二に，1人の参加観察者によるフィールド・ノートは信頼性に欠けることがある。一部の対象を見逃したり，特定の対象について過度に注目して観察しているかもしれない。役割に埋没して視野が狭くなったり，対象者と自分を同一視してしまう可能性もある。そのため，研究者がチームを組んで定期的に接触し，複数でチェックするような体制や時間を設けることが大切である。フィールドワークについては佐藤 (1992) が詳しい。

9-2-6　アクション・リサーチ

　アクション・リサーチは，研究による知識の進歩と，実践による個別状況の

改善という目的を同時に達成しようとするものである (Lewin, 1946)。研究者が研究を実施して，集団や組織に研究成果を一方的に与えるのではない。むしろ，研究者はクライエントが自分で研究できるように援助する。目標の明確化，方法の決定，質問紙の作成，データ収集のトレーニング，結果の解釈などの手助けをするのである。たとえば三隅・篠原 (1967) は，運転のミスによるバス事故をなくすための集団意思決定を利用した研究を行っている。関 (1993) は，喫煙，暴力，器物破壊が蔓延している荒れた中学校の改善を目指す研究を実施している。これらの研究は，運転手や教師・生徒が積極的に研究に関与する典型的なアクション・リサーチである。

アクション・リサーチは，基礎研究と応用研究の区分もしない。知識の進歩と応用は，単一の協働プロジェクトの中で達成される。また，クライエントがおかれた状況を改善するという明確な目的があるため，アクション・リサーチは価値志向的である。アクション・リサーチの成否は，研究前と比較して研究後のほうが状態がよくなったかどうかで判断される。

アクション・リサーチは次のようなプロセスで実施される。

第一ステップは問題の把握であり，現場の観察やクライエントとの会合などを通じて情報の収集を行う。

第二ステップは問題解決方法についての検討と目標設定であり，心理学的知識や理論と現場の問題とのすり合わせが行われる。

第三ステップは実行であり，参加者の役割分担，スケジュールの立案，参加者の訓練が含まれる。実行の際，研究者は常に事態の変化をモニターし，参加者に適切なフィードバックを与える。

第四ステップは評価であり，実行によって問題がどの程度解決されたのか，未解決の部分はどこにあるのかを明確にする。

第五ステップは手続きの修正である。評価の結果によって第一ステップ〜第四ステップを修正し，これらのステップを再び実行する。

要するにアクション・リサーチは研究と応用の間の橋渡しをするものである。それは研究の科学的厳格さとクライエントの要望の微妙なバランスの上に立っている。

9-2-7 現場（フィールド）実験

　現場実験は，観察法の中では研究者の介入が最もはっきりしている方法である。ただし実験室実験のような人工的な状況ではなく，日常の自然な状況においていくつかの変数を統制・操作し，事象の因果関係を明らかにする。現場実験は，パーソナル・スペース（Edney, 1975; Middlemist, Knowles, & Matter, 1976; Sommer, 1959），援助行動（原田・狩野, 1980; Latané & Darley, 1970），集合行動（Kroon, Van-Kreveld, & Rabbie, 1991; 釘原, 2003; Milgram, Liberty, Toledo, & Wackenhut, 1986）を対象とした領域で数多く行われている。

　実験室実験の場合，参加者の多くは大学生であり，実験結果をそれ以外の人々に一般化できるのかという問題が生じる（6章参照）。一方，現場実験では一般の人々が参加者となり，まさに日常の生活場面に実験操作が導入されて観察が行われる。この点で生態学的妥当性が高いという長所がある。また，実験室実験の参加者は自分が実験に参加していることを知っており，実験状況の手がかりから研究者の仮説を推測してそれに合致する行動をとる可能性があるが（8章参照），現場実験では実験操作が参加者に意識されることが少ない。実験に参加していることさえ知らない場合もある。そのため，参加者本来の自然な反応が生じる可能性が高い。

　現場実験の短所としては，まず倫理的問題があげられる。アメリカ心理学会発行の『サイコロジストのための倫理綱領および行動規範』（American Psychological Association, 1992）によれば，全ての参加者は自由意思で参加することが前提であり，実験実施以前に同意を得る必要がある。さらに事後説明がなされなければならない。このガイドラインに沿って現場実験を実施することは極めて難しい。なぜなら，参加者が実験に参加していることを認識していないことに現場実験の一つの意味があるからである。結局，実験室実験の場合と同様に（8章参照），研究者自身が研究の意義と参加者の人権を両方考慮すること，他の研究者の意見を求めたり，大学の倫理審査機関の承認を得たりすることが重要である。

　妥当性の問題に関しても，現場実験特有の問題がある。第一は，現場実験はある特定の場所で行われるために，参加者が偏る可能性があることである。

　第二は，現場実験が行われていることが多くの人に知れ渡ると，実験操作の

妥当性が疑われることである。そのため，実験は短期間で終えることが望まし
い。

　第三は，参加者をランダムに条件に振り分けることが難しいことである。た
とえば，テレビの暴力番組が子どもの行動に及ぼす影響を調べる場合，ある条
件では家庭で毎日，子どもに教育番組を見せ，別の条件では暴力番組を見せて，
その後の行動を観察することになる。しかし，親がそのような実験操作を受け
入れてくれるか，受け入れたとしてもその通りに実施してくれるかどうかはわ
からない。

　第四は，参加者をランダムに割りあてたとしても，条件によっては（課題が厳
し過ぎる場合など）途中で参加者の多くが実験から脱落してしまうかもしれない
ことである。特殊な人たちだけが残り，その人たちのデータのみが分析対象と
なる可能性もある。

　第五は，手続きを標準化することが難しいことである。何が起きるかわから
ず，臨機応変に行わなければならないことも多い。

　第六は，参加者の注意が散漫になりがちで，実験操作が真に参加者の行動を
規定したかどうかがわからないことである。

　第七は，一般に従属変数の精密な測定が困難で，参加者に直接聞くことがで
きない場合もあることである。参加者が増えることは，変数の統制や感度の高
い測定を行うことを困難にする。

　現場実験は，このような問題点があることを十分認識した上で注意深く実施
されなければならない。

9-3　記録方法

　記録方法は大きく分けて，質的方法（行動描写法）と量的方法がある（図9-2）。
研究者が行動をそのまま忠実に再生できる形で残そうとする場合，行動描写法
が用いられる。ただ，この方法によって得られたデータは数量的処理になじま
ないために，チェックリスト法や評定法など量的記録方法が用いられることが
多い。

9-3 記録方法

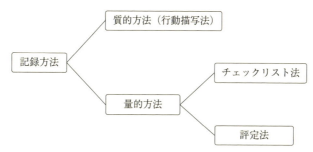

図 9-2　記録方法の分類（Zechmeister *et al.*, 2001 を改変）

9-3-1　行動描写法

　カテゴリー分けをしたり評定尺度を使ったりせずに，観察者の言葉で自由に記録する方法である。AV 記録が使用されることもある。記録した後，目的に合う形に分類したり再構成することもある。場合によっては，記録を吟味することによって仮説や予測の検証を行う。

　行動描写法の長所は，いつでも生の記録に戻って確かめることができることにある。そのためには，さまざまな情報が含まれているべきである。Brandt (1972) は，記述の際の八つのガイドラインを呈示している。

① できごとを観察したら，できるだけ早く書きとめる。
② 観察の主要対象人物の言動を書きとめる。
③ どこで，いつ，どのような状況（照明，天気，障害物のような環境情報も含む）で行動が起きたのか，そして誰が関わったのかといった情報も書きとめる。
④ 観察の主要対象者の行動に対する他者の反応も（無反応も含めて）書きとめる。
⑤ 観察対象者が言ったことをカギ括弧を使ってそのまま書きとめるほうがよい。生の感じを保存することが大切。
⑥ 始まりから終わりまで，行動の一連の流れを書きとめる。
⑦ 一連の一まとまりの行動（例：ビルは母親と買い物に出かけた）と，その主な下位部分の行動（例：母親が車のエンジンをかけ出発準備をしているとき，ビルは家から飛び出し，ドアをバタンと閉め，車に飛び乗った）と細かい行為（例：息を切らしていた，腕を振っていた）を書きとめる。

178　　　　　　　　　　　9　観察法

⑧　重要な部分の記述は客観的，正確，完全でなければならない。行動描写
　　法の基本的な原理は行動の理解に役立つような情報は何でも書きとめるこ
　　とにある。取捨選択は必要だが，大事なことは捨てることより拾うことで
　　ある。

　このような多様な情報を観察中に書きとめることが難しいことがあるかもし
れない。その場合は観察が終わった後で記録する。ただし，次の観察を始める
前に観察ノートを完成させておくほうが望ましい。そうしないと新しい情報が
古い情報に紛れ込んでしまう。観察対象が複雑な場合，ビデオカメラで撮影を
しておいて，後で記録することも考えられる。

　観察の過程で適切な記録方法を見つけていくことも大事である。また，全て
を記録しようとすると，それに気を取られて肝腎な観察が疎かになってしまう
こともある。いずれにしても，この方法は，観察者の観察能力と記録能力がカ
ギになる。

9-3-2　チェックリスト法

　観察を実行する前に観察対象となる行動のカテゴリーを抽出し，それをもと
にチェックリストを作成し，実際の観察場面で該当する行動が生起した場合に
はそのリストにチェックを入れて，行動の生起頻数を記録する方法である。

　カテゴリー・システムを作成する場合，下記のような一般的原理がある
（Dyer, 1995）。第一に，行動カテゴリーの一つひとつがユニークで個別的なもの
でなければならない。つまり，観察された全ての行動が，いずれか一つのカテ
ゴリーに割りあてられるようなものでなければならない。第二に，システムは
網羅的でなければならない。観察対象行動の全てが，いずれかのカテゴリーに
割りあてられるようなものでなければならない。そのためには理論と予備観察
の結果が参考になる。第三に，システムが現場で使いやすいものでなければな
らない。そのためにはカテゴリーが明確で，それぞれのカテゴリーが容易に他
と区別できるようなものが望ましい。

　カテゴリー・システムの代表的なものとして Bales（1950）の相互作用過程分
析（interaction process analysis: IPA）がある。これは集団行動を三つのカテゴリ
ーから成る4次元，合計12カテゴリーから成るシステムによって把握しよう

とするものである。すなわち，各カテゴリーのいずれかに集団成員の行動一つ
ひとつをあてはめ，集団の目標達成のプロセスをとらえる。

①　社会的・情緒的領域（肯定的）――「連帯性を示す，緊張感を緩和する，
　　賛成・受容する」
②　課題解決領域（能動的）――「示唆を与える，意見・評価を与える，情報
　　を与える」
③　課題解決領域（受動的）――「情報を求める，意見評価を求める，示唆を
　　求める」
④　社会的・情緒的領域（否定的）――「反対・拒絶する，緊張感を表出する，
　　敵意を示す」

　このようなカテゴリー・システムを作成する際の留意点として，以下のもの
があげられる。第一は，行動の単位の問題である。すなわち，一つの行動がい
つ終わり，次の行動がいつ始まるかという問題である。この点に関して Bales
（1950）は，観察者が分類できる言語的あるいは非言語的行動の最小の識別可能
な部分を行動の単位として選んだ。一方，参加者の行動ではなく，研究者が前
もって決めた時間（1秒，1分等）を行動単位とすることもある。その他，被観察
者自身が定義するものが単位となる場合もある。村井（2000）は参加者に日記
をつけてもらい，10分以上続いた他者との相互作用とその中に占めるうそを記
録させたが，この場合，参加者自身が相互作用の単位を決めることになる。第
二は，カテゴリーの深さと拡がりの問題である。観察状況で生起した全ての主
要なできごとのコーディングを行うのか，あるいは，他の部分は全て無視して，
ある行動の厳格に定義された特殊な部分だけに注目して行うのかが問われる。
第三は，カテゴリーの数である。一般に観察対象となる行動が複雑であるほど，
カテゴリー・システムは単純であるほうが望ましい。観察対象も複雑でカテゴ
リー数も多ければ，観察者の能力を超えてしまうかもしれない。観察者の負担
を減らすために，複数のカテゴリーをまとめて新たな次元を作ることもある。
Bales（1950）の場合は，12のカテゴリーを四つの次元にまとめている。このよ
うにすれば，次元を手がかりにカテゴリー分けすることができるため，作業が
容易になる。第四は，カテゴリーの使用頻度である。カテゴリーによってチェ
ックの頻度が大きく異なる場合，頻繁にチェックされるカテゴリーをさらに分

割したり，滅多にチェックされないものを他のカテゴリーと一緒にしたりすることもある。

　カテゴリー・システムを作成したら，実際にそれを使用する前に予備テストを行うことが大切である。予備テストによって，カテゴリーに対応する行動が実際に起きているのか否か，見落とされているカテゴリーはないか，などを確認することができる。そして，カテゴリーの定義をさらに明確にし，カテゴリー間の重複をなくし，カテゴリーの区別が容易にできるようにする。また，予備テストは本観察が実施可能なものかどうかを確かめることにもなる。観察者の訓練がどの程度必要とされるかを知ることもできる。

9-3-3　評定法

　対象をカテゴリー分けするだけではなく，その程度も評価したい場合に用いられるのが評定法である。その場合，観察対象の強度を7段階尺度（たとえば1. 全然そうではなかった〜7. 非常にそうであった：1. とても明るい〜7. とても暗い）や5段階尺度を用いて評定する。この方法を用いることによって，カテゴリー分類では捉えきれない態度や集団の雰囲気などの質的な面が分析可能になる。

　このような点も考慮に入れて先述のIPAを発展させたものとしてBales & Cohen (1979) によるSYMLOG (a system for the multiple level observation of groups: 集団の多水準観察システム) がある。これについて，翻訳や再分析が行われている（崔，2004; 奥田・伊藤，1991; 伊藤，1997）。SYMLOGは主に集団構造を把握するための観察システムである。基本的次元として，支配的―服従的 (upward-downward)，肯定的―否定的 (positive-negative)，課題志向的―感情表出的 (forward-backward) の三つの次元が設定され，それらの組み合わせによる26の評定項目が用意されている。観察者は各項目について，たとえば3件法（しばしばした，ときどきした，ほとんどしなかった）で評定する。評定方法は，行動をその場で逐一評価していく逐次観察法と，後で評定する評定法がある。逐次観察法では観察対象者の主要な行動を上記3次元で判断しなければならないため，観察者はSYMLOGの基本的構造や理論をよく理解しておく必要がある（伊藤，1997）。なお，SYMLOGのオリジナル版は評定項目数が多く負担が大きいため，奥田・伊藤 (1991) は尺度の妥当性・信頼性の検討を経て12項目から成る日本

語簡略版を作成している。

評定法は，チェックリスト法に比べて観察者の主観に左右される程度が大きいことが問題点としてあげられる。また，評定段階の数はいくつでもかまわないが，9段階以上になると信頼性が低下すること，5段階では両極が選択されにくいことがわかっている。

9-4　観察機器と分析のための道具の利用

AV機器の性能の向上と価格の低下，そしてコンピュータによる音声や画像データの分析手法の進歩により，複数の人の行動観察を詳細かつ連続して行い，それらを分析することが可能になってきた。しかし，その手軽さのために，漫然とビデオ撮影を行い，分析されないまま資料が放置されるようなケースも多い。それを避けるためには，観察目的の明確化，参加者（被写体）の選定と撮影に関する綿密な計画・準備が必要である（山崎・山崎・鈴木・三樹・葛岡，1997）。Hutt & Hutt（1970）はビデオが有用な状況として，以下の五つをあげている。①観察対象の変化が早くて記録が難しい場合，②観察対象の行動が複雑で，ある面に注目していると他の面を見逃すような場合，③行動の変化が微小で識別が困難な場合，④複雑な行動の時系列的変化を捉えようとする場合，⑤短くて複雑な行動（たとえば歩行行動）の特殊なパラメータ（たとえば膝や肘の動き）を測定する場合。

山崎ら（1997）によれば，事前の準備としては，第一に，撮影前に参加者（子どもの場合は保護者や教師）に研究内容を説明して撮影の許可を得，承諾書に署名してもらうことが大切である。第二に，撮影現場の下見をして機材の設置場所を決める。その際，電源，撮影範囲，設置場所の性質，音声などを確認する。第三に，必要な機材を用意する。予備のバッテリーやビデオテープ，三脚，ガムテープ（三脚やコードの固定に使用する），延長コード，工具などが必要である。第四に，アングルを決定する。至近距離にあるビデオカメラは参加者にとって気になる存在である。ズーム機能を使用して遠方から撮影することが必要な場合もある。第五に，撮影前に必ず映像と録音状態のチェックを行う。

以上のような準備の後，本格的な撮影に入る。複数のカメラを使用する場合

は，先頭合わせを行う（たとえば合図の声を録音する）。撮影中にはスタッフの行動が目立たないようにする。時々ビデオカメラの稼動状態やバッテリーやテープの残量を確認することも重要である。

　観察終了後，ビデオデータをコンピュータに取り込めば自由自在に処理加工することが可能である。最近では Mpeg のような動画圧縮ソフトの出現や，安価なビデオキャプチャーや大容量の携帯型ハードディスクの普及によって，動画を簡単にパソコンや DVD に長時間取り込めるようになった。コンピュータに取り込めば，特定の場面のピックアップ，スロー再生や繰り返し再生が，画像の劣化を気にすることなく何度でもできる。

　このように AV 機器を使用することは観察方法を進歩させたが，一方では研究者の処理能力を超えた情報が取り込まれるために，結局未処理のテープが山となっていくこともある。また，参加者がカメラを意識して通常の行動と異なった行動をする可能性もある。カメラの影響を避けることはできないが，時間が経過し，参加者がカメラの存在に慣れて部屋の一部となれば，その影響を最小限に抑えることができるであろう。そのためにはカメラを三脚や壁に固定して，観察中にはカメラを操作しないようにすることが望ましい。何よりも大切なことは，撮影することについて前もって了解してもらうことである。これによりバイアスは残るが，黙って観察されているという不愉快さはなくなる。研究によっては，小学生に使い捨てカメラを配って戸外を撮影させ，子どもたちが世界をどのように観ているかを検討しているものもある（Johnson & Monear, 1994）。

　ビデオ観察・分析支援ツールとしては，旧メディア教育開発センターが開発し ICT 活用・遠隔教育センターが引き継いでいる CIAO（Collaborative Implement for Active Observation）がある。これには，ビデオ記録の観察，分析を効率的に進められるように複数のビデオの同期再生，発語記録の同期表示，発語記録からのビデオ場面の検索などの機能が用意されている。カウンセリングや授業の観察学習や行動分析や会話分析など，さまざまな分野の教育研究に利用されることが想定されている（詳しくは，http://ship.code.u-air.ac.jp/ciao/ を参照）。また，Noldus Information Technology（http://www.noldus.com/（英語））が開発した Pocket Observer は，スマートフォン等の手のひらサイズのコンピュータを

使用することによって，野外で動き回る観察対象と一緒に動きながら手軽にデータを収集できる。チェックリストは，あらかじめパソコンで作成し，それをスマートフォンに転送しておき，得られたデータは再びパソコンで分析できる。

9-5　観察の歪みを防ぐ方法と観察者の訓練

　よい観察を行うためには，適切なサンプリング方法と観察や記録・分析方法を選択する必要があるが (Sommer & Sommer, 2002)，それにとどまらず観察に付随するさまざまな問題についても常に留意しながら実施しなければならない。観察に伴う問題は，以下のように観察対象者（参加者）の要因と観察者の要因に分けることができる。

9-5-1　参加者の要因
①　参加者が観察されていることを意識して，不自然な行動をする。
②　参加者が観察者の期待に沿って行動する。あるいは逆に観察者の期待に反するように意図的に行動する。
③　参加者が観察者の外見や行動に影響される。
④　参加者が次第に観察者に慣れてくることによって，途中で行動が変化する。

　参加者は観察されていることがわかると，自分が何らかの形で評価されていると考えるだろう。そのことが参加者の行動に影響を与えることは避けられない。これが参加者の無意識のレベルで作用する場合もある。これを避けるために，ハーフミラーや監視カメラを使用し，観察者が姿を隠しながら観察することも考えられる。しかし，参加者がそれを意識すれば行動はますます不自然になり，かえってデータの信頼性は損なわれるだろう。可能ならば，参加者を観察されていることに慣れさせ，意識しないような状態にすることが望ましい。そのような状態になった後でデータを取る。また，観察者の外見が影響する可能性があるので，服装を観察期間中は一定にするとか，複数の観察者がいる場合は似たような服を着用することが望ましい。

9-5-2　観察者の要因

① 観察時に使用するチェックリストや評定尺度の妥当性や信頼性に問題がある。
② 観察者の技術が未熟である。
③ 観察者のバイアス。
④ 一連の研究の途中で観察手続きを変える。
⑤ 観察対象となった参加者が特殊な集団成員であり，研究結果を一般化することができない。
⑥ 観察時間や時間間隔が不適切である。
⑦ 天候や場所などによるバイアス。

以上の中でも最も問題になるのは観察者のバイアスである。その第一は，観察対象者の一面についての判断がその他の面の判断にも影響してしまう光背効果である。外見的魅力が性格のような内面的特性の判断にも影響することは古くから知られている（Asch, 1946）。

第二は，対比効果である。観察者の能力や自我関与が高い領域であれば，自分を基準にして他者を厳しく評価することもある。

第三は，論理的錯誤である。たとえば力が強い人は運動神経も優れていると思い込んだり，物理の得点が高い人は化学の試験でも高得点を取ることを予測するといったように，観察者が論理的に共通していると思っている特性に対しては類似した評価をしてしまう。

第四は，寛大効果である。知っている人やなじんだものに対しては評価が甘くなる傾向がある。第五は中心化効果である。極端な評価は避けられ中庸が好まれる。たとえば5段階評定尺度の場合5や1の評定は少ない。

それから何よりも問題なのは，観察者は自分が期待している行動は誇張して受け取り，期待していないものには気づかないことである。また参加者の行動意図が研究者の予測や仮説とは異なっているにもかかわらず，研究者は自分の考えや理論に沿った形で参加者の行動を解釈することもある。

このような問題に対処するために何よりも重要なのは，観察時には上記のような観察バイアスやその他の問題があることを観察者が認識しておくことである。そして，得られた観察データを批判的に見ることが大切である。また，バ

イアスは観察者が研究の目的や仮説を知っていることによって引き起こされることが多いので，観察者にそれがわからないようにする工夫も必要である。

一方，観察者を訓練して観察カテゴリーの定義や内容について熟知させ，観察機器や手法に慣れさせることも大切である。訓練はゆっくりと時間をかけて行うべきである。たとえば内容分析を行う場合，コーディングを担当する人は納得できるまで研究者に質問することが大切である。いかにスコアリング・システムが優れていても，担当する人が訓練されていなければ信頼性は低くなる。そのために，研究者の前で実際の材料を使って練習してみることが大切である。その中で担当者がどのように分類してよいのかわからない場合，研究者とすみやかに議論することも必要である。訓練後も信頼性が高くならない場合は，分類システム自体の変更についても検討する必要がある。

コラム 15　内容分析

釘原直樹

　内容分析には明示的（manifest）内容分析と暗示的（latent）内容分析の2種類がある（McBurney & White, 2004）。前者はたとえば文章の中のある単語の数をカウントするものである。この場合は対象が明確なために信頼性は高い。しかし注意すべき点がある。たとえば同じ言葉でも使用される文脈によって違った意味になる場合が多い。「笑う」という言葉でもおかしくて笑う場合もあるし，あざけり笑いもある。苦笑いもあるし，照れ笑いもある。「泣く」のも悲しくて泣くこともあるし，うれしくて感極まって泣く場合もある。ゆえに単純にカウントすると誤った結論を導くことになる可能性もある。他方，暗示的内容分析は文章や写真等の意味内容を観察者が解釈し，コーディングを行うものである。そのために上記のような誤りをすることはない。しかしこの場合，分析者の主観が介在するために複数の分析者間の一致度（信頼性）が低くなることがある。可能な場合は両者を併用して比較することが望ましい。

　信頼性は一般に Cohen（1960）のカッパ係数 K により表現される。これは偶然の一致率を排除して正確な一致率を求めるものである。

表　カッパ係数を算出する際に用いられるデータ例

| | | | 観察者 B | | | | |
			1	2	3	4	5	計
観察者 A	1	賞賛＋感情評価	51	8	2	3	4	68
	2	賞賛	0	32	1	3	6	42
	3	事実の報告	7	4	65	9	3	88
	4	非難	1	6	2	38	8	55
	5	非難＋感情評価	8	5	3	1	67	84
		計	67	55	73	54	88	337

　表は JR 福知山線脱線事故に関する新聞の賞賛・非難記事（事故翌日の 2005 年 4 月 26 日から 7 月 25 日までの 3ヶ月間について）のコーディング結果の一例を示したものである（植村・高田・中島・村上・釘原，2006）。非難・賞賛の対象は運転士，JR 西日本，国などであった。A，B の 2 人の観察者が表の五つのカテゴリーについて各自評定した。このデータの場合の信頼性は下記のように算出される。

$$P(一致) = (51+32+65+38+67)/337 = 0.75$$

コラム 15　内容分析　　　187

$$P(偶然) = \{(68 \times 67) + (42 \times 55) + (88 \times 73) + (55 \times 54) + (84 \times 88)\}/337^2 = 0.21$$

$$K = \{P(一致) - P(偶然)\}/\{1 - P(偶然)\} = (0.75 - 0.21)/(1 - 0.21) = 0.68$$

　一般に K が 0.6 以下の場合は信頼性が低く，0.75 以上であれば高いと見なされる。信頼性が低い場合にはカテゴリーの分類基準を明確にすることや，観察者の訓練をすることが大切である。

　内容分析はコンピュータの発達によって劇的に変化している。E-mail やインターネット上の資料はコンピュータによる内容分析には最適である。とくにスキャナーがテキストやその他のものに使われるようになったことも大きい。スコアリング・システムもコンピュータに容易に入れることができる。たとえば異なる言葉（妻，息子，祖父）を大きなカテゴリー（家族）に自動的に変換できる。キーワードやフレーズを検索するようなことも容易である。

　人工知能が発達し，そのうちに複雑な会話も分類できるようになるだろう。ただ全てをコンピュータ任せにするのは問題である。思いもよらぬコーディングの間違いによりコンピュータ分析が不適切な結果を出すこともあり得る。それを避けるには，研究者が最初にコンピュータを使わずにざっと内容分析をすることが望ましい。それによりカテゴリーが材料にフィットしているのか，重要な項目が見落とされていないかを確かめることができる。少数のデータを対象とした手計算でも誤りを発見するのに役立つであろう。

10 社会調査法

安野智子

10-1 社会心理学における社会調査

　人間の社会行動を研究する場合，実験法を用いて少数の変数による因果モデルを構築することがある一方，ある集団の全体的な傾向に関する記述に主眼がおかれることもある。たとえば，現代の日本ではインターネットを日常的に使っている人はどの程度いるのか。どのような人がインターネットをよく利用しているのか。インターネットの長時間利用は，利用者の生活にどのような影響を与えるのか。このような問題を扱う場合には，社会調査が適している。

　研究法としての「社会調査」には，さまざまなものが含まれる。私たちが日頃新聞などでよく目にする世論調査や，5 年に一度行われる国勢調査，市場ニーズの把握のために行われるマーケティングリサーチなどだけでなく，フィールドワークで行われるインタビューや参加観察なども社会調査の一種である。社会調査の対象は個人の行動や意識に限らない。官庁統計や経済の諸指標など既存の統計資料を用いた二次分析も社会調査に含まれることがある。

　社会調査の分類基準もまた多様である（飽戸, 1987; 盛山, 2004; 豊田, 1998a などを参照）。ここではその主なものを紹介しておこう。

10-1-1 量的調査と質的調査

　調査結果が何らかの数値データに置き換えられるものは量的調査（定量的調査）と呼ばれることがある。その典型的な例は，質問文を提示し，対応する選択肢の中から回答を選ぶ形式の質問紙調査である。たとえば，ある争点に関する賛否を問う一般的な世論調査は，「賛成 60％，反対 30％，無回答 10％」といった数値で表現される。このように量的調査では，多くの研究者が共通して分析や解釈ができる数値によって研究対象を記述しようとする。これに対して質

的調査（定性的調査）は，研究対象の特性を詳細かつ具体的に記述しようとする。インタビュー調査やフィールドワーク，内容分析などがその例としてあげられる（3章および9章参照）。

ただし，以上の区分は便宜的なものであり，必ずしも排他的なものではないことに注意する必要がある。たとえばマスメディアの報道の内容分析は，「質的な内容を扱う」という意味では確かに質的分析だが，しばしば報道時間やある単語の出現頻度，時には「ネガティブな内容だったかポジティブな内容だったか」という主観的な印象までも数値化したデータとして扱うことがある。

10-1-2　標本調査と全数調査

新聞などに掲載される世論調査を見るとわかるように，日本の有権者の意識を探るためであっても，有権者全員ではなく，2千人あるいは3千人といった対象者を選んで調査を行っている。このように，ある母集団（この場合は「日本の有権者全員」）を構成する要素（個々の有権者）のうち，一部を選んで行う調査を標本調査（sample survey）という。これに対して，母集団を構成する要素全てを対象に行う調査は全数調査（census）と呼ぶ。日本で5年に一度行われる国勢調査は，近年ではその回収率の低下が問題になっているものの，日本に居住する全ての人が対象になっているという点で全数調査である。

標本調査は，必ずしも全数調査の単なる簡便法というわけではない。とくに母集団が大きい時は，全数調査には莫大なコストがかかるので，頻繁に調査を行うことは非現実的である。また全数調査では，調査に時間がかかりすぎて結果が歪んでしまうこともある（たとえば「内閣の支持率」などは時期によって変動しやすい変数である）。

適切な方法で行われた標本調査では，全数調査にほぼ匹敵する精度で母集団に関する推測を行うことができる。この時重要なのは，母集団から偏りなく標本を選ぶことである。標本抽出法（サンプリング法）については，10-3で述べる。

10-2　さまざまな社会調査法

前述のように社会調査にはさまざまな種類のものが含まれるが，一般に「社

会調査」とだけ言えば，標本抽出法に基づく量的な質問紙調査を指すことが多い。この質問紙調査にもまた，さまざまな方法がある。調査に際しては，その目的や利用可能な資源（研究費や時間）などに応じて，適した調査を選択することが大切である。次に主要な調査方法について述べる。訪問式面接調査，留置調査，郵送調査，電話調査，ウェブ調査は，調査に用いる手段による分類であり，集合調査，パネル調査，スノーボール調査は，研究目的に応じた対象者の選び方による方法である。

10-2-1　訪問式面接調査（面接調査）

　訪問式面接調査は一般に，調査員が対象者の自宅を訪問して行う。調査員は質問文を読みあげ，選択肢のリストをカードなどで提示し，回答してもらう。

　面接調査は，調査員による説明や確認が可能なので，多少難しい質問や多くの項目を含む調査も行いやすい。もう一つの大きな利点は，対象者が本人かどうか確認できることである。標本調査では，抽出された対象者本人に回答してもらうことが必要なので，この利点は重要である。また，エリアサンプリング（地図から対象者を抽出する方法）の場合，訪問式による調査のみ可能である。

　問題点としては，まず経費がかかることがあげられる。回答者に対する謝礼に加えて調査員への謝礼・交通費などがかかるからである。また，調査期間やその準備期間も長くなりがちである。さらに，回答内容や回収率が調査員の質に左右されるので，調査員の管理も必要になる。従来，面接調査法は60〜80％の高い回収率が期待できる方法と言われてきたが，近年は回収率が低下している。回収不能の理由として多いのは一時不在と拒否であり，ライフスタイルの変化やプライバシー意識の高まりなどがその背景にあると考えられる（篠木，2010; 崔田，2008）。とりわけ，若年層の回収率の低さには注意が必要である。

10-2-2　留置調査

　留置調査とは，調査員が対象者宅を訪問して調査票を渡し，記入済みの調査票を後日回収する方法である。配布回収法とも呼ぶ。訪問時に，調査員は質問をするのではなく，調査票を渡してくるだけで，調査票は対象者に直接記入してもらう（このような方法を自記式調査という）。調査員は後日指定された日に再

訪し，回答をチェックした後，回収する。

　留置調査は調査員が1日に訪問できる対象者数が比較的多いので，面接調査よりも安い経費で面接調査とほぼ同水準の回収率が期待できる。面接調査で多くなる「一時不在」による回答不能も比較的少ない（NHK放送文化研究所世論調査部調査方式比較プロジェクト，2010）。また，回収時に調査員による本人確認もでき，わかりにくいところは調査員が回答者に説明することもできる。ただし，郵送調査も含めた自記式調査では，選択肢の順序など調査票のデザインの影響を受ける可能性があることに注意する必要がある。たとえば，多肢選択式の設問では，最初の選択肢が選ばれやすい傾向（初頭効果）がある（平松，1998）。

　自記式調査の利点は，社会的望ましさの影響を受けにくいこと，また，回答者が即答できない質問について，時間をかけて調べたり考えたりすることも可能なことである（しかし，知識について尋ねるような質問では，かえってこの点が問題になることもある）。問題点としては，家族との相談や代理の人による記入も排除できないことがあげられる。また，面接調査ほどではないにせよ，それなりのコストがかかり，調査員の管理も面接調査同様に必要である。

10-2-3　郵送調査

　郵送調査は，調査票と返信用封筒を対象者の自宅に直接郵送し，対象者自身に回答してもらった調査票を返送してもらう方法である。この方法の最大の利点は，調査員を必要としないため，費用が安く済むということである。また電話調査などに比べると多くの質問が可能である。また，人々の生活が多様化した現代では，回答者が自分の都合のつく時間に回答できるメリットは大きい。

　従来は，郵送調査の回収率は高くて5割前後とされ，低いことが問題とされてきた（ただし，事前の挨拶状や送付後の督促状，調査期間や謝礼のタイミングなどの工夫で回収率を上げることは可能である：例として松田，2008）。一時不在の対象者にも調査を依頼できるなどの郵送調査の利点を生かし，郵送調査を積極的に活用する動きもある。ただし，郵送調査の問題として，本人確認ができないということがある。郵送調査ではしばしば，多忙な対象者の代わりに家族が回答する（代理記入）ということが生じるが，標本調査では対象者本人の回答でなければならないので，本人以外の回答は除外できるよう，調査票を工夫しておく必要

がある。また，調査員による説明ができないので，選択肢を一つだけ選ぶ設問で複数選んでしまうなどの回答エラーを防ぐことが難しい。わかりやすく答えやすい調査票になるよう，レイアウトを工夫することも重要である。

10-2-4　電話調査

電話調査には，電話帳などの既存の台帳（リスト）から抽出した対象者に電話をかける方法と，RDD / RDS（Random Digit Dialing / Sampling）法とがある。RDD法とは基本的に，自動発生させた電話番号に電話をかけ，つながった世帯の中から1人を選んで調査を行うというものである。理論上は一種の無作為抽出であるが，台帳からのサンプリングが必要ないため，そのコストがかからないだけでなく，即座に調査を行わなくてはならない時にも対応しやすい。そのため今日では，RDD法はマスコミ各社の世論調査の主流となっている。

ただし電話調査では，長時間にわたる質問はできず，文章や選択肢を視覚的に提示することもできないので，複雑な質問もできない。選択肢を音声で読み上げる多肢選択型の設問では，自記式調査と対照的に，最後の選択肢が選ばれやすくなる親近効果が見られる（NHK放送文化研究所世論調査部調査方式比較プロジェクト，2010）。また，松本（2003）によれば，RDD法の調査結果は，面接法の調査に比べ，意見分布やその変化がより極端な結果になりやすいという。RDD法では，電話がつながった世帯の中で対象者を無作為に選ぶため，人数の多い世帯の人の捕捉率が低くなる傾向にあるという問題も指摘されている。

なお近年では，携帯電話しか持たない世帯が若年層を中心に増えており，固定電話によるRDD法で代表性を担保することは難しくなっている。そのため，携帯電話と固定電話をともに調査対象にするデュアルフレーム調査の試みも行われている（萩原，2017）。

10-2-5　ウェブ調査（オンライン調査，インターネット調査）

ウェブ調査は，主にウェブサイト上の記入フォーマットで回答を求める方法で，近年急速に普及している。この方法によれば，少ない費用での調査が可能になり，従来の調査方法では回答を得にくかった層の回答も期待できる。

ウェブ調査は，調査の回答モードの一つとしてウェブでの回答を選択できる

ものと，標本抽出からインターネット上で行うものとに分けられる。実際には
ほとんどが後者に該当するが（吉村2020），前者の例が国勢調査である。2015年
の国勢調査では，インターネットによる回答が初めて全国的に導入され，回答
率71.0％のうち36.9％，郵送による回答が34.1％であった（総務省報道資料，平
成28年2月26日）。なお，2020年には，インターネットによる回答が37.9％，郵
送による回答が42.3％（合計80.2％）となっており（総務省統計局国勢統計課「令和
2年国勢調査実施状況（実査編）」2021年6月29日），回収率の維持・向上のために，
ウェブ調査を含む複数の回答方法を併用するミックスモード調査の有効性に期
待が持たれている。

　一方，ウェブ調査の利点としては，コストが低く済むことが大きい。調査員
も不要で，郵送費もかからないので少ない費用で調査でき，また集計も早く済
む。調査員による説明はできないが，前の質問への回答によって枝分かれ式に
異なる質問に誘導したり（たとえば有職者だけに仕事内容をたずねるなど），選択肢
の提示順序をランダマイズしたり，記入ミスがあれば確認するようにプログラ
ムを組んだりすることも可能である。また，画像や動画を提示したり，反応時
間などを測定したりすることも容易である。スクリーニングによって特定の属
性を持つ対象者のみを抽出したり，回答者を条件に割りあてて実験的な研究に
用いたりすることもできる。Googleフォームのようなサービスを使えば，学生
にも利用しやすい（豊田，2015）。このような利点から，ウェブ調査はマーケテ
ィングリサーチではすでに多く用いられ，学術研究にも利用が広がっているが，
まだ検討すべき課題が多いのが現状である（大隅・前田，2008）。

　従来，ウェブ調査の問題点は対象者がインターネットの利用者に限定される
ことにあるとされてきた。総務省令和3（2021）年度版『情報通信白書』によれ
ば，日本におけるインターネットの人口普及率は（2020年時点で）83.4％に達し
ているが，現在でも高齢者のインターネット利用率は依然低い（70代で59.6％，
80歳以上では25.6％）ことには注意する必要がある。

　ウェブ調査にはほかにも注意すべき点がある。第一に，母集団が必ずしも明
確でないということである。現在，ウェブ調査の主流は，あらかじめ登録され
た調査会社のモニタ，またはクラウドソーシングサービスで募ったサンプルを
用いるタイプの調査である。どちらも，ある母集団からの無作為抽出ではない

ため標本誤差の推定は難しい。ただし、同様の調査で代表性のある標本によるものが存在すれば、その結果を利用して、偏りを補正する方法（傾向スコアによる補正）も存在する（星野・森本, 2007）。代表性のあるサンプルの確保という点ではウェブ調査には限界があるが、一方で、スクリーニングができるというメリットもある。たとえば石黒・李・杉浦・山口（2012）では、ウェブ調査のスクリーニング機能を用いて東北地方の出身者を対象に調査を行っている。

第二に、ウェブ調査モニタの属性には偏りがある可能性がある。本多（2005）は、ウェブ調査の回答者には、無作為抽出による従来型の訪問面接調査の回答者とは属性や意識において無視できない差が見られることを報告している。こうした違いは、吉村（2020）によれば、回答モードの影響というより、モニタ登録の自己選択の影響である可能性がある。

第三に、「回答の質」の問題がある。調査会社のモニタの中には、報酬めあてで回答を早く終えるために質問文や刺激をよく読まない／見ない回答者が一定数存在することが示唆されている（例として、三浦・小林, 2015）。クラウドソーシングサービスや大学生サンプルを用いた場合には、こうした「努力の最小限化」は相対的に減るようだが（三浦・小林, 2016）、研究者としては回答者の手抜きを誘発しないような調査デザインを考える必要がある。若年層ではスマートフォン中心のインターネット利用が増えているので、調査場面の実際においては、利用端末の違いも念頭に置くべきであろう。

総じて、ウェブ調査は、属性や回答の偏り、手抜きの発生といった点で、代表性のある従来型の調査の代替とするにはまだ遠い。一方で、ウェブ調査ならでのメリットもあり、日本学術会議社会学委員会（2020）は、ウェブ調査の問題や限界を理解した上で学術調査に活用するよう提言を行っている。

10-2-6 集合調査

集合調査は、対象者を一つの場所に集めて、調査票を配布し、記入してもらう形式の調査である。標本に偏りが生じがちなので、一般の世論調査や社会調査などではあまり行われないが、授業担当教員などから協力が得られれば実施可能なので、卒業論文研究などではしばしば用いられる。確かに、調査者自身が回答者に対して直接説明可能で、多数のデータを1回で得ることもできると

いった利点もあるが，標本を恣意的に抽出しているので，その標本の母集団が何なのか明確ではなく，また代表性もない（10-3参照）。したがって，この方法で調査を行う場合には，結果について過度の一般化を行わないように注意すべきである。たとえば，ある大学の社会心理学の講義を受講している大学生に対して行った調査の結果から，そのまま「日本の大学生」全体に関する推測を行うことは適切でない。

10-2-7　パネル調査

　研究目的によっては，次のような特殊な調査を行うこともある。パネル調査とは，同じ対象者を繰り返し調査する方法であり，異なる対象者を時間をおいて調査する継続調査とは区別される。この方法によって，個人の状態や意見の変化を追うことができる。たとえば，最初の調査時点である仕事に就いていた人のうち，5年後も同じ仕事に就いている人が何割かといったことがわかる。

　一般に社会調査では相関関係までしか検討できないが，パネル調査では時間的に先行する（前の調査の）変数が，後の時点の（後の調査の）変数に与える影響という因果関係のモデルを検討することができる。モデルと調査方法が適切であれば，因果関係についての有力な証拠が得られるだろう。ただし，調査の回数を重ねるごとに，回答者の数が減少していくので，その減少に系統的な傾向がある場合には，分析の段階で統計的に調整する必要がある。また，調査と調査の間には，しばしば結果に影響するような何らかのできごとが生じてしまうので，厳密な意味で因果関係を特定することは難しい。

10-2-8　スノーボール調査

　パーソナルネットワークの影響に関心がある時は，スノーボール調査という方法がある。サンプリングされた対象者だけでなく，その対象者にとって重要な他者（たとえば相談相手）についてもインタビュー（あるいは調査票への回答）を依頼することにより，ネットワーク単位でのデータを取得する。この方法により，たとえば「自民党支持者の周囲には自民党支持者が多いか」「人づき合いが多様な人とそうでない人は何が異なるか」といった疑問を解明できる。

　ただし，調査票を送るために「相談相手」の氏名住所などを対象者に尋ねる

場合，プライバシーの問題から対象者が抵抗を感じる可能性が高い。対象者から直接調査票を送付してもらう方法もあるが，対象者が最初に言及していた人と，他者票への回答者が同一人物かどうか確認が難しいという問題がある。

10-3 標本抽出法

10-3-1 無作為抽出と有意抽出

社会調査では多くの場合，ある集団の全体的な傾向に関する記述を目的としている。たとえば，内閣支持率に関する全国世論調査は，その調査に答えた人だけの内閣支持率に関心があるのではない。調査の対象者という一部の人々（標本あるいはサンプル）から，日本の有権者全体（母集団）の支持率を推測しているのである。なお，母集団や標本の単位は個人とは限らない。たとえば，インターネットの世帯普及率を調べる時の標本の単位は「世帯」である。

母集団に関する推測を行うためには，標本が母集団から偏りなく抽出されなくてはならない。たとえば，日本の有権者の内閣支持率を調べようとして，朝の東京駅で通勤客にインタビューしても，日本の有権者の全体像を知るためには偏った標本になってしまう。

標本を母集団から偏りなく抽出するということの意味は，「母集団に属するどの成員も，等しい確率で選ばれる」ということである。日本の有権者を母集団とすれば，日本のどこに住んでいても，あるいは男性でも女性でも，職業があってもなくても，（理論的には）同じ確率で選ばれなくてはならない。このように母集団の要素が全て同じ確率で選ばれる方法を無作為抽出（ランダムサンプリング）という。

これに対して，研究者が恣意的に標本を選ぶ方法は有意抽出と呼ばれる。ある授業に出席していた学生にのみアンケート調査をするような場合がその例である。この場合，母集団と標本の関係が明確ではないことに注意しなくてはならない。母集団を「その授業にその日出席した学生」と考えるのであれば全数調査といえるが，母集団を「その大学の学生」とするならば，それは偏った標本ということになる。また，「日本の大学生」や「日本人」を母集団と見なすことに無理があることは言うまでもない。厳密に言えば，有意抽出された標本か

ら母集団について推測することは難しい。

　なお，有意抽出でもできるだけよく母集団を代表するように，無作為抽出の代替法として考えられた方法がある。年齢や性別などの構成比が母集団と等しくなるように（これを「層化」という）抽出する方法のことで，これを割りあて法（クォータサンプリング）という。たとえば年齢と性別で層化する場合を考えよう。20代の女性と男性が母集団の10%，12% を占めているとしたら，標本でも20代の女性と男性がそれぞれ10%，12% になるように抽出する。他の年代や性別についても同様に，母集団の構成比と等しくなるように割りあてるのである。しかし対象者の抽出方法自体は恣意的なので，層化の基準に用いられなかった変数が，調べたい変数に影響しているような場合には，無作為抽出の代用にはなり得ない。たとえば，ある争点への意見を調べるために，年齢と性別で層化して，割りあて法で標本を抽出したとする。もしその争点への意見に最も強く影響しているのが（性別でも年齢でもなく）年収であり，選んだ標本が高所得者層（あるいは低所得者層）ばかりで構成されていたとしたら，その標本による調査結果は，無作為抽出によるものとは大きく異なってしまう。

　以上のことから，母集団に関する推定を行うときには標本の無作為抽出は不可欠である。標本抽出の理論と実際については，この問題に詳しい教科書を参照してほしい（例として，鈴木・高橋, 1998）。卒業論文などで無作為抽出を行うのは難しいが，少なくとも無作為抽出の意味と，有意抽出の問題点および限界について理解はしておくべきである。

10-3-2　無作為抽出法の種類と実際

単純無作為抽出　単純無作為抽出は，無作為抽出の基本となる方法である。たとえば2万人の母集団から100人を抽出する場合，母集団の要素に，1から20000までの番号を振る。異なる乱数を100回発生させて，その番号に対応した人を抽出すればよい。ただしこの方法は，母集団に通し番号を振れるように，事前に母集団全体のリストがなければならず，母集団の人数が多くなると実行が困難になる。そのため，実際には単純無作為抽出が行われることは稀で，この後に紹介する方法が一般に用いられている。

系統抽出　最初に抽出する標本のみ乱数で選び，後はそこから等間隔で抽出していく方法である。たとえば2万人の母集団から100人を抽出する場合，抽出確率は200人に1人となるので，200人を抽出間隔とする。1～200までの数字の間で乱数を発生させ，その番号から200人おきに抽出していく。たとえば最初の乱数が56だったら，256人目，456人目……を抽出するのである。系統抽出の標本誤差は，リストに偏りがない限り，単純無作為抽出に等しい。ただし，もし最初のリストの並び方に系統的な偏りがあった場合には，系統抽出では問題が生じる。たとえば，男性と女性が交互に並んでいるようなリストから50人ごとに抽出した場合，抽出した標本はすべて男性（あるいは女性）になってしまう。実際にはそのような例はあまり多くないが，留意すべき点である。

層化抽出　一つの母集団には，年齢・性別・居住地域などによってさまざまな層が含まれることがある。層化抽出は，母集団を構成する各層の構成比率と，サンプルにおける各層の構成比率を等しくする方法である。たとえば，居住地域で層化する場合，もともとの人口比が大都市部20%，中都市部60%，町村部20%だとしたら，標本の性別分布も，大都市部20%，中都市部60%，町村部20%になるようにする。10-3-1で紹介した割りあて法と同じ考え方であるが，無作為抽出の場合には，各層の中では全ての要素が同じ確率であたるようにする。層化無作為抽出による標本は，単純無作為抽出による標本よりも一般に標本誤差が小さい。

多段抽出　これまで紹介してきた方法は，母集団全体からまんべんなく標本を抽出する方法（一段抽出法）である。これに対して，母集団内の地点や選挙区など，第一次の抽出単位をまず抽出し，それぞれの抽出単位から標本を抽出する方法を多段抽出という。たとえば，日本の有権者（これが母集団となる）の内閣支持率を調べる時に，まず選挙区を抽出し，抽出された選挙区ごとに標本を抽出するような場合である。抽出の作業コストが小さくなるので，現実場面では非常によく用いられる方法である。

　多段抽出の中でよく用いられるのは，第一次の抽出単位を抽出する際に，抽出単位の人口に比例した抽出確率を与える方法（確率比例抽出）である。すなわ

ち，人口が2万人の選挙区は，1万人の選挙区の2倍の確率で選ばれやすくする。その上で，各単位で同じ人数を抽出すれば，最終的には全ての要素が同確率で選ばれることになる（詳しくは，豊田，1998a）。たとえば，人口10万人のA町は1万人のB町より抽出されやすいが，それぞれ100人ずつ抽出する時はA町の住民よりB町の住民のほうがあたりやすくなるからである。

しかし，たとえば同じ標本数2千の調査をするとしても，多段抽出は一段抽出よりも標本誤差が大きくなる。とくに，抽出単位の数が少なくなるほどその誤差は大きくなってしまう。2千人の調査をする時に，全国の選挙区から100の選挙区を選んで20人ずつ抽出するよりも，10の選挙区を選んでそれぞれ200人ずつ抽出するほうが，コストは小さいが誤差は大きい。そのため，できるだけ第一次の抽出地点を多く取る，層化抽出と組み合わせるなどの工夫が必要である。一般的な社会調査で最もよく行われる方法は，層化抽出と多段抽出を組み合わせた方法（たとえば層化二段確率比例抽出）である。

10-3-3　標本誤差と標本数

無作為抽出による標本でも，母集団そのものではない以上，そこに誤差が生じる。抽出した標本（サンプル）が母集団と異なることによって推定値がずれるエラーを標本誤差（sampling error）という。たとえば無作為抽出による調査で，「内閣支持率が50%」と出たとする。仮に全ての有権者の内閣支持がわかるとしたら，真の内閣支持率は48%かもしれないし，52%かもしれないのである。

一般にサンプルサイズ（標本数）が大きくなるほど標本誤差は小さくなる（つまり，母集団に関する推定の精度が高くなる）。母平均の推定に関して言えば，標本の平均の95%が真の母平均の$\pm 1.96 SE$（標本の標準誤差）の範囲に，また99%が真の母平均の$\pm 2.58 SE$の範囲に収まる。たとえば，母比率P，母集団の大きさN，標本数nの時の標本誤差eは以下の式で求められる。

$$e = 1.96\sqrt{\frac{N-n}{N-1} \cdot \frac{P(1-P)}{n}}$$

母集団が非常に大きいとき，$N-n/N-1$はほぼ1に近くなる。したがって，標本誤差は$\sqrt{n}$に比例すると考えてよい（つまり，標本誤差を半分にするには4倍の標本が必要になる）。

10-3 標本抽出法

この性質を利用して，許容できる誤差の程度から標本抽出数を決定することもできる。たとえば，母集団での内閣支持率が50%だということがわかっている時，「95%の信頼度で，誤差2%以内で，標本の平均値が母集団の平均値と一致する」ようにするためには，2500の標本数が必要になる。なお，標本誤差の推定に重要なのは標本の大きさそのものであって，「母集団の何割が抽出されたか」ではない。

無作為抽出と有意抽出の大きな違いは，この標本誤差が計算できるかどうかである。つまり，無作為抽出でも当然ながら母集団とのずれが生じるのだが，どの範囲でずれているかが統計的に推測可能なのである。これに対して有意抽出では，誤差がどの程度なのか推測できない。そのために母集団に関する推測が困難になるのである。

なお，多くの教科書では上述のように，どのくらいの標本誤差が許容できるかによってサンプルサイズを決める方法が勧められているが，許容する誤差の範囲によって標本数を決めることは現実的ではないという見解もある。たとえば，一般に一つの調査でも複数の変数が測定され，誤差の許容範囲は変数によって異なってくることが考えられる。そのため「分析計画によって標本数を決定すべきである」とする立場もある (Fowler, 2002)。一部の特性をもつ回答者にとくに関心がある場合や，サブグループごとに分析を行うような場合には，そのグループの標本数が十分確保できるように多めの標本による調査を計画すべきということである。なお，調査の実際においては，主にコスト面から標本数が決定されることも少なくない。

最後に，調査に際しては（理論上の）母集団とサンプル・フレームの違いについて考えておく必要がある。サンプル・フレームとは，「実際に選ばれる可能性のある要素・個人の集合」である。たとえば，「日本に住む人」を念頭に置いて，有権者名簿で無作為抽出したとしても，選挙権のない未成年者や外国人は標本から漏れてしまう。RDD法では固定電話に加入していない人は抽出されない。このような場合，抽出された標本は，理論上の母集団である「日本に住む人」ではなく，サンプル・フレームの代表でしかない (Fowler, 2002)。そのような調査は不完全だからよくないという意味ではないが，どの調査も完全ではないことを念頭に置き，その調査から過度の推測を行わないよう注意すべきであろう。

10-4 質問紙の設計

社会調査（質問紙調査）でも，研究仮説を立て，それに応じた変数を測定するという点では，実験と同様に仮説構築が必要である。質問紙調査では，一般に実験よりも多くの変数が測定できるが，用意した質問に対する答しか得られず，また質問文や選択肢を変えるだけで回答分布が変わってしまうこともあり得るので，事前に質問項目や選択肢をよく練っておかなくてはならない（なお，調査票の設計や実施の仕方，データ入力ミスなど，標本誤差以外の人為的エラーを非標本誤差という）。次に，質問紙調査における質問形式について紹介しよう。

10-4-1 選択肢形式と自由回答形式

質問紙調査の質問には，大きく分けて，選択肢形式と自由回答（open-end）形式の二つがある。選択肢形式とは，質問に対する答えを研究者が用意して，その中から回答者に選んでもらうものであり，自由回答形式は，文字通り自由に回答してもらうものである。

選択肢形式質問の長所は，質問が構造化されているので，回答漏れが少ないということである。たとえば，家事労働も含めた１日の仕事について調べたいとする。「あなたは昨日，何をしましたか」とだけ尋ねてしまうと，「全て答えてください」とつけ加えたとしても，回答者は「何か特別なこと」を聞かれていると誤解して，家事労働については回答しないかもしれない。この時選択肢に「洗濯をした」，「掃除をした」などの家事労働が用意されていると，回答者は質問の意図を把握し，回答漏れが少なくなる。あるいは，どの番組がよく見られているか調べるために「あなたが日頃見ているテレビ番組は何ですか」とだけ尋ねたら，回答者は「ニュース」「ドラマ」などといったジャンルで回答するかもしれない。この時番組の選択肢があれば，回答者も答えやすい。

しかし，選択肢形式では逆に，選択肢にない回答が漏れてしまったり（選択肢にないということは不要な回答なのだと回答者が判断してしまう），回答を誘導してしまったりする恐れもある。

一方，自由回答は，質問の解釈も回答者にゆだねられるため，研究者が気づ

かなかった事実や問題点も明らかになるという利点がある。また，反応の有無や回答の量自体を分析の指標にすることもできる。ただし，自由回答で統計的な分析を行うためには，アフターコーディング（自由回答を事後的に数値に置き換えること）が必要である。たとえば，「内閣を支持する理由」を自由回答であげてもらった場合を考えよう。回答の内容から，「首相の個人的資質によるもの」を1，「首相の所属政党によるもの」を2，「首相の実績によるもの」を3，などに分類し，ラベルをつけるのである。この作業は簡単ではなく，その扱いに慣れていないと，自由回答は「聞いてみただけ」に終わりやすいので注意する。

10-4-2　選択肢の形式

選択肢を作成する際に心がけるべきことは，「重ならないように，かつ包括的に」なるようにすることである。ただし，「包括的に」とはいっても，頻度の低い全ての選択肢をあげるわけにはいかないので，「その他」のカテゴリを用意しておくとよい。

なお，選択肢を作成する際には，選択肢が回答する際の手がかりとして用いられることに留意する。たとえば，明確に記憶していない行動（例として，外食など）の頻度に関する質問では，用意された選択肢の中間の数値が「平均的」と見なされやすい（Schwarz, 1994）。また，選択肢の並べ方についても注意すべきである。たとえば，選択肢の数が多くなると，選択肢の並べられた順に選択される頻度が高くなるという順序効果が現れることがある（例として，平松，1998）。

なお，選択肢の作成にあたっては，回収後にどのような分析を行うのか，分析デザインも考慮する必要がある。回答をそのまま連続変数として扱いたい場合には，ばらつきの範囲が大きくなるように選択肢を設計しなくてはならない。

次に，選択肢の主な形式についてあげておく。

単一回答法（SA：Single Answer）　　用意された複数の選択肢から一つだけ選ぶ方法である。

　例）あなたが日頃，政治のニュースを知るために利用しているメディアは次のうちどれですか。最もよくあてはまるもの一つに○をつけてください。

　　1. テレビ　2. 新聞　3. インターネット　4. 雑誌　5. ラジオ　6. その他（　　　）

無制限複数選択法（MA：Multiple Answer）　用意された複数の選択肢を，上限を設けずに選ぶ方法である。

　例）あなたが日頃，政治のニュースを知るために利用しているメディアは次のうちどれですか。<u>あてはまるもの全てに○をつけてください。</u>
　　　1. テレビ　2. 新聞　3. インターネット　4. 雑誌　5. ラジオ　6. その他（　　）

制限複数選択法　単一回答法と同じ形式で，「三つまで」「五つまで」などの上限を設ける方法である。

　例）あなたが日頃，政治のニュースを知るために利用しているメディアは次のうちどれですか。<u>あてはまるもの三つまでに○をつけてください。</u>
　　　1. テレビ　2. 新聞　3. インターネット　4. 雑誌　5. ラジオ　6. その他（　　）

順位法　全ての選択肢に順序をつけてもらう方法（完全順位法）と，上位三つまでなど制限をつけて順序をつけてもらう方法（一部順位法）とがある。完全順位法は選択肢が多くなりすぎると困難になるので注意する。

　例）あなたが日頃，政治のニュースを知るために利用しているメディアは何ですか。次にあげるもののうち，あなたがよく利用している順に，（　　）内に番号をつけてください。
　　　1. テレビ（　　）　2. 新聞（　　）　3. インターネット（　　）　4. 雑誌（　　）　5. ラジオ（　　）　6. その他（　　）

評定法　頻度や程度を尋ねる時によく用いられる。一般に5件法や7件法がよく用いられるが，分析の段階での分散を大きくしたい時は，11件法などもう少し選択肢の数を増やす。回答形式は基本的には単一回答法と同じである。

　例）あなたは日頃，インターネットで政治のニュースを見ていますか。<u>あてはまるもの一つに○をつけてください。</u>
　　　1. 毎日見ている　2. 時々見ている　3. たまに見ている　4. ほとんど見たことがない

10-4-3　ワーディングにおける注意点

質問文の設計がよくないと，回答者に誤解されたり分布が歪んだりしてしま

うので，質問文の言い回し（ワーディング）は重要である（5章参照）。調査票を作成する時の注意点として，渡辺（1998）があげているものの一部を紹介しよう。

① わかりやすい文章を心がける

　難しい言葉を使ったり，否定語を多用したりしないようにする。また，人によって解釈が分かれるような多義的な言葉は用いない。

② 答えにくい質問はしない

　過去についての記憶は曖昧であることが多いので注意する（5年前に選挙に行ったか，と聞かれても，覚えていないことがある）。またプライバシーに触れる可能性のある質問や，心理的に抵抗のある質問は，回答を歪ませるだけでなく，回収率の低下にも結びつくので，どうしても必要なものでなければ避けるべきである。

③ ダブルバーレル質問に注意する

　ダブルバーレル質問とは，一つの質問文の中で二つ以上のことを尋ねている質問である。たとえば，「あなたは映画に行ったりコンサートに行ったりするのが好きですか」という質問では，「映画には行くがコンサートには行かない」という人，あるいはその逆の人は答えにくい。このような場合は質問を分けて尋ねるべきである。

④ 誘導尋問に注意する

　質問内容と選択肢は同じでも，質問文の表現によって分布が大きく変わってしまうことがあるので注意する（平松，1998; Schwarz, 1994）。

⑤ キャリーオーバー効果に注意する

　キャリーオーバー効果とは，直前の質問が，後続の質問に影響を与えてしまうことである。たとえば，首相の失言に関する意見について質問した後で，首相の業績評価について尋ねると，失言問題（に対する意見）が業績評価に影響を与えてしまう。

　なお，これらの注意点に加えて，回答者の認知的バイアスにも配慮する必要があるだろう。意味としては同じことを尋ねているはずの質問文でも，準拠点の示し方によって回答者に全く異なる印象を与えてしまうことがある。たとえば「1000 人のうち 600 人が死亡する」というネガティブ・フレームによる記述と，「1000 人のうち 400 人が助かる」というポジティブ・フレームによる記述で

は，回答者に与える印象は異なってくる（Tversky & Kahneman, 1981）。また，同じ 11 件法の評定法質問でも，−5 点〜＋5 点のラベルがついている場合と，0 点から 10 点のラベルがついている場合では，回答者の印象は異なってしまう（レビューとして Schwarz, 1994）。

調査票は，「全ての人にとってわかりやすく，答えやすい」ものでなくてはならないが，質問文や選択肢は，気がつかなくとも作成者の主観に囚われたものとなりがちである。調査票がいったん完成したら予備調査（パイロット調査）を行い，誤解や誤答を招くような設問や選択肢がないかよく確認する必要がある。

10-4-4 フェイスシートとレイアウト

性別，年齢，居住地域，学歴，年収など，分析を行う上で必要な個人のプロフィールに関する質問をフェイスシートという。これはしばしば，回答者にとってはプライバシーに踏み込まれる気がするものなので，回答への抵抗を少なくするためには最後に配置したほうがよい。

フェイスシートだけでなく，調査票のレイアウトは案外重要である。最初に難しい質問が来たり，調査票が入り組んで見にくかったりすると，回答者は回答する意欲を失ってしまう。キャリーオーバー効果に配慮しつつ内容の共通した質問はまとめて，見やすくわかりやすいレイアウトを心がける必要がある。また，一部の人だけに答えてもらう質問は，調査票上でわかりやすく誘導する。

10-5 調査の実施における注意点

調査票が確定し，対象者の抽出が終わったらいよいよ実査である。社会調査では，研究に直接関係のない人に一方的に協力を依頼せざるを得ない。誤解やコンフリクトを避け，できるだけ協力をしてもらえるように，研究者は次のような点に配慮すべきである。

① 事前に依頼状を送る。責任者名と連絡先は必ず記しておく。
② 調査を行う時は，調査主体と研究目的について十分説明し，理解を得る。
③ 調査員が訪問したり電話をしたりする時は，常識的な時間を心がける。
④ 郵送調査などでは，締め切り前に督促状を送る。

⑤　調査が終了したら，希望者に結果を報告する。

　なお，社会調査を実際に行う上でのさまざまな留意点については，社会調査法の教科書（例として，原・海野，2004; 森岡，1998; 盛山，2004; 豊田，1998a など）に詳しく述べられている。

　なお，調査実施にあたっては，対象者のプライバシー及び心理的負担に最大限の配慮を払うべきである。関連諸学会の倫理要綱を参照されたい。

10-6　調査データの解析にあたって

　調査データの分析方法については，専門の教科書（例として，石黒，2008; 岩田・保田，2007）をあたってほしいが，本章では分析の手前までを紹介しておこう。

10-6-1　データ分析を始める前に

　回収された調査票は，そのままではまだ分析できるわけではない。分析の前にクリーニングと入力チェックが必要である（4章参照）。

　データ・クリーニングは回答者のミスについてのチェックである。調査員が行う調査（面接調査，留置調査，電話調査）の場合はその場でのチェックが可能だが，調査員によらない標本調査の場合，まず，回収された回答票が，実際に抽出された対象者のものかどうかを確認する必要がある。郵送調査であれば，年齢と性別が，抽出された標本の情報と異なっていないかどうかをチェックし，異なる標本は有効回答に含めないようにする。次に，回答ミスがないか，論理的におかしな回答がないかをチェックする。単一回答法の選択肢に二つ以上○がついていたり，「投票に行っていない」という選択肢に○がついているのに，選挙での投票先を答えていたりするような場合である。これらをどう処理するかは研究者の判断次第だが，「無回答」に準じて処理することが多い。

　データ入力時のミスについては，二度入力して一致しなかった箇所をチェックする。ミスが見つかったら，調査票に戻って確認することは必須である。

10-6-2　回収率の低下とウエイトの使用

　世論調査・社会調査の回収率は近年低下傾向にある（例として，篠木，2010;

Synodinos & Yamada, 2000）。日本は有権者名簿や住民台帳などを完備し，調査実施上の条件は比較的恵まれていたと言えるが，1970 年代後半以降，各種社会調査・世論調査の回収率は全体として低下している。たとえば「国民生活に関する世論調査」（総理府）の回収率は，1975 年に 80% 台であったものが 2000 年以降では約 70% に落ち込んだ。マスコミ各社による近年の面接世論調査でも回収率が 7 割を超えるものは稀になっている。中でも若年層と都市部で回収率は低く，性別では男性のほうが低い。

　訪問式面接調査法での回収率低下の主な原因としては，不在者の増加があげられる。調査員が訪問あるいは電話できるような時間に，自宅にいない人が多いということである。さらに，接触はできても「負担が重い」「プライバシー侵害への懸念」などの理由で協力を拒否される率も上昇している。

　せっかく無作為抽出をしても，回収率があまりに低いと，母集団に関する推定が歪んでしまう。こうした問題に対処するため，近年ではウエイト（重みづけ）による推定の修正方法が開発されている。たとえば，都市部の 20 代男性の回収率が極端に低い時は，都市部 20 代男性の回答に重みをつける（1 人の回答を 1.2 人分と見なしたりする）わけである。記述統計に関しては，ウエイトをかけたほうがよい推定結果が出る。ただし，標本調査の考え方からすると，まずは回収率を上げるよう努力をする必要があるのは言うまでもない。

10-6-3　二次分析とデータアーカイブの利用について

　無作為抽出の社会調査は予算と手間がかかるので，学生の卒業論文などでは大規模な調査の実施は難しいことが多いかもしれない。あるいは，過去の社会調査から，意識の推移などを分析してみたいということもあるだろう。そのような時は，公開されている社会調査データの二次分析を行うこともできる。

　たとえば，東京大学社会科学研究所附属日本社会研究情報センターでは，SSJ データアーカイブ（Social Science Japan Data Archive）を構築して，調査機関から寄託された社会調査データの公開を行っている（http://ssjda.iss.u-tokyo.ac.jp/）。学部学生でも教員の指導のもとであれば，一部データの利用が可能なので，社会調査に関心のある人はぜひ検討してみてほしい。公開データの二次分析については，佐藤・石田・池田（2000），岩井・保田（2007）などが参考になる。

11　論文の作成

安藤清志

　研究で得られた結果に基づいて論文や報告書を作成し，それをさまざまな形で公表することは，研究の過程の中で重要な位置を占めている。研究によって得られた知見は，それが公表され知識体系の一つとして蓄積されることによって，科学の発展に寄与することができるからである。したがって，とくに研究者を目指す人は，論文作成の方法を早い時期から学び，スキルを磨いておくことが望ましい。また，研究者を目指していない人にとっても，実験レポートや卒業論文を適切なスタイルで書くよう練習することは，将来のキャリアにおいて役立つことが多い。さらに，論文がどのような意図のもとに執筆され，どのような構成になっているかを知ることによって，雑誌に掲載されている論文を批判的な視点で読めるようになるはずである。

　以下では，卒業論文や修士論文を執筆する際に必要な事柄をまとめるが，紙幅の関係から，説明の範囲はおのずと限られる。優れた書籍が多数出版されているので，論文作成にあたっては，章末に示した読書案内の中から何冊かに目を通すことを勧めたい。なお，研究の結果を報告するものとして，本章では主として卒業論文や修士論文，そして，それらの一部を専門誌へ投稿する場合を想定しており，これらを「論文」と総称することにする。

11-1　文章のスタイル

　社会心理学の論文は，「科学」論文としての体裁と構成を備えていることが必要である。したがって，何よりも正確で意味が明確となるような記述を心がける。とくに，事実について記述している箇所に自分あるいは他者の意見が混入しないように注意が必要である。また，論文というと，研究で得られた結果を淡々と客観的に記述するという印象があるが，論文には「説得」の要素が含まれると考えたほうがよい (Sternberg, 2003)。同じ内容でも，それをどのように

記述するかによって読者に納得してもらえるかどうかが決まってくる。もちろん不適切に誇張することは避けなければならないが，主張の根拠を示しながら論理的に読者を説得することが大切である。

　一般に，他者を説得するためには，扱う問題に関してその人がどの程度の知識をもっているかを知ることが重要である。これは論文の場合にもあてはまる。卒業論文の場合，「専門的知識をもっている社会心理学の専門家」を想定して，説明が簡略になってしまうことがある。「知っているはず」という思い込みを排除して，丁寧な記述を心がける必要がある。

　本章では，細かな文章表現に関しては扱わないが，関連図書を数冊読み，それらに記されている注意点を念頭において練習を重ねることが必要である。また，多くの場合，論文の執筆規程が定められているので，それに沿った書式や表現にする。

11-2 引　用

　論文はそれぞれの著者が苦労して作り上げる「作品」である。したがって，執筆に際しては，他者の作品と自らの作品を明確に区別する必要がある。優れた論文の長所を見習うことは大切だが，その作品をあたかも自分のもののように扱うことは厳しく戒めなくてはならない。他の研究者のアイデア（仮説，解釈など）や文章表現を自分のものとして使用する行為は，一般に剽窃（plagiarism）と呼ばれる。他者の著作物を引用する時にその出典を記すことを忘れる場合のように，たとえ意図しない行為であっても結果として剽窃に含まれるので十分に注意することが必要である。引用の方法について適切な知識をもっていれば，そうした疑いをもたれることなしに他者の考えをうまく自らの論文に反映させることができる。

　引用には直接引用と間接引用がある。直接引用は他者の著作内容の一部をそのままの形で引用することである。たとえば，ある本に以下のような記述がある（西川，1998）。

　　援助を受けることは，被援助者にとっては苦境からの脱出に導いてくれる，
　　また援助を通じて援助者の自分に対する好意的感情を感じさせてくれる，

ありがたい経験である。しかし他方で，援助されることは自分自身の課題
解決能力が援助者よりも低いことの証左になることもあり，被援助者自身
の否定的感情を喚起したり，自己評価を下げたりするはたらきを持つ（西
川，1998, p. 131）。
　この一部を直接引用する場合，以下のようになる。

　　西川（1998）も，「援助されることは自分自身の課題解決能力が援助者より
　　も低いことの証左になることもあり，被援助者自身の否定的感情を喚起し
　　たり，自己評価を下げたりするはたらきを持つ」（p. 131）と指摘している。

　原文に傍点や強調がある場合，（強調は原文）などとして，それが原著者によ
るものであることを示す。変更を加える場合には，（傍点筆者）などと記して，
その責任を明確にしておく。また，誤りと思われる箇所をあえてそのままにし
ておく場合には（ママ）としておけば，誤植ではなく，もとの著者の誤りである
ことがわかる。

　間接引用は，原文の意味を変えないように要約したり言い換えたりして引用
する場合をいう。他人のアイデアを自分の言葉で「パラフレーズ」することに
なる。ただし，原文の単語を単に別の単語に置き換えるのではなく，その意味
するところを変えずに単語や構文を変えるのである。もちろん，その場合でも
アイデアは他人のものであるので，出典を明記する必要があるのは当然である。
自分の文章の中に他人のアイデアを上手にパラフレーズして挿入することによ
って，自分自身のアイデアを支持する証拠や考えがあることを示すことができ
る。たとえば，以下のように行う。

　　……西川（1998, p. 131）も，被援助者にとって援助を受けることは，実際に
　　困難を回避できるなど肯定的な経験となる一方で，課題解決能力の低さが
　　示されてしまうことから否定的感情や自己評価の低下を招く危険があると
　　指摘している。

　なお，西川（1998）をまったく引用しないでその一部を借用することは当然剽
窃にあたるが，引用していることを明らかにしたとしても，以下の場合には一
部（下線部）が西川（1998）とまったく同じであるために問題とされる可能性が
ある。

　　被援助者にとって，援助を受けることは必ずしもプラスの面ばかりではな

い。援助されることは自分自身の課題解決能力が援助者よりも低いことの証左になることもあり，被援助者自身の否定的感情を喚起したり，自己評価を下げたりするはたらきを持つ（西川，1998）。

本文中で文献を引用する場合，以下のように記述する。

文中の場合

西川（1998）は……　　　　　McAdams（2006）は……

亀田・村田（2010）は……　　Tedeschi & Felson（1994）は……

文末にくる場合

……である（McAdams, 2006）。

……ことを示す研究が多い（池田・村田，1991; McAdams, 2006; 西川，1998; Tedeschi & Felson, 1994）。

翻訳書の場合　　翻訳書を引用する場合には，原書の出版年も含める。たとえば，本文中であれば，最初に原典の出版年，次に翻訳書の訳者と出版年を記して括弧でくくる。

……Blass（2004 野島・藍澤訳 2008）は……

……が主張されている（Blass, 2004 野島・藍澤訳 2008）。

11-3　論文の構成

論文の内容は，①表題（および要約），②問題，③方法，④結果，⑤考察，⑥引用文献，の順に記述される。さらに，全体的な構成を考えると，内容の「広さ」にメリハリをつけることが望まれる。Bem（2004）は，論文の構成を砂時計になぞらえている。砂時計を逆さにすると，中の砂は，次第に細くなるガラスの壁面に沿って細い流れとなり，下部に溜まっていく。下にできた砂の小さな山は，その広がりを大きくしていく。同様に，論文は，扱われる領域における先行研究や問題点などが幅広く述べられた後，自らの研究で扱う側面に絞って詳しく説明が加えられ，特定の仮説へと導かれる。研究結果が述べられると，考察部

分では得られた知見が当該研究領域にとってどのような意味をもつのか，実践面へのどのようなインプリケーションがあるのかなど，より大きな視点から記述される。論文を書く時には，途中で何回か「広く→狭く→広く」という流れをイメージするとよい。なお，論文の草稿の段階では，必ずしも上記の順に書く必要はない。とくに「方法」に関してはデータを得た段階でほとんどの部分を書くことができるので，早めに草稿を準備しておくのがよい。

11-3-1　表題（タイトル）

　表題は，研究で扱われた内容を簡潔に表現したものである。内容に沿った適切な語を使用して，どのような問題を扱った研究がどのように行われたのかが容易に推測できるように工夫する。実験的研究であれば，独立変数と従属変数の名称を含めることが望ましい。読者は表題を見て本文を読むかどうか決定するので，読者の関心を引く要素も必要となる。もともと研究の内容を表すのが表題なので，「～に関する研究」という表現は避ける。副題をうまく組み合わせると，さらに内容がわかりやすくなることも多い。

　論文の種類によっては要約（アブストラクト）を付すことが求められる。専門誌では，通常，論文の冒頭に要約をつけることが求められる。これは，読者が論文の概要を容易に理解できるようするためのものである。卒業論文や修士論文の場合は，要約を別途提出することを求められることも多い。いずれの場合も，指定された文字数を超えないように，問題，方法，結果，結論を簡潔に述べ，研究内容全体が把握できるように工夫する。雑誌によってはキーワードを添えることを規定しているものもある。これは研究の中で重要なポイントを示す用語であり，読者はこの用語を手がかりとして自分の関心のある論文を検索する。この部分がデータベース化されることが多いので，非常に重要な部分である。もちろん正確さを第一として記述すべきであるが，研究成果を適切にアピールすることも心がけたい。

11-3-2　問　　題

　前述のように論文を砂時計にたとえれば，このセクションは次第にガラス管が細くなる上半分の部分の執筆である。具体的には，「どのような問題が研究

されるのか」「これまでどのような研究が行われてきたのか」「これから報告する研究を行う意義がどこにあるのか」に加えて，研究の目的や仮説を述べることになる。

　まず，扱われる領域について述べる。もちろん，論文の内容によって異なるし，どのような結論を導く予定かによっても異なってくる。解決すべき社会問題や日常的な事例が導入として紹介されることもあるし，特定の理論に関連する問題点が取りあげられることもある。さまざまな論文に目を通して，どのような導入の仕方があるか調べてみるのがよい。

　次に，その問題に関して行われた先行研究においてどのような知見が得られているのか，どのような理論的考察が行われているかについて述べる。この場合，扱う領域の範囲を必要以上に広げたり，問題点が曖昧にならないように注意する。また，先行研究は，自分の考えを支持するものだけでなく，合致しないものも偏りなく取りあげる。

　この後，自分が実施した研究がなぜ必要かについて説明を加える。研究の意義について記す重要な部分である。「これまでの研究結果には一貫性が乏しい」，「実験室の中での研究に偏っている」，「いずれの説明が妥当なのか明らかになっていない」，「媒介過程を明確にする必要がある」など，それを示す根拠とともに，研究の必要性を訴える。そして，自分の研究が具体的にどのような目的のもとに実施されるのかを説明する。

　こうした展開の中で，仮説を明らかにしていく。「砂時計」で言えば，次第に中央のくびれに近づくことになる。とくに重要なのは，仮説の根拠（関連する理論，先行研究，予備実験の結果など）について説得的に述べることである。さらに，実際に行う調査や実験において操作あるいは測定される変数と理論仮説との対応について記述する。論理の飛躍や強引な推論がないように十分に注意する。この後，結果に関する予測，すなわち，仮説を述べる。独立変数の操作に伴って，各条件において従属変数にどのような差異が出てくるのかを具体的に予測する。

　以上のように，実験的研究の場合は明確に仮説を記述することが必須であるが，探索的な段階の研究で具体的な仮説を立てることが困難な場合には，どのような点に注目して分析を行おうとしているのかを「リサーチ・クエスチョン」

の形で示せばよい。

　問題の最後の部分で，実際にどのような手続きで実験が行われるのかを「研究の概要」として簡単に示しておくことも多い。なお，論文が複数の実験や調査から構成される場合には，それぞれの実験の概要をまとめて記しておく。

11-3-3　方　　法
　「方法」は，研究方法を詳細に記述するセクションである。執筆する際には，読者がこのセクションを読むことによって研究結果の妥当性を評価できること，追試を行おうとした研究者が同じ実験あるいは調査を再び実施できることを目標にして記述する。複雑な研究デザインを用いる場合には，まず冒頭で概略を述べておくと読者の理解の助けになる。具体的には，実験参加者（調査対象者），実験装置，実験条件（独立変数にあたる），実験手続き（実験の具体的操作手順），反応の測定および測度（従属変数にあたる）の記述が含まれる。

　実験参加者　実験参加者の人数や性別の他，どのような（母）集団からどのような手続きで集められたかを記す。また，必要に応じて年齢や職業などを記す。記入の不備や実験装置の問題等で欠落した参加者の人数，謝礼に関する情報も含める。

　なお，実験の対象となる人は，長い間 “subject”（被験者）と呼ばれてきたが，米国心理学会の論文執筆マニュアル第4版以来，“subject” をより「人間的な」“participant” などに置き換えることが推奨されている。近年では日本の学会誌でも，これに相当する語の使用が求められるようになった。一般には，「参加者」の意味であるが，実験の場合には実験参加者，質問紙調査の場合は「調査参加者」「調査回答者」などが用いられる。同一論文内で頻繁に用いられる場合は，誤解を招かない範囲で単に「参加者」としてもよい。

　実験装置・実験用具・調査用紙　使用した機器の製品名，質問紙，性格検査の内容などについて記す。これらは，市販されていたり頻繁に使用されているものについては簡単な記述でよいが，作成・製作したものについては詳しく説明する。必要であれば，「付録」に一部の記述を回す。その他，実験が実施された

場所，部屋の広さ，テーブルや椅子などの配置について述べる。機器等の配置が実験の中で重要な意味をもつ場合には図示することが望ましい。

手続き 実験が行われた具体的な手続きを，基本的には時間の流れに沿って記述する。実験は個別になされたのか，集団でなされたのか，参加者はどのように各群に振り分けられたのか，参加者にどのような教示が与えられたのか，実験条件に応じてどのような操作がなされ，実験参加者にどのような課題が与えられたのか，どのような測度を用いて反応が測定されたのか，などについて述べる。ディセプションが用いられた場合には，ディブリーフィング（8章参照）の概要についても記す。とくに実験条件に応じて場面がどのように構成されたかは，仮説検証のための中心部分であるので，各条件の差異が明確になるように心がける。要因計画法の場合は，いくつの要因が設けられ，それぞれの要因についていくつの水準が設定されたかを記す。条件設定が複雑な場合には，実験の流れを図示するとわかりやすくなる。なお，各条件群の名称は，操作の内容が容易に推測でき，かつ，長くならないように工夫し，論文中では一貫してそれを用いる。略語，頭字語を用いてもよいが，「わかりやすさ」と「全体のスペースの節約になるか」を常に考える。

11-3-4　結　　果

ここに記述されるのは，研究で得られたデータの記述統計や，仮説に関して行われた統計的検定の結果である。これらについて，主観を交えず公正に報告することが求められる。仮説に合致する部分だけを強調したり，結果を歪曲するような記述は慎まなくてはならない。データの改ざんや捏造を行ってはならないのは当然のことである。

また，操作が適切に行われたかのチェックから始まり，設定された仮説に関わる結果を示して，後の考察につなげるというストーリーを損ねないようにする。推測統計の結果を列挙して，それが中心になるよりも，記述統計に基づいて結果を記述しながら，それに関連する検定結果を添える形のほうが読みやすい。高度な統計技法を使用する時には，それが何を意図して行われるかなど，簡単な説明を付すことが望ましい。

結果は適宜，図や表を用いて表す。ただし，これらはあくまで本文の理解を助けるための補助的役割を果たすものなので，本当に必要なものを厳選する姿勢が必要である。卒業論文や修士論文などでページ数に制限がない場合には，記述統計の結果などを論文末尾に付録（Appendix）としてつけてもよい。

図表の書き方　図や表は，本文の理解を助けるために挿入されるものであるが，作成する際には「図表を見るだけで（本文を読まなくても）ある程度内容を把握できる」ことを目標にするとよい。図表は一括して掲載するのではなく，本文中の必要な箇所に適宜挿入することが望ましい。なお，写真は「図」，変数の定義などを文で列挙する場合などは「表」となる。図表には，Figure 1, Table 3（または図1, 表3）のような通し番号と表題をつける。これらは，表では表の上部に，図では図の下部に記すのが慣例となっている。表題は，どのような結果が提示されているか容易に理解できるように工夫する。ただし，図表中に記されている内容と重複しないように注意する。

　表の場合，表中の数値について単位や取り得る値の範囲などを注として下部に記し，その意味を明確にしておく。グラフでは，横軸と縦軸が何を意味するのかがわかるように，その変数名と単位を記す。複数の経過曲線を描く場合，色分けすると見やすくなるが，白黒コピーをする可能性を考えると，マーカー（○，●，△，▲など）や線分の種類（実線，点線，破線など）を組み合わせて区別したほうがよい。

　Nicol & Pexman（1999, 2003）は，さまざまな統計手法ごとに図表や結果の説明の仕方の例を紹介しているので参考になる。また，SPSSなど統計パッケージを使用する場合には，その解説書に分析結果の表示の仕方に関する有用な情報が含まれていることが多い。

統計的分析の結果　多くの場合，得られたデータに対して統計的検定が行われる。分析結果を記述する際，t検定や分散分析など頻繁に用いられる方法に関しては計算手順を記述する必要はない。検定の結果は，慣例的に用いられている記述を使うことによってコンパクトにまとめることができる。以下は，その例である。

- 社会的排斥と攻撃性の間に有意な相関が認められた（$r(27)=.55, p<.002$）。
- 二つの群の平均値に有意な差はなかった（$t(30)=.28, n.s.$）。
- 社会的排斥，性別の主効果はいずれも有意であった（$F(1,18)=17.29, p<.001$; $F(3,30)=5.27, p<.005$）。
- 他者注目条件（$M=14.36$）のほうが自己注目条件（$M=12.23$）より有意に反応時間が長かった（$t(291)=2.21, p<.03$）。
- A群では82%の参加者が賛成したのに対して，他の4群の賛成率は40%前後であり，統計的に有意な差が認められた（$\chi^2(1, N=34)=16.94, p<.001$）。

11-3-5 考　察

「考察」は，実施した実験や調査の結果に基づいて，研究目的に照らしながら評価と解釈を加えるセクションである。研究の内容によっては「結果と考察」というようにまとめて記すこともあるが，別々にするほうが一般的である。「考察」には以下の内容が含まれる。

- 得られた結果は仮説を支持しているか。
- そこからどのような結論が導かれるか。
- 得られた結果は，先行研究の結果とどのような関係にあるか。
- 別解釈の可能性はあるか。
- 採用された研究法や手続きに関して，どのような限界があるか。
- 今後，どのような研究が必要とされるか。
- 理論面や実践面への含意（インプリケーション）はあるか。

考察の冒頭では，既に述べられている研究目的や仮説，主要な結果を簡単にまとめることが多い。いわば研究のエッセンスが示される部分であり，読者にとっては考察を読む前に内容を整理しておくことに役立つ。その意味で，論文の中で重要な部分の一つであり，冗長にならないように注意深く記述する。この後，仮説が支持されたか否かについて丁寧に考察を加える。統計的検定の結果が有意になれば仮説は検証されたことになるが，それをもって過度の推論や強引な結論づけはせずに，他の解釈の可能性についても十分に考慮する姿勢が必要である。研究実施前には気がつかなかったことがらが，研究実施の過程で，あるいは，その後の情報収集によって明らかになることもある。一般的には，

複数の解釈をあらゆる側面から比較考量した上で，自らの仮説に示されたことがらがより説得力があると結論づけることが多い。過度に他者の研究結果を批判するよりは，自分の研究で得られた有意義な側面について積極的に述べる。さらに，得られた結果が先行研究の結果と整合しているのか否かについても述べる。整合しない場合には，その理由について考察を加える必要がある。

　仮説が支持されなかった場合には，仮説は誤りだと簡単に結論づけずに，実験や調査の手続きに問題点がなかったか検討を加える。教示の内容や与え方，実験装置の種類や配置，実験参加者の募集の仕方，反応測度の選択などについて問題がなかったかどうかを点検する。実験後の説明で参加者が語った事柄の中に有用な情報が含まれていることも多い。質問紙が用いられた場合には，質問項目とその回答方法が適切に設定されていたかを検討する（天井効果や床効果など）。

　事後的な分析を加えることによって，さらに有用な情報を得たり，新たな仮説を生み出すきっかけが作り出されることもある（2章参照）。代表値の取り方を変えてもう一度分析してみる，性差や年齢などの要因を新たに導入して，一部の参加者集団に対してのみ仮説があてはまることがないかを検討する，などが考えられる。また，設定された条件ごとでなく，操作のチェックのための変数の値によって参加者を分類し直して分析してみると，後の研究の参考となる結果が得られることもある。

　次に，「砂時計」をイメージしながら，得られた結果がどのような意味をもつのかを広い視野に立って検討する。仮説が特定の理論に関連するものなら，得られた結果がその理論に対してどのような意味をもつのか（理論の修正を迫るのか，理論に限定条件をつけるのか，適用範囲の拡大を示唆するのかなど）を説明する。理論的背景がとくにない研究では，得られた結果が既存の理論で説明される可能性があるのか，その結果どのような領域の研究と関連する可能性があるのか，などについて論ずることができる。この他，研究の対象となった参加者の性質（たとえば，大学生）からして，どの範囲まで結果を一般化することが可能なのか，実践的な問題にどのように適用できる可能性があるのかなどについて検討を加えるのもよい。

　最後に，研究の問題点や限界を自ら指摘したうえで，それが生じた理由や解

決の可能性などについて記す。また，未解決の問題や今後の研究の方向性について示唆するのもよいであろう。

11-3-6　引用文献

本文中で引用した論文や書籍のリストである。卒業論文や修士論文の場合，大学が文献リストの書き方を指定する場合もあるが，そうでない場合には（社）日本心理学会の「執筆・投稿の手びき」（『心理学研究』と *Japanese Psychological Research*" への投稿論文の書き方を解説したもので，日本心理学会のウェブサイトから無料でダウンロードできる）に基づいて記すのがよい。以下は，基本的にはこの手びきに沿った説明である。

文献の配列順序　日本語文献と外国語文献を分けずに，著者の姓のアルファベット順に並べる。同一著者によるものは刊行年次順とする。

著　書　著者，刊行年次，著書名，出版者名の順に書く。
① 単　著
　　川上善郎（1997）．うわさが走る──情報伝播の社会心理──　サイエンス社
　　McAdams, D. P. (2006). *The redemptive self: Stories Americans live by*. New York: Oxford University Press.
② 共　著
　　亀田達也・村田光二（2010）．複雑さに挑む社会心理学改訂版──適応エージェントとしての人間──　有斐閣
　　Tedeschi, J. T., & Felson, R. B. (1994). *Violence, aggression, and coercive actions*. Washington, DC: American Psychological Association.
③ 編　著
　　末永俊郎（編）（1987）．社会心理学研究入門　東京大学出版会
　　Leong, F. T. L., & Austin, J. T. (Eds.)(1996). *The psychology research handbook: A guide for graduate students and research assistants*. Thousand Oaks, CA: Sage Publications.
　　＊（Ed.）は editor の略。複数の編者がいる場合は（Eds.）とする。

④ 版数を示す場合

水原泰介 (1981). 社会心理学入門 第2版 東京大学出版会

Kenrick, D. T., Neuberg, S. L., & Cialdini, R. B. (2007). *Social psychology: Goals in interaction.* 4th ed. Boston, MA: Allyn & Bacon.

＊ ed. は edition の略。

翻 訳 書

Blass, T. (2004). *The man who shocked the world: The life and legacy of Stanley Milgram.* New York: Basic Books.
（ブラス, T. 野島久雄・藍澤美紀(訳)(2008). 服従実験とは何だったのか──スタンレー・ミルグラムの生涯と遺産── 誠信書房）

Gilbert, D. (2006). *Stumbling on happiness.* New York, NY: Alfred A. Knopf.
（ギルバート, D. 熊谷淳子(訳)(2007). 幸せはいつもちょっと先にある──期待と妄想の心理学── 早川書房）

編集書の中の一章 著者，刊行年次，題目，編者，書名，刊行所，ページの順に書く。

西川正之 (1998). 援助研究の拡がり 松井 豊・浦 光博(編) 人を支える心の科学 誠信書房 pp. 15-148.

Harter, S. (2002). Authenticity. In C. R. Snyder & S. J. Lopez (Eds.), *Handbook of positive psychology.* New York: Oxford University Press. pp. 382-394.

逐次刊行物 著者，発行年次，論文題目，雑誌名，巻数，ページの順に記す。

田村 亮・亀田達也 (2004). 寡きを患えず，均しからずを患う？──グループの意思決定におけるパレート原理の作用── 社会心理学研究, **20**, 26-34.

Stucke, T. S., & Baumeister, R. F. (2006). Ego depletion and aggressive behavior: Is the inhibition of aggression a limited resource? *European Journal of Social Psychology,* **36**, 1-13.

学会発表論文集

　工藤恵理子 (2008). 「彼女と私の共通点」は女性の特徴とみなされるのか——性別カ
　　テゴリに対する機能的推論—— 日本心理学会第 72 回大会発表論文集，262.

　村田光二 (2008). 「高い身体能力」から「低い知的能力」を推論するか？——「強い
　　スポーツ留学生」受入場面での検討—— 日本社会心理学会第 49 回大会発表
　　論文集，462-463.

ウェブページ 著者名，年号，資料題名，サイト名，URL，資料にアクセスし
た日を記す。

　川上善郎・川浦康至・山下清美 (1998). サイバー空間における日記行動報告書　う
　　わさとニュースの研究会〈http://homepage2.nifty.com/rumor/nikki/nikki.
　　html〉(2008 年 9 月 1 日)

新聞記事

　佐倉　統 (2007). マスメディアと科学　相互不信からの脱却めざせ　朝日新聞　3
　　月 19 日夕刊

　最後に，本文中で引用したものがすべてリストアップされているか，逆に，
本文中で引用していないものが文献リストに含まれていないかを必ずチェック
する。

12 社会心理学の研究動向

村田光二・安藤清志・沼崎　誠

　社会心理学に限らず，科学は個々の研究で得られた知識の積み重ねによって成り立っている。本書では，こうした知識を得るために必要な実証研究を遂行する方法を，できるだけ具体的に説明してきた。この最終章では，近年の社会心理学研究の動向とその背景にある考え方を簡単に紹介する。読者の方々が，研究法を学んだ上でさらに自分の研究テーマの位置づけや方向性について関心を深め，社会心理学の研究活動の輪に参加されることを期待している。

12-1　生物的存在としての人という視点

　1章で触れたように，現在の社会心理学ではさまざまな社会的行動が扱われているが，研究に際してはそれらの背後にある「心」の働き，すなわち「社会的認知」を探求することが強調されている。この社会的認知研究を中核とした社会心理学の領域では，より基礎的と考えられる学問との結びつきが強まっている。直接的には，認知心理学や感情心理学との結びつきである。それに加えて，脳科学や神経科学との連携が極めて重要になってきている。近年，欧米では，神経系や内分泌系，免疫系が社会文化的過程といかに関わるかを研究する統合的分野としての社会神経科学（social neuroscience）や社会認知神経科学が脚光を浴びており，この領域の研究成果を扱う書物や雑誌が続々と出版されている（Cacioppo, Visser, & Pickett, 2006; Lieberman, 2013）。残念ながら，これまで日本では，心理学は「文系」に分類されることが多く，「理系」である医学や生物学との連携は十分とは言い難い状況だった。しかし，最近では感情が心理学の研究テーマとしてクローズアップされるに伴って，その社会的機能の重要性が注目されており，心理学，社会心理学と神経科学との連携が強まる可能性が高まっている（村山，2006; 大平，2004）。

　このような社会心理学の動向は，人の生物的側面への着目として把握できる。

ここでポイントとなるのは，心理学が用いている実証研究の方法，とくに実験や実験データの統計的分析が，自然科学など基礎研究との共通言語の役割を果たすことである。経済学や政治学などの社会科学の領域でも，実験法を採用することによって学問分野を超えた学術的対話を目指すアプローチも始まっている（河野・西條，2007）。

　生物学の進化論の立場も，人間行動研究に大きな影響を及ぼしつつある（Buss, 2005; Dunbar & Barrett, 2007; 長谷川・長谷川，2000）。私たち生物は，生活する自然環境へ適応するように進化してきた。ここでの適応とは，自分や子孫の生存や繁殖に有利であるように行動する傾向を意味する。生存に有利な行動特性をもつ個体が生き延びることによって，その特性を生み出す遺伝子が種の中で広まる。これが Darwin の提唱した自然淘汰に基づく進化という考え方である。この立場からは，人間のもつ特性（人間性）も進化の産物だと考えられる。ただし人間は，集団生活をすることによって自然環境に立ち向かってきたために，集団内の社会的環境に適応するために獲得してきた特性も重要である（この点については 12-2 で論じる）。

　生物の生存にとって，外敵から身を守ること，捕食者が現れたら迅速にその場から逃げ去ることは必須である。その際には，捕食者の出現を知覚し，瞬時に逃走行動を起動する内的なメカニズムが必要であり，生物としての人間にもこうした自動化された心理的メカニズムが備わっているはずである（戸田，2007）。近年の社会的認知研究の多くは，「心」が意識的（統制された）過程と自動的（非意識的）過程の二つから成るとする「二過程理論」の立場を取っている（Chaiken & Trope, 1999; Kahneman, 2011）。これらの理論が含意していることは，従来考えられていた以上に自動的過程が重要であるという点である（Bargh & Chartland, 1999）。この指摘は，ここで論じている生物的存在としての人間という考えと符合する。

　自動性研究の旗手である Bargh（2007）は，プライミングを用いた多くの実験によって，これまで考えられてきたよりずっと多くの人間行動が自動的過程に支えられていることを明らかにした。心理的構成概念の測定の点でも，潜在的連合テスト（IAT，4 章参照）に代表される潜在測度によって，自覚できない心の性質が測定されるようになり，意識している性質との違いが指摘されるように

なった（Banaji & Greenwald, 2013）。しかしながら，自動的過程の強調は，私たちの自由意志がそれに支配されている，といった恐れを引き起こす。下條（1996）は「潜在的人間観」と呼んでその問題を議論している。環境からの刺激と行動との直接的関係を重視した行動主義者の立場や，無意識の働きの重要性を指摘したフロイトなど精神分析の立場の復活のようでもある。これらは決定論的立場であり，人間や他の生物がもつ能動性や創造性を適切に捉えていない。私たちは，生物的存在としての人を捉える視点をもちながら，他の多くの生物とは異なる人間独自の特徴を捉える視点ももつ必要がある。社会的存在として人を捉え，適応的に行動する主体として人間を理解する立場である。

12-2　社会的存在としての人と適応的人間観

　既に指摘したように，人間は集団生活を営むことによって自然環境を生き抜いてきたと考えられる（亀田・村田, 2000）。集団の中では，自分の生存という問題を，他者との協力関係の中で達成する必要があった。自己利益と集団利益とが葛藤する社会的ジレンマ状況においても，それに上手に対処できるような行動特性を人間は身につける必要があっただろう（山岸, 1990; 2000）。さらに，他者の行動を予測するためには，相手の考えや気持ちを適切に読みとることができなければならない。このようにして私たちの祖先は，意識（的過程）を備えたのではないかと考えられる（Humphrey, 1986）。行動生態学者 Dunbar（1997）は，霊長類の大脳の進化は生活する集団の規模に対応していて，他個体との社会的関係を円滑に営むために知性が発達したという「社会脳仮説」を提唱している。社会心理学者 Aronson（1992）は，1972 年，まさに『ソーシャルアニマル』と題するテキストを世に問い，それ以来，何度も版を重ねて「社会的動物」としての人の特徴を提示してきた。

　他者との関係の中で柔軟に働かせることができる意識的過程の存在は，自動的過程のみによって決定されるという立場とは異なる人間観をもたらす。たとえ私たちがプログラムされた生物としての制約を負っていたとしても，受動的に環境に適応するだけでなく，所与の自然および社会環境を変革することも含めて，能動的に適応する側面をもつだろう。人間に主体性を付与するこういっ

た考え方を，ここでは「適応的人間観」と呼びたい。実際人間は，社会環境だけでなく短期間で自然環境を大きく変えた。それは「自然破壊」とさえ言われ，「温暖化」など深刻な地球環境問題を引き起こしていると指摘されている。これに対して，私たちとその仲間の持続する未来のために，主体的に環境問題を解決するのも人間であるに違いない。

社会心理学の基本文献である『社会心理学ハンドブック』の第4版の中で，Taylor (1998) は，社会心理学における人間観の変遷について論じている。それによると，本書の1章で述べた認知革命以降，その人間観は「素朴な科学者 (naive scientist)」，「認知的倹約家 (cognitive miser)」，「動機づけられた戦術家 (motivated tactician)」と変わってきたという。しかし，こうした変遷にも関わらず，社会心理学には，人が社会的環境や状況に強く影響されるという共通した認識があり，さらに，人は社会的環境や状況を能動的に解釈するという点に関しても共通していたと Taylor (1998) は論じた。私たちは強い状況の影響下にあったとしても，状況を能動的に解釈し，それに基づいて行動することができるのである。

さらに，Fiske & Taylor (2007) は最近の著書の中で，新しい人間観として「活性化された行為者 (activated actor)」を提示している。私たちは自覚しないうちに何らかの概念が活性化してその影響を受けるが，それに単純に反応する以外の形でも行為をすることができる。意識できない自動的過程であっても，それらは多くの状況で適応的なものであるだろう (Wilson, 2002)。しかし，一方で不適応行動や社会的問題を引き起こすこともある。重要なのは，行動が自動的過程によって生じている可能性について，もっと自覚的であることだ。

適応や意識的コントロール，あるいは人間の社会性の問題は，ここで手短に紹介しただけにとどまらない複雑な問題である。こうした問題を十分に理解するためには，関連した学問分野が結集して研究を進展させていく必要があるかもしれない。もちろん社会心理学もその重要な一翼を担っていることが望ましい。研究を実施する者は，研究のあらゆる過程において，心理学における「人間観」とも呼べるような，理論を支える視点をもつことが大切である。

12-3　社会問題の解決を目指す社会心理学

さて，これまで述べてきた社会心理学の研究の流れは，多くは基礎的研究に位置するものである。読者の中には，社会心理学というからには，もっと社会に密接に関わり，さまざまな問題の解決を目指す学問であるはずだと考えた人もいるだろう。その「社会」は，ここ数十年で大きく変貌した。今，まさに地球規模社会の出現によって相互の結びつきが緊密になるにつれて，新しい問題が生じたり，古い問題が新たな装いをもって立ち現れている。こうした社会の変貌に応えるように，社会心理学の研究領域はますます広く多様になってきている。

竹村（2004）によれば，社会心理学の伝統には，「科学志向性」とともに，学問を基礎づけたレヴィンの立場に代表される「問題解決志向性」があるという。こうした伝統の上に立つ社会心理学が現在の社会状況の中で広がりと多様性を見せることは，ある意味で当然と言えるかもしれない。たとえば，『シリーズ21世紀の社会心理学』（高木修監修，北大路書房）という講座はすでに14の巻が出版されているが，対人行動など従来から扱われてきた問題に加えて，「情報行動」「消費行動」「化粧行動」「交通行動」「環境行動」など実践に関わる内容が盛り込まれている。日本や米国で出版される社会心理学のテキストでも，後半部分にその時代に応じた実践領域の説明が加えられることが多い。

この広がりと多様性には，学問の自然な発展の流れが示されているだけでなく，社会の側からのさまざまな実践的要請の影響を見て取ることもできる。たとえば，科学技術の発展が人間生活を豊かにした反面で，新たな危険や危機的状況を生み出すことになった。「リスク・コミュニケーション」（吉川，1999; 中谷内，2012）は，こうした状況の中で大きな研究課題領域として登場してきたものであり，現在では，災害や医療などを具体的な課題場面として一つの学際的領域を形成している。社会心理学者も，技術者や工学者とも協力しながらこの学際領域の一翼を担っている（堀井，2004）。このような実践的研究との連携が，現代の社会心理学の特徴の一つである。

連携が模索されている領域にはさまざまなものがあるが，いくつかを例示し

てみたい。まず，臨床心理学やカウンセリング心理学が扱ってきた対人関係や組織への不適応問題の解決に向けて，社会心理学やパーソナリティ心理学の視点から実践的研究や理論的考察を行う流れがある。日本では「臨床社会心理学」と呼ばれており（坂本・丹野・安藤，2007），前述の社会的認知の研究がその接点の一つとなっている。また，より積極的に心身の健康を目指す健康心理学や，人間の心の働きの弱点ではなく強み（human strength）に注目するポジティブ心理学も着実に一つの流れを形成しつつある（島井，2006）。「法と心理学」では，裁判過程に関わる問題，たとえば目撃者証言の信憑性などが実践的に検討されている（菅原・サトウ・黒沢，2005a，2005b）。日本では2009年に裁判員制度に基づく裁判が開始されたが，これをきっかけにしてさらに身近な問題としてクローズアップされることになるだろう。基礎研究としても考えられる偏見やステレオタイプの問題も，社会のグローバル化の中で異質な他者と出会うことが多くなることに伴って，実践的研究としての重要性を増してきている（上瀬，2002；栗田，2015；高，2015）。

　社会心理学の研究に携わる者にとって，実践的問題に常に関心をもち，その解決を志す気持ちは大切である。しかし，初学者はまず，社会心理学研究の基礎を身につけることを心がけたほうがよいだろう。応用分野や実践研究に取り組むのは，社会心理学研究者としての専門的な貢献が可能となってからでも決して遅くない。

12-4　クロスロードの社会心理学

　心理学は人文（科）学の一分野である哲学から派生したと考えられる。心理学の歴史は短いが，長い過去を哲学に依っているのである。しかし，心理学は行動主義の洗礼を受けて，物理学に範を仰いで自然科学の方法論を採用した。その一方で，現在の公式の学問区分では社会科学に位置づけられる。その心理学の中でも，社会心理学はとりわけ社会科学としての性質が際立つ分野である。したがって，社会心理学は，人文・自然・社会という三つの学問のクロスロード，学際領域に成り立っていることになる。ある意味では，どの分野からも周辺的な位置に置かれているのである。

12-4 クロスロードの社会心理学

先に，実験法が自然科学との共通言語の役割を果たすと論じた。これと同様に，学際領域に成り立つ学問に必要なことは，他の分野とのコミュニケーションを円滑にする共通言語を求めることである。具体的に何がその役割を果たすか解答が得られているわけではないが，どの学問であれ論理性と実証性を志向していることは確かであろう。ひとまず，論理的であることと，証拠に基礎をおくという広い意味での実証性を大事にすることが大切だろう。加えて，実践的要請に応えるためには，日常生活の常識から大きく隔たらない立場を維持することも肝要である。

もちろん，学問分野によって，論理の内実も実証の方法も異なる。たとえば，社会科学の中には，史資料の発掘と読解に実証性の基礎を置く分野や，フィールドワークとその現場の質的（言語的）再構成を骨格とする分野も多い。あるいは，構築主義（構成主義）と呼ばれる潮流は，そもそも実証という考え方を否定しているかもしれない。本書で紹介したように，社会心理学内にもさまざまな実証の方法がある。しかし，そうした違いを認め合い，かつ，それぞれの独自性を尊重しながら対話の道を探ることは可能だろう。社会心理学には他の社会科学にはあまり見あたらない，自然科学的方法による実証という特徴がある。このような特徴を大切にしながら，異質な他者の立場も尊重し，連携を探ることが大切である。クロスロードに立つ私たちに求められているのは，着実に実証研究を続けるとともに，他者を排斥しないオープンな姿勢を保ち，いつでも対話できる雅量をもつことであろう。

読書案内

1〜3・12章　研究法全体を扱った書籍

レイ，W. J.　岡田圭二（訳）（2003）．エンサイクロペディア心理学研究方法論　北大路書房

　大部の著作であるが，1人の著者が執筆していることもあり，まとまりがよい。実験法を中心に詳しく解説されている。要約や質問が各章末に配置されているので，これらを手掛かりにして自習するのに適している。

村田光二・山田一成・佐久間勲（編著）（2007）．社会心理学研究法　福村出版

　社会心理学の研究法の中でもとくに卒論研究で利用されることの多い質問紙調査と質問紙実験を中心に，具体的かつ平易に記述されている。流行やジェンダーなど具体的な研究領域に沿った解説もある。

高野陽太郎・岡　隆（編）（2017）．心理学研究法補訂版——心を見つめる科学のまなざし——　有斐閣

　「剰余変数の統制」という考え方を鍵概念として，心理学研究法の全体をコンパクトに説明した初学者向けのテキスト。社会心理学に関わる内容も豊富で，本書と併せて学ぶことを薦めたい。

南風原朝和・市川伸一・下山晴彦（編）（2001）．心理学研究法入門——調査・実験から実践まで——　東京大学出版会

　教育心理学の研究者によってまとめられた研究法のテキスト。質的研究や実践研究などについての記述が豊富で，本書を補う内容を多く含んでいる。

高橋順一・渡辺文夫・大淵憲一（編著）（2011）．人間科学研究法ハンドブック第2版　ナカニシヤ出版

　心理学の範囲を超えて，人類学などの方法まで言及した方法論のハンドブック。観察研究やフィールド研究など，社会心理学でもよく用いられる質的研究に関する紹介が充実している。

岡　隆（編著）(2012)．心理学研究法 5　社会　誠信書房
　　社会心理学の領域を九つに分けてその研究内容や方法を具体的に記述しているので，
　通読することによって各研究法の長所や短所，適用の際の問題点を深く学びながら，
　同時に社会心理学の研究について幅広く知ることができる。

安藤寿康・安藤典明（編）(2011)．事例に学ぶ心理学者のための研究倫理第 2 版　ナカ
　　ニシヤ出版
　　心理学研究に関わる倫理の問題について，現時点では最も詳しく知ることのできるハ
　ンドブック。日本パーソナリティ心理学会が企画したもので，事例をもとに考察がな
　されている。

4・5 章　心理測定と尺度構成

大山　正・岩脇三良・宮埜壽夫 (2005)．心理学研究法——データ収集・分析から論文作
　　成まで——　サイエンス社
　　経験豊かな研究者たちが，心理学研究法全体をコンパクトにまとめたテキスト。反応
　時間の測定など，とくに測定法に関する内容が充実している。

海保博之・加藤　隆（編著）(1999)．認知研究の技法　福村出版
　　認知科学，認知心理学の多様な研究技法を，コンパクトに要約して紹介したハンドブ
　ック。研究法全般についての情報が含まれるが，認知過程の測定法についても詳しい。

北村英哉・坂本正浩（編）(2004)．パーソナル・コンピュータによる心理学実験入門　ナ
　　カニシヤ出版
　　パソコンを用いて心理学，社会心理学実験を行うための解説書。解説されているソフ
　トウェアのバージョンは少し古いが，パソコンを用いて実験データを測定する方法を
　学ぶことにも通じる。

村井潤一郎・柏木惠子 (2005)．ウォームアップ心理統計　東京大学出版会
　　初学者が心理学研究法を学ぶ時に抵抗感の大きい統計学について，わかりやすく理解
　できるように書かれた読みもの。

山田剛史・村井潤一郎 (2004)．よくわかる心理統計　ミネルヴァ書房
　　心理統計の入門書は数多いが，自習用として薦めたい一冊。

南風原朝和（2002）．心理統計学の基礎——統合的理解のために——　有斐閣
　　評価の高い心理統計学のテキスト。初学者には少し難しいが，一貫した視点で基本的
　　な領域を網羅している。

大久保街亜・岡田謙介（2012）。伝えるための心理統計——効果量・信頼区間・検定力
　　——　勁草書房
　　分析において帰無仮説検定のみに頼ることの危険性を丁寧に解説し，その欠点を補完
　　する効果量・信頼区間・検定力について学習することができる。

松尾太加志・中村知靖（2002）．誰も教えてくれなかった因子分析——数式が絶対に出て
　　こない因子分析入門——　北大路書房
　　初学者が因子分析について最初に学ぶのに適した本。分析結果の解釈や，因子分析を
　　用いた論文を読む際にも役立つ。

6〜8章　実験法に関するもの

水原泰介（1984）．社会心理学入門——理論と実験——　第2版　東京大学出版会
　　社会心理学における理論と実験の役割について論じた書。研究を行う際の理論の必要
　　性や，理論から実験をどのように組み立てるのかについて，とくに対人魅力と態度理
　　論を題材にして丁寧に解説されている。

ソルソ，R.L.，ジョンソン，H.H.　浅井邦二（監訳）（1999）．改訂　心理学実験計画入門
　　学芸社
　　実験計画の基礎的な原理を扱ったアメリカの教科書の翻訳。具体的な研究例をあげな
　　がらわかりやすく解説されており，実験計画を批判的に検討する章も含まれ，抽象的
　　な原理を具体的例に則して学習することができる。

豊田秀樹（1994）．違いを見抜く統計学——実験計画と分散分析入門——　講談社
　　実験データで主に用いられる解析法である分散分析を，線型モデルを基礎にして解説
　　している。実験計画に関しては，本書で触れられなかったネスティッドデザインまで
　　紹介している。

佐伯　胖・松原　望（2000）．実践としての統計学　東京大学出版会
　　具体的な実践課題に即して統計学を適用しようとする時の問題について論じている。

第3章では，実験法で重要な無作為割りあてと統計的検定の考え方について詳しく解説している。

Wilson, T. D., & Aronson, E., & Carlsmith, K. (2010). The art of Laboratory experimentation. In S. Fiske, D. Gilbert, & G. Lindzey (Eds.), *The handbook of social psychology* (*5th ed.*) (pp. 49–79). New York: John Wiley & Sons.
実験を計画，実施するにあたり大切なことは何か，その心構えから具体的な方法までが説明されている。実験研究に対する著者らの思いが伝わる1章。

Shadish, W. R., Cook, T. D., & Campbell, D. T. (2002). *Experimental and quasi-experimental designs for generalized causal inference*. Boston, MA, US: Houghton, Mifflin and Company.
本書では詳しく触れることができなかった準実験に関する基本文献。デザインから分析方法まで丁寧に紹介されており，現場において因果関係を明らかにする研究を実施する場合には参考にすべき良書である。

9章 観察法

中澤　潤・大野木裕明・南　博文（編著）(1999). 心理学マニュアル　観察法　北大路書房
発達心理学を中心として，心理学に関わる多様な領域の観察法についてコンパクトにまとめたハンドブック。

佐藤郁哉 (2002). フィールドワークの技法——問いを育てる，仮説をきたえる——　新曜社
1992年に出版された『フィールドワーク』（新曜社）で著名な社会学者が，フィールドワークの具体的方法について幅広く，詳細にまとめた本。参与観察の実際についても深く学べる。

有馬明恵 (2007). 内容分析の方法　ナカニシヤ出版
マスメディア・マスコミュニケーション研究に焦点をあてて，初学者向けに内容分析の方法について解説したテキスト。

10章　社会調査法

原　純輔・海野道郎（2004）．社会調査演習　第2版　東京大学出版会
　初学者が演習形式で学べる社会調査法のテキスト。コンパクトだが，基本的情報を網羅している。

盛山和夫（2004）．社会調査法入門　有斐閣
　定評のある社会調査法のテキスト。本章で取りあげた量的調査法が中心だが，質的調査や調査の考え方についても詳しい。

岩井紀子・保田時男（2007）．調査データ分析の基礎——JGSS データとオンライン集計の活用——　有斐閣
　公開データの二次分析を念頭においた調査データ分析法のテキスト。統計学の基礎も併せて学べるように構成されている。

浦神昌則・脇田貴文（2008）．心理学・社会科学のための調査系論文の読み方　東京図書
　調査論文の読み方から学ぶ多変量解析法の解説書。論文の読み方，測定と統計の基礎を学びながら，調査データの分析でよく用いられる多変量解析法について概観できるようになっている。

佐藤郁哉（2015）．社会調査の考え方（上・下）　東京大学出版会
　社会調査ではどのように問いを立てるか，どのような研究ができるのかなど，社会調査の心構えを初学者にもわかりやすく述べている。

11章　論文の書き方

フィンドレイ，B.　細江達郎・細越久美子（訳）（1996）．心理学実験・研究レポートの書き方——学生のための初歩から卒論まで——　北大路書房
　レポートを書く意義から具体的な文章例まで，全てにきめ細かな配慮が行き届いた良書である。副題にある通り，実験演習等で初めてレポートを書く段階から卒業論文作成に至るまで常に役立つ内容が含まれている。

松井　豊（2013）．改訂新版心理学論文の書き方——卒業論文や修士論文を書くために

河出書房新社

論文の書き方だけでなく，分析の方法その結果の記述の仕方，プレゼンテーションのノウハウまで具体的に説明されている。経験に基づいた「コツ」が随所にちりばめられており，著者から直接指導を受けているような錯覚に陥る。

アメリカ心理学会　前田樹海・江藤裕之・田中建彦（訳）（2011）．APA 論文作成マニュアル第 2 版　医学書院

アメリカ心理学会が採用している論文作成のルールや指針をわかりやすく示したマニュアル。なぜそうすべきかについて丁寧に説明されているので，論文作法を学ぶことを通して研究の過程全体について多くの事柄を学ぶことができる。わかりやすい英語で書かれているので，とくに研究者を目指す人には原書を読むことを勧めたい。

ロスノウ，R. L., ロスノウ，M.　加藤孝義・和田裕一（訳）（2008）．心理学論文・書き方マニュアル　新曜社

『APA 論文作成マニュアル』をさらにわかりやすく要点を絞って解説した書。文献レビューや問題の絞り方，ポスター発表の仕方についても丁寧に説明されている。

シュワーブ，D., シュワーブ，B., 高橋雅治（2013）．改訂新版初めての心理学英語論文――日米の著者からのアドバイス――　北大路書房

英語論文を書く人に向けた書であるが，日米の文化の違いや審査の過程などについても経験豊かな研究者や編集者の意見がまとめられており，日本語で論文を書く人にとっても興味深く読める。

メルツォフ，J.　中澤　潤（監訳）（2005）．クリティカルシンキング　研究論文篇　北大路書房

類書にない特徴として，故意に不適切な記述を盛り込んだ架空の論文が多数掲載されている。これらの「論文」を読んで問題箇所を発見し，なぜ問題なのかを深く考えることによって，論文を批判的に読んだり自らの論文を注意深く執筆する力がつくはずである。

引用文献

足立浩平（2006a）．心理データ解析　海保博之・楠見　孝（監修）心理学総合辞典　朝倉書店　pp. 48-63．

足立浩平（2006b）．多変量データ解析法——心理・教育・社会系のための入門——　ナカニシヤ出版

飽戸　弘（1987）．社会調査ハンドブック　日本経済新聞社

American Psychological Association（1992）. Ethical principle of psychologists and code of conduct. *American Psychologist*, **47**, 1597-1611.

　（富田正利・深澤道子（訳）（1996）．サイコロジストのための倫理綱領および行動規範　日本心理学会）

Anderson, C. A., & Bushman, B. J.（1997）. External validity of "trivial" experiments: The case of laboratory aggression. *Review of General Psychology*, **1**, 19-41.

安藤寿康・安藤典明（2005）．事例に学ぶ心理学者のための研究倫理　ナカニシヤ出版

有馬明恵（2007）．内容分析の方法　ナカニシヤ出版

Aronson, E.（1992）. *The social animal*. 6th ed. New York: Freeman & Company.

　（アロンソン，E.　古畑和孝（監訳）（1994）．ザ・ソーシャルアニマル——人間行動の社会心理学的研究——　サイエンス社）

Aronson, E., Ellsworth, P. C., Carlsmith, J. M., & Gonzales, M.（1990）. *Methods of research in social psychology*. 2nd ed. Boston, MA: McGraw-Hill.

Asch, S. E.（1946）. Forming impressions of personality. *Journal of Abnormal and Social Psychology*, **41**, 258-290.

Asch, S. E.（1951）. Effect of group pressure upon the modification and distortion of judgements. In H. Guetzkow（Ed.）, *Groups, leadership and men*. Carnegie Press.

Asendorpf, J. B., Banse, R., & Mucke, D.（2002）. Double dissociation between implicit and explicit personality self-concept: The case of shy behavior. *Journal of Personality and Social Psychology*, **83**, 380-393.

Bales, R. F.（1950）. Interaction process analysis: A method for the small group. Reading, Mass.: Addison-Wesley.

　（ベイルズ，R. F.　手塚郁恵（訳）（1971）．グループ研究の方法　岩崎学術出版社）

Bales, R. F., & Cohen, S. P.（1979）. SYMLOG: *A System for the Multiple Level Observation of Groups*. New York: Free Press.

Banaji, M. R., & Greenwald, A. G.（2013）. *Blindspot: Hidden biases of good people*. New York: Delacorte Press.

　（バナージ，M. R.，グリーンワルド，A. G.　北村英哉・小林知博（訳）（2015）．心の中のブラインド・スポット——善良な人々に潜む非意識のバイアス——　北大路書房）

Bandura, A.（1971）. *Social learning theory*. Morristown, New Jersey: General Learning Press.

Bandura, A.（Ed.）（1995）. *Self-efficacy in changing societies*. New York, NY: Cambridge University Press.

（バンデューラ，A. 本明 寛・野口京子（監訳）（1997）. 激動社会の中の自己効力 金子書房）

Bargh, J. A.（Ed.）（2007）. *Social psychology and the unconscious: The automaticity of higher mental processe*. New York: Psychology Press.

（バージ，J. A. 及川昌典・木村 晴・北村英哉（編訳）（2009）. 無意識と社会心理学——高次心理過程の自動性—— ナカニシヤ出版）

Bargh, J. A., & Chartland, T. L.（1999）. The unbearable automaticity of being. *American Psychologist*, **54**, 462-479.

Barnett, R. C., Marshall, N. L., Raudenbush, S. W., & Brennan, R. T.（1993）. Gender and the relationship between job experiences and psychological distress: A study of dual-earner couples. *Journal of Personality and Social Psychology*, **64**, 794-806.

Baron, R. M., & Kenny, D. A.（1986）. The moderator-mediator variable distinction in social psychological research: Conceptual, strategic, and statistical considerations. *Journal of Personality and Social Psychology*, **51**, 1173-1182.

Baumeister, R. F., Bratslavsky, E., Muraven, M., & Tice, D. M.（1998）. Ego depletion: Is the active self a limited resource? *Journal of Personality and Social Psychology*, **74**, 1252-1265.

Baumeister, R. F., Brewer, L. E., Tice, D. M., & Twenge, J. M.（2007）. Thwarting the need to belong: Understanding the interpersonal and inner effects of social exclusion. *Social and Personality Psychology Compass*, **1**, 506-520.

Baumeister, R. F., & Steinhilber, A.（1984）. Paradoxical effects of supportive audiences on performance under pressure: The home field disadvantage in sports championships. *Journal of Personality and Social Psychology*, **47**, 85-93.

Baumeister, R. F., & Vohs, K. D.（Eds.）（2007）. *Encyclopedia of social psychology*. 2Vols. Thousand Oaks, CA, US: Sage Publications.

Bem, D. J.（2004）. Writing the empirical journal article . In J. M. Darley, M. P. Zanna, & H. L. III Roediger（Eds.）, *The compleat academic: A career guide*. 2nd ed. Washington, DC: American Psychological Association. pp. 185-219.

Berelson, B.（1952）. *Content analysis in communication research*. Free Press.

Bolger, N., & Zuckerman, A.（1995）. A framework for studying personality in the stress process. *Journal of Personality and Social Psychology*, **69**, 890-902.

Bolger, N., Davis, A., & Rafaeli, E.（2003）. Diary methods: Capturing life as it is lived. *Annual Review of Psychology*, **54**, 579-616.

Brandt, R. M.（1972）. *Studying behavior in natural settings*. New York: Holt, Rinehart, and Winston. pp. 84-85.

Brescoll, V. L., & Uhlman, E. L.（2008）. Can an angry woman get ahead? *Psychological Science*, **19**, 268-275,

Buss, D. M.（Ed.）（2005）. *The handbook of evolutionary psychology*. Hoboken, NJ: Wiley.

Cacioppo, J. T., Visser, P. S., & Pickett, C. L.（2006）. *Social neuroscience: People thinking about thinking people*. Cambridge, MA: MIT Press.

Chaiken, S., & Trope, Y.（1999）. *Dual-process theories in social psychology*. New York: Guilford Press.

崔 永太（2004）. SYMLOG を用いた小学校学級集団構造の類型分析——教師の認知構造からのアプ

ローチ—— 行動計量学, **31**, 31-41.

Cialdini, R. B.（2008）. *Influence : Science and practice.* 5th ed. Boston: Allyn & Bacon.

（チャルディーニ，R. B. 社会行動研究会（訳）（2014）. 影響力の武器——なぜ，人は動かされる
のか—— 第 3 版 誠信書房）

Cohen, J.（1960）. A coefficient of agreement for nominal scales. *Educational and Psychological
Measurement,* **20**, 37-46.

Collett, P., & Marsh, P.（1974）. Patterns of public behavior: Collision avoidance on a pedestrian
crossing. *Semiotica,* **12**, 281-299.

Cook, T. D., & Campbell, D. T.（1979）. *Quasi-experimentation : Design and analysis issues for field
settings.* Chicago: Rand McNally.

Cooper, J.（2007）. *Cognitive dissonance : Fifty years of a classic theory.* Thousand Oaks, CA: Sage
Publications.

Cooper, J., & Hogg, M. A.（2007）. Feeling the anguish of others: A theory of vicarious dissonance. In M.
P. Zanna（Eds.）, *Advances in Experimental Social Psychology,* **39**, 359-403.

Csikszentmihalyi, M., & LeFevre, J.（1989）. Optimal experience in work and leisure. *Journal of
Personality and Social Psychology,* **56**, 815-822.

Darley, J. M., & Latané, B.（1968）. Bystander intervention in emergencies: Diffusion of responsibility.
Journal of Personality and Social Psychology, **9**, 245-250.

DeWall, C. N., Twenge, J. M., Gitter, S. A., & Baumeister, R. F.（2009）. It's the thought that counts: The
role of hostile cognition in shaping aggressive responses to social exclusion. *Journal of Personality
and Social Psychology,* **96**, 45-59.

Dunbar, R. I. M.（1997）. 言語の起源 科学, **67**（4）, 289-296.

Dunbar, R. I. M., & Barrett, L.（Eds.）（2007）. *The Oxford handbook of evolutionary psychology.* New
York: Oxford University Press.

Dyer, C.（1995）. *Beginning research in psychology : A practical guide to research methods and statistics.*
Blackwell, Oxford, UK: Cambridge, Mass.

Edney, J. J.（1975）. Territoriality and control: A field experiment. *Journal of Personality and Social
Psychology,* **31**, 1108-1115.

Ericsson, K. A., & Simon, H. A.（1984）. *Protocol analysis : Verbal reports as data.* MIT Press.

Fein, S., & Spencer, S.（1997）. Prejudice as self-image maintenance: Affirming the self through
derogating others. *Journal of Personality and Social Psychology,* **73**, 31-44.

Festinger, L.（1957）. *A theory of cognitive dissonance.* Evanston: Row, Peterson and Company.

（フェスティンガー，L. 末永俊郎（訳）（1965）. 認知的不協和の理論——社会心理学序説——
誠信書房）

Festinger, L., & Carlsmith, J. M.（1959）. Cognitive consequences of forced compliance. *Journal of
Abnormal and Social Psychology,* **58**, 203-210.

Festinger, L., Riecken, H. W., & Schachter, S.（1956）. *When prophecy fails.* New York: Harper & Row.

（フェスティンガー，L. 他 水野博介（訳）（1995）. 予言がはずれるとき——この世の破滅を予知
した現代のある集団を解明する—— 勁草書房）

Fiske, S. T., & Taylor, S. E.（2007）. *Social cognition : From brain to culture.* New York: McGraw-Hill.

Fowler, F. J. (2002) *Survey Research Methods*. 3rd ed. Sage.

Gamson, W. A. (1990). *SIMSOC: Simulated society*. 4th ed. New York: The Free Press.

Gawronski, B., & Payne, P. B. (Eds.) (2010). *Handbook of implicit social cognition: Measurement, theory, and applications*. New York: The Guilford Press.

Gilbert, D. T., Morewedge, C. K., Risen, J. L., & Wilson, T. D. (2004). Looking forward to looking backward: The mispresiction of regret. *Psychological Science*, **15**, 346-350.

Grabe, S., Ward, L. M., & Hyde, J. S. (2008). The role of the media in body image concerns among women: A meta-analysis of experimental and correlational studies. *Psychological Bulletin*, **134** (3), 460-476.

Green, J. A. (2003). The writing on the stall: Gender and graffiti. *Journal of Language and Social Psychology*, **22**, 282-296.

Greenwald, A. G., & Banaji, M. R. (1995). Implicit social cognition: Attitude, self-esteem, and stereotypes. *Psychological Review*, **102**, 4-27.

Greenwald, A. G., McGhee, D. E., & Schwarz, J. L. K. (1998). Measuring individual differences in implicit cognition: The implicit association test. *Journal of Personality and Social Psychology*, **37**, 147-169.

Greenwald, A. G., & Ronis, D. L. (1978). Twenty years of cognitive dissonance: Case study of the evolution of a theory. *Psychological Review*, **85**, 53-57.

南風原朝和 (1995). 教育心理学研究と統計的検定 教育心理学年報, **34**, 122-131.

南風原朝和 (2001a). 量的調査――尺度の作成と相関分析―― 南風原朝和・市川伸一・下山晴彦 (編著) 心理学研究法入門――調査・実験から実践まで―― 東京大学出版会 pp. 63-91.

南風原朝和 (2001b). 準実験と単一事例実験 南風原朝和・市川伸一・下山晴彦 (編) 心理学研究法入門――調査・実験から実践まで―― 東京大学出版会 pp. 123-152.

南風原朝和 (2002). 心理統計学の基礎――統合的理解のために―― 有斐閣

南風原朝和 (2005). 統計学と心理学――個を重視する統計学の観点から―― 下山晴彦 (編著) 心理学論の新しいかたち 誠信書房 pp. 139-160.

南風原朝和 (2014). 続・心理統計学の基礎――統合的理解を広げ深める―― 有斐閣

南風原朝和・小松孝至 (1999). 発達研究の観点から見た統計――個の発達と集団統計量との関係を中心に―― 児童心理学の進歩, **38**, 213-233.

萩原潤治 (2017). 電話世論調査 固定電話に加え携帯電話も対象に――『社会と生活に関する意識・価値観』調査の結果から―― 放送研究と調査, **67** (5), 28-41.

Haney, C., Banks, C., & Zimbardo, P. (1973). Interpersonal dynamics in a simulated prison. *International Journal of Criminology and Penology*, **1**, 69-97.

原田純治・狩野素朗 (1980). 援助行動に及ぼすパーソナリティ要因の効果 九州大学教育学部紀要, **25**, 83-88.

原純輔・海野道郎 (2004), 社会調査演習 第2版 東京大学出版会

長谷川寿一・長谷川真理子 (2000). 進化と人間行動 東京大学出版会

橋本俊哉 (1993). 高速道路サービス・エリアにおける「ゴミ捨て行動」の分析――「分け捨て行動」の「誘導」をとおして―― 社会心理学研究, **8**, 116-125.

Herman, C. P., Roth, D. A., & Polivy, J. (2003). Effects of the presence of others on food intake: A normative interpretation. *Psychological Bulletin*, **129**, 873-886.

引用文献 241

平井洋子（2001）．測定・評価に関する研究の動向――尺度による測定と「定型」再考―― 教育心理
　　学年報，**40**，112-122.

平井洋子（2003）．質問紙による研究　南風原朝和・市川伸一・下山晴彦（編著）心理学研究法　放送
　　大学教育振興会　pp. 81-92.

平松貞実（1998）．世論調査で社会が読めるか――事例による社会調査入門――　新曜社

広瀬幸雄（編著）（1997）．シミュレーション世界の社会心理学――ゲームで解く葛藤と共存――　ナ
　　カニシヤ出版

Hogg, M. A., & Cooper, J.（Eds.）（2003）. *The SAGE handbook of social psychology*. SAGE Publications.

本多則恵（2005）．社会調査へのインターネット調査の導入をめぐる論点――比較実験調査の結果か
　　ら―― 労働統計調査月報，**57**（**2**）（通号 673），12-20.

堀　洋道（監修）山本真理子（編）（2001a）．心理測定尺度集Ⅰ　人間の内面を探る〈自己・個人内過
　　程〉　サイエンス社

堀　洋道（監修）吉田富二雄（編）（2001b）．心理測定尺度集Ⅱ　人間と社会のつながりをとらえる
　　〈対人関係・価値観〉　サイエンス社

堀　洋道（監修）松井　豊（編）（2001c）．心理測定尺度集Ⅲ　心の健康をはかる〈適応・臨床〉　サイ
　　エンス社

堀　洋道（監修）吉田富二雄・宮本聡介（編）（2011a）．心理測定尺度集Ⅴ　個人から社会へ〈自己・
　　対人関係・価値観〉　サイエンス社

堀　洋道（監修）松井　豊・宮本聡介（編）（2011b）．心理測定尺度集Ⅵ　現実社会とかかわる〈集団・
　　組織・適応〉　サイエンス社

堀　洋道（監修）櫻井茂男・松井　豊（編）（2007）．心理測定尺度集Ⅳ　子どもの発達を支える〈対
　　人関係・適応〉　サイエンス社

堀　洋道・山本真理子・松井　豊（編）（1994）．心理尺度ファイル　垣内出版

堀井秀之（2004）．問題解決のための「社会技術」　中央公論新社

保坂　亨・中澤　潤・大野木裕明（編著）（2000）．心理学マニュアル面接法　北大路書房

Hoshino-Browne, E., Zanna, A. S., Spencer, S. J., Zanna, M. P., Kitayama, S., & Lackenbauer, S.（2005）.
　　On the cultural guises of cognitive dissonance: The case of Easterners and Westerners. *Journal of
　　Personality and Social Psychology*, **89**, 294-310.

星野崇宏・森本栄一（2007）．インターネットとマーケティング・リサーチ インターネット調査の偏
　　りを補正する方法について　井上哲浩・日本マーケティング・サイエンス学会（編）　Web マー
　　ケティングの科学――リサーチとネットワーク――　千倉書房　p. 4.

Humphrey, N.（1986）. *The inner eye*. Farber & Farber.
　　（ハンフリー，N. 垂水雄二（訳）（1993）．内なる目――意識の進化論――　紀伊国屋書店）

Hutt, S. J., & Hutt, C.（1970）. *Direct observation and measurement of behavior*. Springfield, Ill.: Charles
　　C. Thomas. pp. 97-98.

石黒格（編著）（2008）．Stata による社会調査データの分析　北大路書房

石黒　格・李　永俊・杉浦裕晃・山口恵子（2012）．「東京」に出る若者たち――仕事・社会関係・地
　　域間格差――　ミネルヴァ書房

石井秀宗（2000）．信頼性について知る　*Quality Nursing*, **6**, 79-84.

石井秀宗（2005）．統計分析のここが知りたい――保健・看護・心理・教育系研究のまとめ方――　文

光堂

伊藤哲司（1997）．集団の機能と構造　広瀬幸雄（編著）シミュレーション世界の社会心理学――ゲームで解く葛藤と共存――　ナカニシヤ出版　pp. 72-88.

岩井紀子・保田時男（2007）．調査データ分析の基礎――JGSS データとオンライン集計の活用――　有斐閣

岩永雅也（2001）．調査票を作る　岩永雅也・大塚雄作・高橋一男（編著）社会調査の基礎　改訂版　放送大学教育振興会　pp. 54-69.

Johnson, G. R., & Monear, J. (1994) A child's view of the urban forest. *Journal of Arboriculture*, **20**, 336-340.

Kahneman, D. (2011). *Thinking, fast and slow*. New York: Farrar, Straus and Giroux.
　　（カーネマン，D.　村井章子（訳）（2012）．ファスト＆スロー（上・下）――あなたの意思はどのように決まるか？――　早川書房）

海保博之・原田悦子（編）（1993）．プロトコル分析入門――発話データから何を読むか――　新曜社

亀田達也・村田光二（2010）．複雑さに挑む社会心理学改訂版――適応エージェントとしての人間――　有斐閣

上瀬由美子（2002）．ステレオタイプの社会心理学――偏見の解消に向けて――　サイエンス社

Karasawa, M. (1991). Toward an assessment of social identity: The structure of group identification and its effects on in-group evaluations. *British Journal of Social Psychology*, **30**, 293-307.

Kazdin, A. E. (2003). Publishing your research. In M. J. Prinstein & M. D. Patterson (Eds.), *The portable mentor: Expert guide to a successful career in psychology*. New York, NY, US: Kluwer Academic/Plenum Publishers. pp. 85-99.

Kerr, N. L. (1998). HARKing: Hypothesizing after the results are known. *Personality and Social Psychology Review*, **2**, 196-217.

木島伸彦（2005）．人のものを借りるには？――翻訳における手続き――　安藤寿康・安藤典明（編）事例に学ぶ心理学者のための研究倫理　ナカニシヤ出版　pp. 160-170.

吉川肇子（1999）．リスク・コミュニケーション――相互理解とよりよい意思決定をめざして――　福村出版

北村英哉・坂本正浩（編著）（2004）．パーソナル・コンピュータによる心理学実験入門――誰にでもすぐできるコンピュータ実験――　ナカニシヤ出版

北折充隆（2007）．社会規範からの逸脱行動に関する心理学的研究　風間書房

北折充隆・吉田俊和（2000）．記述的規範が歩行者の信号無視に及ぼす影響　社会心理学研究，**16**，73-82.

北折充隆・吉田俊和（2004）．歩行者の信号無視行動に関する観察的検討――急ぎ要因と慣れ要因の影響――　社会心理学研究，**19**，234-240.

Kitayama, S., Snibbe, A. C., Markus, H. R., & Suzuki, T. (2004). Is there any "free" choice?: Self and dissonance in two cultures. *Psycholoical Science*, **15**, 527-533.

河野　勝・西條辰義（編）（2007）．社会科学の実験アプローチ　勁草書房

古澤頼雄・都筑　学・斉藤こずゑ（編著）（2000）．心理学・倫理ガイドブック――リサーチと臨床――　有斐閣

Kroon, M. B., Van-Kreveld, D., & Rabbie, J. M. (1991). Police intervention in riots: The role of accountability and group norms: A field experiment. *Journal of Community and Applied Social Psychology*, **1**, 249-267.

Kugihara, N. (2002). Subjective judgment for the number and probability of death depending on cause of death: Comparison of male ╱ female, self ╱ others, U. S. ╱ Japan. *Abstracts of the XXV International congress of applied psychology (Singapore)*, **608**.

釘原直樹 (2003). 緊急集団避難行動の検討 九州工業大学地域貢献特別支援事業 学・官連携による危機管理体制の構築実施報告書，C1-C48.

釘原直樹 (2005). 新聞のスポーツ記事から人間の行動特性を読みとる 大阪大学図書館報，**39**, 2-4.

栗田季佳 (2015). 見えない偏見の科学——心に潜む障害者への偏見を可視化する—— 京都大学学術出版会

Larson, R., & Csikszentmihalyi, M. (1978). Experiential correlates of time alone in adolescence. *Journal of Personality*, **46**, 677-693.

Latané, B., & Darley, J. M. (1970). *The unresponsive bystander: Why doesn't she help?* New York: Appleton-Century-Crofts.
(ラタネ，B. ダーリー，J. 竹村研一・杉崎和子 (訳) (1977). 冷淡な傍観者 ブレーン出版)

Latané, B., & Wolf, S. (1981). The social impact of majorities and minorities. *Psychological Review*, **81**, 471-474.

Lau, R. R., & Russell, D. (1980). Attributions in sports pages: A field test of some current hypotheses about attribution research. *Journal of Personality and Social Psychology*, **39**, 29-38.

Leary, M. R. (Ed.) (2001). *Interpersonal rejection*. New York: Oxford University Press.

Leary, M. R., Kowalski, R. M., Smith, L., & Phillips, S. (2003). Teasing, rejection, and violence: Case studies of the school shootings. *Aggressive Behavior*, **29**, 202-214.

Leary, M. R., & Springer, C. A. (2001). Hurt feelings: The neglected emotion. In R. Kowalski (Ed.), *Aversive behaviors and interpersonal transgression*. Washington, DC: American Psychological Association. pp. 151-175.

Leary, M. R., Twenge, J. M., & Quinlivan, E. (2006). Interpersonal rejection as a determinant of anger and aggression. *Personality and Social Psychology Review*, **10**, 111-132.

Leong, F. T. L., & Muccio, D. J. (2006). Finding a research topic. In F. T. L. Leong & J. T. Austin (Eds.), *The psychology research handbook: A guide for graduate students and research assistants*. 2nd ed. Thousand Oaks, CA: Sage Publications.

Lewin, K. (1946). Action research and minority problems. *Journal of Social Issues*, **2**, 34-46.

Lichtenstein, S., Slovic, P., Fischhoff, B., Layman, M., & Combs, B. (1978). Judged frequency of lethal events. *Journal of Experimental Psychology: Human Learning and Memory*, **4**, 551-578.

Lieberman, M. D. (2013). *Social: Why our brains are wired to connect*. Oxford: Oxford University Press.
(リーバーマン，M. 江口泰子 (訳) (2015). 21 世紀の脳科学——人生を豊かにする 3 つの「脳力」—— 講談社)

Linville, P. W., Fischer, G. W., & Salovey, P. (1989). Perceived distributions of characteristics of in-group and out-group members: Empirical evidence and a computer simulation. *Journal of Personality and Social Psychology*, **57**, 165-188.

Lowery, B. S., Hardin, C. D., & Sinclair, S. (2001). Social influence effects on automatic racial prejudice. *Journal of Personality and Social Psychology*, **81**, 842-855.

MacKinnon, D. P., Fairchild, A. J., & Fritz, M. S. (2007). Mediation analysis. *Annual Review of Psychology*, **58**, 593-614.

Malle, B. F. (2006). The actor-observer asymmetry in attribution: A (surprising) meta-analysis. *Psychological Bulletin*, **132**, 895-919.

Maner, J. K., DeWall, C. N., Baumeister, R. F., & Schaller, M. (2007). Does social exclusion motivate interpersonal reconnection? Resolving the "Porcupine problem". *Journal of Personality and Social Psychology*, **92**, 42-55.

Mann, A. (1981). The baiting crowd in episodes of threatened suicide. *Journal of Personality and Social Psychology*, **41**, 703-709.

松田映二 (2008). 郵送調査の効用と可能性　行動計量学, **35** (1), 17-45.

松本正生 (2003). 「世論調査」のゆくえ　中央公論新社

松尾太加志・中村知靖 (2002). 誰も教えてくれなかった因子分析——数式が絶対に出てこない因子分析入門——　北大路書房

McBurney, D. H., & White, T. L. (2004). *Research Methods*. 6th ed. Toronto: Nelson.

McGuire, W. J. (1997). Creative hypothesis generating in psychology: Some useful heuristics. *Annual Review of Psychology*, **48**, 1-30.

Middlemist, R. D., Knowles, E. S., & Matter, C. F. (1976). Personal space invasions in the lavatory: Suggestive evidence for arousal. *Journal of Personality and Social Psychology*, **33**, 541-546.

Milgram, S. (1974). *Obedience to authority: An experimental view*. New York: Harper & Row.
（ミルグラム，S. 山形浩生（訳）(2008). 服従の心理　河出書房新社）

Milgram, S., Liberty, H. J., Toledo, R., & Wackenhut, J. (1986). Response to intrusion into waiting lines. *Journal of Personality and Social Psychology*, **51**, 683-689.

三隅二不二・篠原弘章 (1967). バス運転士の事故防止に関する集団決定の効果　教育・社会心理学研究, 6, 125-133.

三井宏隆・中島崇幸（編）(2001). キーワード検索による心理学研究案内　新聞記事から卒論へのステップ　ナカニシヤ出版

三井宏隆・中島崇幸（編）(2002). キーワード検索による社会心理学研究案内　調査・面接・観察・内容分析で読む　ナカニシヤ出版

三浦麻子・小林哲郎 (2015). オンライン調査モニタの Satisfice に関する実験的研究　社会心理学研究, **31** (1), 1-12.

三浦麻子・小林哲郎 (2016). オンライン調査における努力の最小限化（Satisfice）傾向の比較——IMC 違反率を指標として——　メディア・情報・コミュニケーション研究, 1, 27-42.

宮田　洋（監修）藤澤　清・柿木昇治・山崎勝男（編）(1998a). 新・生理心理学 1　生理心理学の基礎　北大路書房

宮田　洋（監修）柿木昇治・山崎勝男・藤澤　清（編）(1998b). 新・生理心理学 2　生理心理学の応用分野　北大路書房

宮田　洋（監修）山崎勝男・藤澤　清・柿木昇治（編）(1998c). 新・生理心理学 3　新しい生理心理学の展望　北大路書房

引用文献 245

水原泰介（1984）．社会心理学入門——理論と実験—— 第2版 東京大学出版会

森岡清志（編著）（1998）．ガイドブック社会調査 日本評論社

森 敏昭・吉田寿夫（編著）（1990）．心理学のためのデータ解析テクニカルブック 北大路書房

Morris, M. W., & Peng, K. (1994). Culture and cause: American and Chinese attributions for social and physical events. *Journal of Personality and Social Psychology*, **67**, 949-971.

Mullen, B. (1989). *Advanced basic meta-analysis*. Lawrence Erlbaum.
　　（ミューレン，B. 小野寺孝義（訳）（2000）．基礎から学ぶメタ分析 ナカニシヤ出版）

村井潤一郎（2000）．青年の日常生活における欺瞞 性格心理学研究，**9**, 56-57.

村井潤一郎（2005）．発言内容の欺瞞性認知を規定する諸要因 北大路書房

村井潤一郎（2006）．サンプルサイズに関する一考察 吉田寿夫（編著） 心理学研究法の新しいかたち 誠信書房 pp. 114-141.

村本由紀子（1996）．集団と集合状態の曖昧な境界——早朝の公園で見出される多様なアイデンティティ—— 社会心理学研究，**12**, 113-124.

村田光二（1987）．子どもの攻撃・援助とテレビ 無藤隆（編）テレビと子どもの発達 東京大学出版会 pp. 85-122.

村田光二・佐久間勲（2004）．質問紙実験のテクニック 村田光二・山田一成・佐久間勲（編著） 社会心理学研究法 福村出版 pp. 112-130.

村山 航（2006）．感情と脳 北村英哉・木村 晴（編）感情研究の新展開 ナカニシヤ出版 pp. 67-92.

Nagy, T. F. (2005). *Ethics in plain English: An illustrative casebook for psychologists*. 2nd ed. Washington, DC, US: American Psychological Association.
　　（ネイギー，T.F. 村本詔司（監訳）（2007）．APA 倫理規準による心理学倫理問題事例集 創元社）

中 祐一郎（1977）．交差流動の構造——鉄道駅における旅客の交差流動に関する研究（1）—— 日本建築学会論文報告集，**258**, 93-102.

中谷内一也（編）（2012）．リスクの社会心理学——人間の理解と信頼の構築に向けて—— 有斐閣

成田健一・下仲順子・中里克治・河合千恵子・佐藤眞一・長田由紀子（1995）．特性的自己効力感尺度の検討——生涯発達的利用の可能性を探る—— 教育心理学研究，**43**, 306-314.

Nezlek, J. B., Kowalski, R. M., Leary, M. R., Blevins, T., & Holgate, S. (1997). Personality moderators of reactions to interpersonal rejection: Depression and trait self-esteem. *Personality and Social Psychology Bulletin*, **23**, 1235-1244.

NHK 放送文化研究所世論調査部調査方式比較プロジェクト（2010）．世論調査における調査方式の比較研究——個人面接法，配付回収法，郵送法の 2008 年比較実験調査から—— NHK 放送文化研究所年報，**54**, 105-175.

Nicol, A. A. M., & Pexman, P. M. (1999). *Presenting your findings: A practical guide for creating tables*. Washington, DC: American Psychological Association.

Nicol, A. A. M., & Pexman, P. M. (2003). *Displaying your findings: A practical guide for creating figures, posters, and presentations*. Washington, DC: American Psychological Association.

日本学術会議社会学委員会（2020）．提言 Web 調査の有効な学術的活用を目指して（https://www.scj.go.jp/ja/info/kohyo/pdf/kohyo-24-t292-3.pdf）

Nisbett, R. E., & Wilson, T. D. (1977). Telling more than we can know: Verbal reports on mental processes. *Psychological Review*, **84**, 231-259.

西川正之 (1998). 援助研究の拡がり　松井豊・浦光博 (編) 人を支える心の科学　誠信書房　pp. 15-148.

Norton, M. I., Monin, B., Cooper, J., & Hogg, M. A. (2003). Vicarious dissonance: Attitude change from the inconsistency of others. *Journal of Personality and Social Psychology*, **85**, 47-62.

Nowak, A., & Szamrej, J. (1990). From private attitude to public opinion. *Psychological Review*, **97**, 362-376.

沼崎　誠・工藤恵理子 (1995). 女性との競争状況が男性の家庭志向型女性・キャリア志向型女性に対する好意に及ぼす効果――雇用機会均等法が男性に及ぼす効果――　日本グループ・ダイナミックス学会第43回大会発表論文集, 246-247.

奥田達也・伊藤哲司 (1991). SYMLOG の日本語改良版――小集団構造把握のための簡便な評定項目の作成――　実験社会心理学研究, **31**, 167-174.

大平英樹 (2004). 特集「感情の神経科学」によせて　心理学評論, **47**, 3-7.

大久保街亜・岡田謙介 (2012). 伝えるための心理統計――効果量・信頼区間・検定力――　勁草書房

大隅昇・前田忠彦 (2008). インターネット調査の役割と限界 (35周年記念シンポジウム「社会調査の現状と課題」)　日本行動計量学会大会発表論文抄録集, **36**, 197-200.

大山　正・岩脇三良・宮埜壽夫 (2005). 心理学研究法――データ収集・分析から論文作成まで――　サイエンス社

Orne, M. (1962). On the social psychology of the psychological experiment: With particular reference to demand characteristics and their implications. *American Psychologist*, **17**, 776-783.

Pliner, P., & Chaiken, S. (1990). Eating, social motives and self-presentation in women and men. *Journal of Experimental Social Psychology*, **26**, 240-254.

Pompili, M., Girardi, P., Tatarelli, G., & Taterelli, R. (2006). Suicidal intent in single-car accident drivers: Review and new preliminary findings. *Crisis: The Journal of Crisis Intervention and Suicide Prevention*, **27**, 92-99.

ラズ, J.　高井宏子 (訳) (1996). ヤクザの文化人類学――ウラから見た日本――　岩波書店

Reifman, A. S., Larrick, R. P., & Fein, S. (1991). Temper and temperature on the diamond: The heat-aggression relationship in major league baseball. *Personality and Social Psychology Bulletin*, **17** (5), 580-585.

Rhodewalt, F., Madrian, J. C., & Cheney, S. (1998). Narcissism, self-knowledge organization, and emotional reactivity: The effect of daily experiences on self-esteem and affect. *Personality and Social Psychology Bulletin*, **24**, 75-87.

Rijksinstituut voor Oorlogsdocumentatie (1986). *De dagboeken van Anne Frank. - 's-Gravenhage: Staatsuitgeverij,* Amsterdam; Bert Bakker.
　　(オランダ国立戦時資料研究所 (編) 深町真理子 (訳) (1994). アンネの日記　研究版　文芸春秋)

Rosenberg, M. (1965). *Society and the adolescent self-image.* Princeton: Princeton University Press.

Rosenthal, R. (1976). *Experimenter effects in behavioral research* (Enlarged Edition). New York: Irvington Publishers.

Rosnow, R. L. (2002). The nature and role of the demand characteristics in scientific inquiry.

引用文献　　247

Prevention & Treatment, **5**（**1**）.

Sacks, O. W.（1992）. *Migraine*. Berkeley: University of California Press.

酒井恵子・山口陽弘・久野雅樹（1998）. 価値志向性尺度における一次元的階層性の検討――項目反応理論の適用―― 教育心理学研究, **46**, 153-162.

坂本真士・丹野義彦・安藤清志（編）（2007）. 臨床社会心理学 東京大学出版会

坂野雄二・前田基成（編著）（2002）. セルフ・エフィカシーの臨床心理学 北大路書房

佐藤博樹・石田　浩・池田謙一（編）（2000）. 社会調査の公開データ――2次分析への招待―― 東京大学出版会

佐藤郁哉（1992）. フィールドワーク――書を持って街に出よう―― 新曜社

澤田英三・南　博文（2001）. 質的調査――観察・面接・フィールドワーク―― 南風原朝和・市川伸一・下山晴彦（編）心理学研究法入門 東京大学出版会 pp. 19-62.

Schwartz, B.（2004）. *The paradox of choice: Why more is less*. New York: HarperCollins.
（シュワルツ, B. 瑞穂のりこ（訳）（2004）. なぜ選ぶたびに後悔するのか――「選択の自由」の落とし穴―― ランダムハウス講談社）

Schwarz, N.（1994）. Judgment in a social context: Biases, shortcomings, and the logic of conversation. *Advances in Experimental Social Psychology*, **26**, 123-162.

Sears, D. O.（1986）. College sophomores in the laboratory: Influences of a narrow database on social psychology's view of human nature. *Journal of Personality and Social Psychology*, **51**, 515-530.

盛山和夫（2004）. 社会調査法入門 有斐閣

関　文恭（1993）. 荒れた中学校における学校改善の実証的研究 実験社会心理学研究, **33**, 122-130.

Shadish, W. R., Cook, T. D., & Campbell, D. T.（2002）. *Experimental and quasi-experimental designs for generalized causal inference*. Boston: Houghton Mifflin.

芝　祐順・南風原朝和（1990）. 行動科学における統計解析法 東京大学出版会

繁桝算男（1998）. 新版心理測定法 放送大学教育振興会

島井哲志（編）（2006）. ポジティブ心理学――21世紀の心理学の可能性―― ナカニシヤ出版

清水裕士（2014）. 個人と集団のマルチレベル分析 ナカニシヤ出版

清水裕士・荘島宏二郎（2017）. 社会心理学のための統計学――心理尺度の構成と分析―― 誠信書房

下條信輔（1996）. サブリミナル・マインド――潜在的人間観のゆくえ―― 中央公論新社

篠木幹子（2010）. 社会調査の回収率の変化 社会と調査, **5**, 5-15.

心理学実験指導研究会（編）（1985）. 実験とテスト＝心理学の基礎 解説編 培風館

シュワーブ, D. W., 高橋雅治, シュワーブ, B. J., シュワーブ, D. A.（2005）. 心理学者のためのネットスキル・ガイドブック――英語によるインターネット・コミュニケーション入門―― 北大路書房

Sigall, H., & Mills, J.（1998）. Measures of independent variables and mediators are useful in social psychology experiments: But are they necessary? *Personality and Social Psychology Review*, **2**, 218-226.

Sinclair, L., & Kunda, Z.（2000）. Motivated stereotyping of women: She's fine if she praised me but incompetent if she criticize me. *Personality and Social Psychology Bulletin*, **26**, 1329-1342.

Smith, E. R.（1991）. Illusory correlation in a simulated exemplar-based memory. *Journal of Experimental Social Psychology*, **27**, 107-123.

Sommer, R.（1959）. Studies in personal space. *Sociometry*, **22**, 247-260.

Sommer, R., & Sommer, B.（2002）. A practical guide to behavioral research: *Tools and techniques*. 5th ed. Oxford: Oxford University Press.

Spencer, J. S., Zanna, M. P., & Fong, G. T.（2005）. Establishing a causal chain: Why experiments are often more effective than mediational analyses in psychological processes. *Journal of Personality and Social Psychology*, **89**, 845-851.

Sternberg, R. J.（2003）. *The psychologist's companion: A guide to scientific writing for students and researchers*. 4th ed. New York: Cambridge University Press.

Stone, A. A., Schwartz, J. E., Neale, J. M., Shiffman, S., Marco, C. A., Hickcox, M., Paty, J., Porter, L. S., & Cruise, L. J.（1998）. A comparison of coping assessed by ecological momentary assessment and retrospective recall. *Journal of Personality and Social Psychology*, **74**, 1670-1680.

Stone, J., & Fernandez, N. C.（2008）. To practice what we preach: The use of hypocrisy and cognitive dissonance to motivate behavior change. *Social and Personality Psychology Compass*, **2**, 1024-1051.

菅原郁夫・サトウタツヤ・黒沢　香（編）（2005a）. 法と心理学のフロンティアⅠ　理論・制度編　北大路書房

菅原郁夫・サトウタツヤ・黒沢　香（編）（2005b）. 法と心理学のフロンティアⅡ　犯罪・生活編　北大路書房

杉浦淳吉（2005）. 説得納得ゲームによる環境教育と転用可能性　心理学評論，**48**，139-154.

鈴木淳子（2005）. 調査的面接の技法　第2版　ナカニシヤ出版

鈴木達三・高橋宏一（1998）. シリーズ＜調査の科学＞2　標本調査法　朝倉書店

Synodinos, N. E., & Yamada, S.（2000）. Response rate trends in Japanese surveys. *International Journal of Public Opinion Research*, **12**, 48-72.

高　史明（2015）. レイシズムを解剖する——在日コリアンへの偏見とインターネット　勁草書房

高木英至（2004）. 社会現象の計算機シミュレーション　竹村和久（編著）社会心理学の新しいかたち　誠信書房　pp. 195-219.

高野陽太郎（2000）. 因果関係を推定する——無作為配分と統計的検定　佐伯胖・松原望（編）実践としての統計学　東京大学出版会　pp. 109-146.

高野陽太郎・岡　隆（編）（2017）. 心理学研究法補訂版——心を見つめる科学のまなざし——　有斐閣

竹村和久（編著）（2004）. 社会心理学の新しいかたち　誠信書房

Taylor, S. E.（1998）. The social being in social psychology. In D. T. Gilbert, S. T. Fiske, & G. Lindzey （Eds.）, *The handbook of social psychology*. 4th ed. New York: McGraw-Hill. pp. 58-95.

Tesser, A., Martin, L., & Sternberg, R. J.（2006）. Reviewing empirical submissions to journals. In R. J. Sternberg（Ed.）, *Reviewing scientific works in psychology*. Washington, DC: American Psychological Association. pp. 3-29.

戸田正直（2007）. コレクション認知科学9　感情：人を動かしている適応プログラム　東京大学出版会

豊田秀樹（1998a）. シリーズ＜調査の科学＞1　調査法講義　朝倉書店

豊田秀樹（1998b）. 共分散構造分析〈入門編〉——構造方程式モデリング——　朝倉書店

豊田秀樹（編著）（2015）. 紙を使わないアンケート調査入門——卒業論文，高校生にも使える——

東京図書

辻本英夫（1998）．極端反応傾向測定尺度 WRT・PRT 日本語版の信頼性・妥当性の検討　性格心理学研究, **7**, 33-41.

崔田知久（2008）．面接調査の現状と課題　行動計量学, **35** (**1**), 5-16.

続　有恒・村上英治（編）（1975）．心理学研究法 9　質問紙調査　東京大学出版会

Tversky, A., & Kahneman, D.（1981）. The framing of decisions and the psychology of choice. *Science*, **211**, 453-458.

Twenge, J. M., Baumeister, R. F., DeWall, C. N., Ciarocco, N. J., & Bartels, J. M.（2007）. social exclusion decreases prosocial behavior. *Journal of Personality and Social Psychology*, **92**, 56-66.

Twenge, J. M., Baumeister, R. F., Tice, D. M., & Stucke, T. S.（2001）. If you can't join them, beat them: Effects of social exclusion on aggressive behavior. *Journal of Personality & Social Psychology*, **81**, 1058-1069.

植村善太郎・高田　亮・中島　渉・村上幸史・釘原直樹（2006）．マスコミが対象とするスケープゴートの変遷 (2) ——研究方法と報道の全体傾向について——　日本グループ・ダイナミックス学会第 53 回大会論文集, 132.

浦　光博（2009）．排斥と受容の行動科学——社会と心が作り出す孤立——　サイエンス社

van de Vijver, F. J. R., & Leung, K.（1997）. *Methods and data-analysis for cross-cultural psychology.* Thousannd Oaks, CA: Sage.

Vohs, K., Baumeister, R. F., & Ciarocco, N. J.（2005）. Self-regulation and self-presentation: Regulatory resource depletion impairs impression management and effortful self-presentation depletes regulatory resources. *Journal of Personality and Social Psychology*, **88**, 632-657.

脇田貴文・熊谷龍一・野口裕之（2005）．評定尺度法における選択肢数について——カテゴリ間の等間隔性の観点から　日本心理会第 69 回大会発表論文集, 16.

渡辺久哲（1998）．調査データにだまされない法　創元社

Williams, K. D.（1997）. Social ostracism. In R. M. Kowalski（Ed.）, *Aversive interpersonal behaviors.* New York: Plenum Press. pp. 133-170.

Williams, K. D.（2007a）. Ostracism. *Annual Review of Psychology*, **58**, 425-452.

Williams, K. D.（2007b）. Ostracism: The kiss of social death. *Social and Personality Psychology Compass*, **1**, 236-247.

Williams, K. D.（2008）. Teaching and learning guide for 'Ostracism: The kiss of the social death'. *Social and Personality Psychology Compass*, **2/3**, 1539-1546.

Williams, K. D.（2009）. Ostracism: Effects of being excluded and ignored. *Advances in Experimental Social Psychology*, **41**, 279-314.

Williams, K. D., Cheung, C. K. T., & Choi, W.（2000）. Cyberostracism: Effects of being ignored over the internet. *Journal of Personality and Social Psychology*, **79**, 748-762.

Wilson, T. D.（2002）. *Stranger to ourselves: Discovering the adaptive unconscious.* Cambridge: Harvard University Press.
（ウィルソン, T. D.　村田光二（監訳）（2005）．自分を知り, 自分を変える——適応的無意識の心理学——　新曜社）

Word, C. O., Zanna, M. P., & Cooper, J.（1974）. The nonverbal mediation of self-fulfilling prophecies in interracial interaction. *Journal of Experimental Social Psychology*, **10**, 109-120.

山田剛史・井上俊哉（編）（2012）．メタ分析入門——心理・教育研究の系統的レビューのために—— 東京大学出版会

山田剛史・村井潤一郎（2004）．よくわかる心理統計　ミネルヴァ書房

山形伸二・高橋雄介・繁桝算男・大野裕・木島伸彦（2005）．成人用エフォートフル・コントロール尺度日本語版の作成とその信頼性・妥当性の検討　パーソナリティ研究，**14**, 30-41.

山岸俊男（1990）．社会的ジレンマのしくみ——「自分1人ぐらいの心理」の招くもの——　サイエンス社

山岸俊男（2000）．社会的ジレンマ——「環境破壊」から「いじめ」まで——　PHP 研究所

山崎敬一・山崎晶子・鈴木栄幸・三樹弘之・葛岡英明（1997）．ビデオデータの分析法——ビデオとコンピュータを利用した新しいデータの分析法——　山崎敬一・西阪　仰（編）語る身体・見る身体　ハーベスト社　pp. 285-312.

Yamori, K.（1998）. Going with the flow: Micro-macro dynamics in the macrobehavioral patterns of pedestrian crowds. *Psychological Review*, **105**, 530-557.

矢守克也・杉万俊夫（1990）．横断歩道における群集流の巨視行動パターンに関する研究（I）　実験社会心理学研究，**30**, 1-14.

矢守克也・杉万俊夫（1992）．横断歩道における群集流の巨視的行動パターンのシミュレーション　実験社会心理学研究，**32**, 129-144.

吉田寿夫（1995）．学校教育に関する社会心理学的研究の動向——研究法についての提言を中心にして——　教育心理学年報，**34**, 74-84.

吉田寿夫（1998）．本当にわかりやすいすごく大切なことが書いてあるごく初歩の統計の本　北大路書房

吉田寿夫（2002）．研究法に関する基本姿勢を問う——本来の姿ないし基本に戻ろう　下山晴彦・子安増生（編著）心理学の新しいかたち——方法への意識——　誠信書房　pp. 73-131.

好井裕明・山田富秋・西阪　仰（編）（1999）．会話分析への招待　世界思想社

吉村治正（2020）．ウェブ調査の結果はなぜ偏るのか——2つの実験的ウェブ調査から——　社会学評論，**71**（**1**), 65-83.

Zanna, M. P., & Cooper, J.（1974）. Dissonance and the pill: An attributional approach to studying the arousal properties of dissonance. *Journal of Personality and Social Psychology*, **29**, 703-709.

Zechmeister, J. S., Zechmeister, E. B., & Shaughnessy, J. J.（2001）. *Essentials of research methods in psychology*. New York: McGraw-Hill.

Zimbardo, P. G.（1969）. The human choice: Individuation, reason and order versus deindividuation, impulse and chaos. In W. J. Arnold & D. Levine（Eds.）, *Nebraska Symposium on Motivation*. Lincoln: University of Nebraska Press. pp. 237-307.

索　引

あ行

アーカイブ分析　167
IT 相関　89
アクション・リサーチ　173
暗示的内容分析　186
一般化　105
一般化可能性　106, 114
因果関係　97
因子　94
　　——の解釈　95
因子負荷　94
因子分析　94
インターネット調査　→ウェブ調査
インパーソナル質問　82
ウエイト　208
ウェブ調査　193

か行

外的妥当性　40, 105
介入観察　166
概念的従属変数　6
概念的独立変数　5
カウンターバランス　99, 101
仮説　8
カッパ係数　186
カテゴリー・システム　178
カバー・ストーリー　101, 140, 143
間隔尺度　49
観察機器　181
観察の歪み　183
観察法　28, 165
間接引用　210

間接観察　165
完全無作為計画　116
寛大効果　184
記述的研究　28
記述統計　61, 92
偽善者パラダイム　108
偽装参加観察　172
帰無仮説　92
逆転項目　87
キャリーオーバー効果　84, 205
共分散　74
共分散分析　124
共変量　124
極端反応傾向　83
記録方法　176
クロス表　63
経験サンプリング法　164
系統抽出　199
ゲーミング　45
決定後の不協和　108
研究倫理委員会　9, 42, 155
言語報告　54
検定統計量　110
現場実験　174
行為者—観察者バイアス　25
効果サイズ　24
効果量　110
交互作用効果　117, 122
構成概念妥当性　53, 106, 113
行動指標　56
行動のサンプリング　163
行動描写法　176
光背効果　184

項目―全体相関 →IT 相関
誤差 117
誤差要因 111
個人差変数 100, 112
混合計画 124
コントロール 98
コンピュータ・シミュレーション 44

さ行

再テスト信頼性 51
最頻値 →モード
参加観察 28, 172
参加者間計画 99, 116
参加者内計画 99, 100, 117, 124
散布図 73, 77
散布度 66
時間サンプリング法 163
自己欺瞞 58
自己呈示 56, 58
自己奉仕的バイアス 31
事象サンプリング法 164
自然観察 170
実験協力者 138
実験計画 103
実験シナリオ 151
実験者効果 141
実験条件 99
質的研究 31
質的方法 176
質問紙実験 159
質問紙調査 200
シナリオ実験 →場面想定法実験
四分位範囲 67
社会調査 36, 189
社会的学習理論 39
社会的望ましさ 83
社会的排斥 12
社会脳仮説 225

尺度 71
　　――の水準 48
尺度構成 72
自由回答形式 202
集合調査 194
従属変数 98, 147
主効果 117
順位法 204
準実験 160
順序尺度 49
状況サンプリング法 165
使用痕跡 166
剰余変数 98, 105, 148
資料記載の偏り 168
資料保存の偏り 169
事例研究 29
信頼性 51
心理尺度 →尺度
心理的構成概念 5, 102, 106, 113
水準 103
推測統計 92
数量化 34
スノーボール調査 196
生態学的妥当性 175
正の相関関係 73
生理的指標 59
潜在的指標 57
潜在的連合テスト 58
全数調査 190
選択肢形式 202
層化抽出 199
相関関係 35, 73, 74
相関研究 112
相関図 →散布図
相互作用過程分析 178
操作チェック 146
操作的定義 6
組織的配分 99, 100

索　引　　　253

た行

第1種の誤り・第2種の誤り　135
第三の変数　37, 97, 112
対比効果　184
代表値　65
対立仮説　92
代理不協和　108
多段抽出　199
妥当性　51, 105
ダブルバーレル質問　81, 205
単一回答法　203
単一集団事前事後デザイン　160
単純無作為抽出　198
チェックリスト法　178
中位傾向　→中心化傾向
中央値　→メディアン
中心化傾向　83
中断時系列デザイン　161
調整変数　106, 126
直接引用　210
直接観察　165
直接的コントロール　99, 104
追試　61
対等価法　100
t 検定　110
ディセプション　125, 140, 152, 154
ディブリーフィング　152
データ・クリーニング　207
適応的人間観　225
天井効果　88
展望論文　24
電話調査　193
等価性　68
統計的検定　110
統計パッケージ　70
統制条件　99, 103
独立変数　98, 144

度数分布　63
留置調査　191

な行

内省可能性　82
内的妥当性　105
内容分析　31, 186
二過程理論　224
二次分析　208
日記法　171
日本長期統計総覧　167
日本統計年鑑　167
2要因計画　117
人間観　226
認知的不協和理論　29, 39, 108

は行

パーソナル質問　82
ハーフミラー　183
バイアス　83, 123, 125, 139, 184, 205
媒介分析　132
媒介変数　128
パイロット・テスト　9, 146
パイロット実験　9, 150
パネル調査　194
場面想定法実験　157
パラフレーズ　211
p 値　92
非偽装参加観察　172
皮膚電気活動　59
標準偏差　66
剽窃　210
評定法　71, 180, 204
標本誤差　200
標本調査　190
表面的妥当性　53
比率尺度　50
フィールド実験　→現場実験

フィールドワーク　30
フェイスシート　206
物理痕跡観察　166
不等価2群事後テストデザイン　160
不等価2群事前事後テストデザイン　161
負の相関関係　75
分散　66
平均値　65
平均値等価法　100
米国統計関連出版物集成　167
米国統計指標　167
併存的妥当性　52
平方和の分割　110
別解釈の可能性　105, 112
弁別的妥当性　113
母集団　105
補助仮説　107

ま行

マッチング　99, 149
無作為化　99, 101
無作為抽出　105, 197
無作為割りあて　38, 99, 100, 104
無相関　75
名義尺度　48
名義変数　127
明示的内容分析　186
メタ分析　24
メディアン　65

面接調査　191
面接法　30
モード　66
黙従傾向　83
問題解決志向性　227

や・ら・わ行

有意　92
郵送調査　192
誘導的承諾　108
床効果　88
要因　103
要因計画　116, 131
要求特性　139
予測妥当性　52
ランダム配置　→無作為割りあて
両端選択傾向　→極端反応傾向
量的調査　189
量的変数　73
量的方法　176
ワーディング　80, 204

欧文

CIAO　182
ERP　60
fMRI　60
Pocket Observer　182
PsycINFO　18
SYMLOG　180

編者紹介

安藤清志（あんどう・きよし）東洋大学名誉教授

村田光二（むらた・こうじ）成城大学社会イノベーション学部教授・一橋大学名誉教授

沼崎　誠（ぬまざき・まこと）東京都立大学大学院人文科学研究科教授

執筆者紹介（執筆順）

村上史朗（むらかみ・ふみお）奈良大学社会学部教授

村井潤一郎（むらい・じゅんいちろう）文京学院大学人間学部教授

伊藤忠弘（いとう・ただひろ）学習院大学文学部教授

工藤恵理子（くどう・えりこ）東京女子大学現代教養学部教授

釘原直樹（くぎはら・なおき）大阪大学名誉教授

安野智子（やすの・さとこ）中央大学文学部教授

社会心理学研究入門［補訂新版］

1987 年 2 月 27 日	初	版	第 1 刷
2009 年 9 月 18 日	新	版	第 1 刷
2017 年 11 月 20 日	補訂新版	第 1 刷
2022 年 11 月 20 日	補訂新版	第 3 刷

［検印廃止］

編　者　安藤清志・村田光二・沼崎誠

発行所　一般財団法人　東京大学出版会

代　表　者　吉見俊哉

153-0041 東京都目黒区駒場 4-5-29
http://www.utp.or.jp/
電話 03-6407-1069　Fax 03-6407-1991
振替 00160-6-59964

印刷所　株式会社精興社
製本所　誠製本株式会社

Ⓒ 2017 Kiyoshi Ando, Koji Murata, & Makoto Numazaki, Editors
ISBN 978-4-13-012112-5　Printed in Japan

JCOPY〈出版者著作権管理機構　委託出版物〉
本書の無断複写は著作権法上での例外を除き禁じられています．複写される場合は，そのつど事前に出版者著作権管理機構（電話 03-5244-5088，FAX 03-5244-5089，e-mail: info@jcopy.or.jp）の許諾を得てください．

なぜ心を読みすぎるのか──みきわめと対人関係の心理学

唐沢かおり　四六判・320頁・2800円

行動の原因を状況よりも心に求め，相手の良し悪しをみきわめようとする私たち。他者を知り，関わろうとする時，心の中では何が起きているのか──対人認知というフィルターを通し，人間の心の社会性，他者とのつながりのあり方に迫る。

心理学　第5版　補訂版

鹿取廣人・杉本敏夫・鳥居修晃・河内十郎 [編]　A5判・384頁・2400円

心理学の全体像を見通し，体系立てて学べるテキストの決定版！　概要をつかみたい初学者から，ポイントを復習したい大学院受験者まで，幅広いニーズに対応。

心理学研究法入門──調査・実験から実践まで

南風原朝和・市川伸一・下山晴彦 [編]　A5判・272頁・2800円

仮説生成のための質的研究法や教育・臨床現場での実践研究など，心理学研究の新しい展開から，仮説検証や統計法の適用に関する方法論的問題まで論じた本格的入門書。研究計画，論文執筆，学会発表，研究倫理についても具体的に説く。

ウォームアップ心理統計　補訂版

村井潤一郎・柏木惠子　A5判・192頁・2000円

数学嫌いでも十分フォローできるわかりやすい記述と身近な例で，データ分析の初歩をじっくり解説。読み進めるうちに，最低限おさえておきたいポイントが身につき，研究のおもしろさに誘われる一冊。SAS, SPSSに加え，補訂版ではRも紹介。

ここに表示された価格は本体価格です。ご購入の
際には消費税が加算されますのでご了承ください。